SELECCIÓN DE ARTÍCULOS

CLEMENTINA, MUJER Y POETA

ERANDIQUE
COLECCIÓN

CLEMENTINA, MUJER Y POETA
Selección de artículos

©Colección Erandique
Antología de: Óscar Flores López
Diseño de portada: Andrea Rodríguez-Lilyana Gálvez
Administración: Tesla Rodas y Jessica Cordero
Director Ejecutivo: José Azcona Bocock

Primera Edición
Tegucigalpa, Honduras—Junio de 2024

ESCRITORES POR PAÍSES EN ESTE LIBRO

HONDURAS: Ramón Oquelí, María Guadalupe Carías, Roberto Sosa, Rigoberto Paredes, Alfonso Guillén Zelaya, Marcos Carías Reyes, Melissa Merlo, José Antonio Funes, Hostilio Lobo, Rubén Villeda Bermúdez, Samaí Torres, Helen Umaña, Magda Argetina Erazo, Pompeyo del Valle, Óscar Estrada, Segisfredo Infante, Francisco Salvador, Rafael Paz Pardes, Guillermo Bustillo Reyna, Filadelfo Suazo y Leticia de Oyuela.

ARGENTINA: Alberto Ordóñez.

GUATEMALA: Miguel Ángel Asturias, Otto René Castillo, Carlos Wyld Ospina, Carlos Izaguirre, Raúl Leiva, Carlos Samayoa, Humberto H. Cobos, José Rodríguez Cerna, Gloria Menéndez y Manuel José Arce.

EL SALVADOR: Mercedes Duran, Alfonso Orantes, Matilde López, Tania Primavera, Quino Caso, Abel Cuenca, Juanita Soriano, Alfonso Vélez, Claudia Lars y Elisa Huezo Paredes.

MÉXICO: José Muñoz Cota, Martín Paz, Hernán Robleto, Rafael Lozano, Lamberto Alarcón y Leopoldo de la Rosa.

CUBA: Alfonso Gravito, José Ángel Bueso, Julieta Carrera, Graciela Garbalosa y Gilberto González Contreras.

CHILE: Carlos Deambrois-Martins y Alejandro Bermúdez.

ESPAÑA: Alberto García y Arsenio Escobar.

NICARAGUA: Carmen Centeno Gómez, Alberto Ordóñez Argüello, Gabry Rivas y Hernán Robleto.

COSTA RICA: Alberto Báez Flores.

ÍNDICE

NI HOMBRE NI POETISA... ¡POETA!

Este no es un libro escrito por ella... sino sobre ella. Es como si muchísimos viejos amigos —y otros más jóvenes—, y otros no tan amigos, pero expertos en literatura, se hubieran sentado alrededor de una mesa para hablar de su obra poética y de su vida.

Allí están, Roberto Sosa, Medardo Mejía, Rigoberto Paredes, Ramón Oquelí, Alfonso Guillén Zelaya, Pompeyo del Valle, Francisco Salvador, Helen Umaña, Filadelfo Suazo, María Eugenia Ramos, Leticia de Oyuela, Otto René Castillo, Miguel Ángel Asturias y varios escritores y periodistas españoles, argentinos, chilenos, cubanos, mexicanos y centroamericanos.

Hablan de la bella Clemen, como la llamó Rigoberto Paredes. De su poesía. De sus andanzas por el mundo. De su espíritu rebelde. De su irreverencia.

"¿Por qué te daba por desnudarte?", le preguntaron alguna vez. "Porque me sentía tan suavecita, tan linda, tan bien hecha, que me parecía un egoísmo no mostrar la obra que había hecho Dios conmigo", respondió.

Fue la primera mujer en publicar un libro de poesía en Honduras. Lo hizo en medio de un ambiente violento, hostil, en el que las balas y el machete valían más que los versos.

A pesar de eso, y sin saberlo, con Corazón sangrante (1930), Clementina Suárez le daría vuelta a la historia de la literatura hondureña y dejaría abierta la puerta para que otras mujeres se decidieran a escribir.

Pero ay de aquel (o aquella) que le llamara poetisa.

Clementina no era poetisa... ¡Era poeta, poeta, poeta!

Así se lo hizo saber el Premio Nobel de Literatura, Miguel Ángel Asturias, a Otto René Castillo, en una conversación entre guatemaltecos: "Clementina es todo un poeta, jamás una poetisa...".

Nacida en Olancho, trotó por el mundo y finalmente lanzó el ancla en un pequeño barrio de Tegucigalpa, donde recibía a multitudes a las que, o invitaba a un trago y les daba su bendición; o las insultaba y las sacaba a la calle.

Entre sus mejores amigos estuvieron algunas de las mentes más brillantes: Arturo Martínez Galindo, Pablo Zelaya Sierra, Marcos Carías Reyes, Alfonso Guillén Zelaya, Medardo Mejía, Leticia de Oyuela, Ramón Oquelí, Luis H. Padilla, Miguel Ángel Asturias…

Se casó tres veces, pero su verdadero amor se llamó la poesía.

Le hizo de todo. Fue mesera, vendedora de su propia revista, promotora del arte, agitadora social, gurú de pintores y escritores, voz templada por la dignidad, visitadora de cantinas, bebedora hasta quedarse dormida, ángel rebelde…

"¿No siente que le dieron el Premio Nacional de Literatura Ramón Rosa demasiado tarde?", le consultaron. Su respuesta sincera fue: "Es posible que sea un poco tarde, pero me lo merezco".

Y posó para Diego Rivera…

Esta selección de artículos publicados durante distintas épocas nos ayudan a descubrir a Clementina Suárez, a interesarnos por lo que dijo e hizo, pero, sobre todo, por lo que escribió.

En las páginas de este libro hay amor, ternura, confesiones, recuerdos (muchísimos recuerdos), bonitos y feos, buenos y malos, sentido del humor, picardía, profundos análisis y críticas de su obra.

Y muchos versos, versos bellísimos, escritos con la paciencia del alfarero.

Es un libro con muchas voces, pero un solo corazón: el de Clementina Suárez.

Con esta publicación hemos querido mantenerla viva, traerla al presente, hacerle justicia.

Aunque ella nos dirá: "No puedo llegar, porque jamás me he ido".

Porque es verdad. Clementina Suárez nunca se fue. Siempre ha estado con nosotros.

Óscar Flores López
Editor Colección Erandique

CLEMENTINA SUÁREZ *por Ramón Oquelí*

Mi generación (en la que incluyo a los nacidos entre 1930 y 1944), ha crecido sin maestros. Lo más que tuvimos fueron eficientes profesores; algunos mayores en los que admiramos ciertos méritos: inteligencia, capacidad, a veces honradez. Pero no encontramos claros ejemplos a seguir, sensibilidades alertas a lo que ocurría en el mundo, y que se hubieran atrevido a denunciar nuestro progresivo embrutecimiento.

Pero tal vez seamos injustos exigiendo lo que era muy difícil se produjera, dada la circunstancia política e histórica por la que entonces atravesábamos. Sin embargo no podemos dejar de reconocer la atracción que en muchos de nosotros existe por una figura femenina que ha simbolizado siempre la inconformidad, el no uncirse a los carros de triunfos momentáneos, el no saber venderse, el de hacer surgir en la pobreza y casi como un milagro, la dignidad. Clementina Suárez ha vuelto a irrumpir en nuestra árida existencia nacional, procedente ahora de Managua.

—¿Clemen, qué has estado haciendo en Nicaragua?
Fui invitada por Schick, el presidente muerto recientemente y que realizó una gran obra cultural, lo cual no es extraño pues él mismo era un intelectual. Siendo presidente escribió un libro que se acaba de publicar: "Rubén Darío en la política". Fomentó la unión entre los intelectuales nicaragüenses, decoró toda la Casa Presidencial con cuadros de pintores y su Secretaría de la Presidencia estuvo publicando una colección con el título de '"Cuadernos Darianos". Mi estadía en Nicaragua la he aprovechado para coleccionar la poesía joven nicaragüense con el objeto de darla a conocer en una Antología de poetas centroamericanos, que pienso editar bajo el patrocinio del Ministerio de Cultura de El Salvador. También me ha sido encomendado por el Ministerio de Educación, Sansón Terán, el viajar por Centro América con una exposición de pintura nicaragüense.

—¿Cómo estimas el movimiento cultural nicaragüense?
Maravilloso. Inmediatamente después de mi llegada provoqué una reunión de poetas y me quedé gratamente sorprendida al ver

13

reunidos 40 poetas jóvenes, entre ellos mujeres de gran valor como Michelle Najlis y otras.

—¿Has encontrado diferente la vida en Nicaragua, a cómo lo es en Honduras?

La he encontrado gratísima. Comprenderás mi satisfacción cuando un Ministro de Estado me recitó varias líneas de un poema que había publicado esa tarde. Hay muchas bibliotecas. La Nacional, dirigida por un escritor, es visitada constantemente por escritores que charlan, ya que el nicaragüense es hombre de gran amplitud humana y en ningún momento se siente uno como extraño. En este momento hay gran expectación porque se va a celebrar el Centenario de Darío, y se están publicando libros estudiándolo en todos los aspectos: como poeta, prosista, periodista y en relación a los contactos humanos que tuvo en los diferentes países en que vivió. Lo que me ha dolido es que aunque se pregone la integración centroamericana, en lo cultural, a excepción de uno o dos nombres, nos seguimos desconociendo los unos a los otros. Me ha sorprendido que todo el mundo lee, se encuentra consciente de su evolución en todos los aspectos y se aprecian los valores. A los eventos culturales, asiste desde el Presidente de la República hasta la gente más humilde.

—¿Tú te has ido varias veces de aquí?

Casi toda mi vida la he pasado fuera de Honduras y regresé hace algunos años creyendo que podría hacer algo por la cultura de este país, pero me fue imposible. Mientras no se emprenda una labor colectiva, las personas individuales no lograrán gran cosa. Lamento que las oficinas gubernamentales en Honduras han excluido la labor cultural, porque son pobres económicamente y porque no demuestran ningún interés.

—En nuestro ambiente tan lleno de gazmoñería, hubo un tiempo en que tu forma de ser produjo escándalo. ¿Por qué?

Siempre ha producido escándalo mi forma de ser, porque soy una mujer completamente libre de prejuicios y nunca me ha importado lo que opina la gente. Eso me ha permitido sentirme libre de frustraciones, y en ese aspecto ser feliz.

—¿A qué edad comenzaste a escribir versos?

Casi no tengo memoria, pero creo que toda la vida, pues siempre he vivido dentro del sueño, y un poco como aislada de todo el mundo, hasta en lo familiar. Vivo como en una isla, sin contactos, rodeada de mi propia agua, y aunque me gusta mucho el nexo humano, casi soy incapaz de tolerar la compañía. Lo que verdaderamente amo es la soledad, y creo firmemente que únicamente sola, se encuentra la persona que vive en uno. El diálogo y las relaciones extrovertidas confunden, y estoy segura que muchas gentes viven una vida falsa, sin encontrarse jamás. Los años me han servido para sentirme cada vez más sola. Desde pequeña tuve mi primer diario, y después el amor, casi fue otro diario que yo creí sostener con otra persona, pero que ahora al analizar, me he dado cuenta que no he tenido más que un monólogo conmigo misma.

—¿Consideras que se ha estimado tu poesía?

Nunca he tenido demasiado interés en lo que piensan los demás de mí. Sin embargo reconozco que con el tiempo, la gente de fuera me ha ido llenando de estímulos, y aquí mismo el pueblo me tiene mucho cariño.

—¿Por qué no te gusta leer tus libros anteriores?

Porque uno evoluciona rápidamente y porque considero que mucho de lo que en ellos hay, eran cosas enfermizas, en las cuales la mayor parte no tenía nada que ver la poesía sino la vida misma: era la obra de una mujer viéndose vivir.

—¿En preparación?

Nunca estoy preparando libros ni poemas. Escribo por sistema siempre, y así va resultando lo que hago. Pero siempre tengo obra inédita porque escribo constantemente. No he aprendido a escribir para algo determinado, odio los concursos y todo lo que no sea poesía para la poesía misma.

—¿La mayor figura poética actual de Centro América?

Admiro profundamente como hombre, escritor y poeta a Miguel Ángel Asturias. Como hombre por honesto, diáfano, por patriota.

Como escritor, por su poesía tan hondamente telúrica. Para Miguel Ángel el hombre es la raíz, cosa que estimo la más importante.

—¿Qué significó para ti, Guillén Zelaya?

Guillén Zelaya es la persona a quien debo más en Honduras porque me rodeó de cariño y de estímulo, tanto aquí como en México. Su poesía no está a la altura del hombre que fue, porque la abandonó, pero era un gran poeta y gran hombre, y que murió con el dolor de no ver un horizonte en su patria.

—¿En cambio parece que no guardas mucha simpatía por Heliodoro?

No es que no le tenga gran simpatía, pero es para mí, otra clase de valor. Hizo una gran labor cultural en toda la América Latina, pero no tuvo jamás el valor humano de Alfonso y para mí el ser humano es lo más importante.

—¿Qué me puedes decir ahora de Mito Bustillo Reina?

Guillermo, a pesar de todas las desavenencias que en lo personal tuvimos, no puedo desdeñar su valor tanto como intelectual como por hombre. Mis relaciones con él jamás se interrumpieron hasta el último día de su vida, porque el amor es una cosa pasajera, pero la estimación, no.

—¿Tú habías oído decir que Zúñiga Huete era poeta?

Primera noticia que tengo, y me parece la figura más antipoética que se pueda encontrar, y me llenaría de sorpresa encontrar esa obra. Esto me hace recordar una anécdota de León Felipe. Charlando en un café de México y refiriéndose a Miguel Ángel Asturias, me dijo León Felipe: "Este hombretón, que podía ser lo que quisiera: ídolo maya, un ferrocarrilero, no es más que un poeta". Y es que la poesía no es solamente una manifestación al escribir, sino una vivencia que se trasluce en todo. Si bien en alguna época de su vida, todos han escrito un poema, —cuando estudiaron retórica o cuando se enamoraron— solamente es poeta quien escribe toda la vida. Sabes sin embargo, que aquí hasta por mal nombre se les llama a algunos, poetas.

—Tu generación fue brillante y prometedora, pero a pesar de ello, como grupo se frustró en gran parte. ¿Quieres decirme algo sobre ella?

La cultura hondureña se encuentra en el actual atraso, porque los valores siempre han actuado aisladamente y no en grupo. La acción se vuelve esporádica y hay generaciones que no producen nada. Además muchos se marchan del país antes de dar su mejor obra y otros se evaden por el suicidio o el alcohol. Esto es endémico ya desde Juan Ramón Molina, a quien considero un gran frustrado. Sin embargo, lo peor es que no se ve un cambio. Con cualquiera que hablas, encuentras una persona llena de pesimismo. Los que persisten en hacer alguna obra, es que a pesar de todo no han logrado evadirse.

—¿Terminaste tus memorias? Qué impacto crees que produzcan?

Siempre he anotado lo más importante de mi vida, lo que he hecho, lo que he sentido, pero más bien para que la gente a lo postrer de mi vida, cuando muera, no tenga un extraviado concepto de mi persona. Es indudable de que la gente no pueda conocer la verdadera vida de un artista, porque éste es un ser completamente diferente. Nunca me han molestado los comentarios que sobre mí han hecho, porque eso pertenece a la vida del artista, sobre todo si ese artista , es una mujer. Pero también he sido una mujer rodeada de cariño; en todas partes he tenido un grupo de gente que me ha querido con gran lealtad y gran conocimiento de mi persona. Si yo lamento la situación de Honduras, no es por mí, ya que siempre he encontrado abiertas las puertas en otros países, para instalarme y vivir cómodamente.

—¿Qué opinión tienes del hombre hondureño?

Al hondureño lo encuentro lleno de grandes virtudes en el aspecto de estoicismo; es sufrido, pero incapaz de romper esta cáscara y alcanzar la espiritualidad, tan magnífica en el hombre. Siempre lo encuentro un poco tosco, sin afecto, y éste es el único país en el que se goza desprestigiando al propio, hasta llegar a decir que en esta tierra, nadie se acredita ni se desacredita.

—¿Y de la mujer?

Soy poco feminista. No pertenezco a ninguna de sus asociaciones y creo que es la mujer la que menos me ha querido en Honduras.

—¿En general, crees tú que un hombre y una mujer pueden llegar a entenderse de verdad, plenamente?

El entendimiento entre hombre y mujer avanzará poco, mientras no se llegue a un plano de compañerismo y a una educación común del espíritu.

—¿Qué ha sido de ti, la poesía?

La poesía es mi auténtica vida. Fuera de ella no sé nada, ni estar con nadie. La poesía es una vivencia cotidiana conmigo misma; y con el transcurso de los años, me he ido alejando de todo, para quedarme auténticamente con ella.

—¿Y el amor?

El amor es básico, pero hay tan poca gente que sabe amar. Detesto las truculencias del amor, no podría resistir a una persona que en nombre del amor fuera capaz de atropellar a otra, y hasta ahora no he conocido un hombre que al poco tiempo, mi mayor deseo no sea el de alejarme de él.

—¿Tienes esperanza de que algún día cambie este país?

Mi creencia de este país es bastante dolorosa. He visto desfilar varios presidentes y forjarse nuevas esperanzas, pero mientras no sea el mismo pueblo el que evolucione, no daremos un paso. Estoy cansada de escuchar por donde voy: "¡Qué atrasada es Honduras!", y lo peor es sin tener argumentos para rebatir esa afirmación tan merecida que hacen de nosotros. Considero que en parte los partidos políticos son la primera causa de nuestro atraso, porque no se trabaja en función de hondureño, sino en función de liberal o conservador, y cada uno de ellos trabaja para destruir a Honduras.

—Una de las formas de catalogarnos que tenemos los amigos de Clementina es por el número de veces que nos ha insultado. ¿Le preguntamos por qué a ratos es tan agresiva?

Yo soy completamente agresiva, no sólo algunas veces. He tenido que defenderme a brazo partido y ahora que ya no lo necesito, me he quedado con el hábito. Pero en el fondo mis propios amigos saben que esto no es más que una actitud que he tomado en la vida.

—¿Qué te ha dado la vida?
Con haberme dado la poesía me doy por satisfecha.

—¿Sientes que te ha quitado algo?
No me ha quitado nada; el poderla haber vivido es suficiente.

CLEMENTINA SUÁREZ *por Rigoberto Paredes*

Debía tener una invitación de su puño y letra y, ante todo, había que ser amigo suyo; pero yo sólo contaba con mi vieja y santa gana de conocerla. Así llegué a su casa, al amparo de Luis H. Padilla, su hijo del alma.

Clementina celebraba esa noche su cumpleaños equis con un fiestón entre dionisíaco y pantagruélico, y allí se hallaba reunida la crema y nata de la vía láctea tegucigalpense: todas sus amistades y uno que otro intruso que, como yo, corría el riesgo de una expulsión bochornosa.

La vi al nomás entrar, y cuantas veces pude rehuí su mirada vivaracha y rotunda. Se movía como una deidad entre abrazos fraternos y rostros ambiguos, entre voces y risas pringadas de ron y vino de coyol.

Admiré desde entonces esa elegancia silvestre con que solía sortear la tontería ambiente y me sedujo para siempre su habla arrebatada y firme, áspera y jovial, según venía al caso.

Llegado el momento más esperado y, a la vez, temido por mí, le extendí mi mano franca mientras le balbuceaba una especie de saludo.

Recién había expulsado a unos cuantos intrusos en su mejor estilo olanchano y ya esperaba yo igual suerte; pero no; la bella Clemen me entregó sus dos manos en son de amistad. Me quedé, pues en su fiesta y ella se quedó para siempre en mi corazón.

Como todo el mundo, Clementina profesaba sus filias y sus fobias. Quería a sus amigos con pasión materna y los prodigaba de finuras y alabanzas de frente o a sus espaldas. Despiadada y procaz era, en cambio, con el adversario o el malnacido. Fue, sin duda, una dama correcta y educada, propensa a los antojos mundanos y exquisitos; pero al menor asomo en derredor de infamia o deslealtad afloraba en su pecho la armadura indócil y rebelde de su estirpe.

Su anecdotario al respecto es único, irrepetible, por más que las comadres pretendan remedar su vida y obra.

Frecuentemente acudo a su poesía rutilante, sediciosa y sensual, en sus versos me adentro sin reservas como en una fiesta a la que Clemen me invita de su puño y letra. Y vuelvo a conocerla.

CLEMENTINA SUÁREZ *por Roberto Sosa*

Después de una prolongada presión oral y escrita de varios intelectuales hondureños en el sentido de conferirle a la poeta Clementina Suárez el Premio Nacional de Literatura correspondiente a 1970, el Estado decidió otorgar el máximo galardón literario de la nación a la autora de "Creciendo con la Yerba".

Para aquellos que creemos que este género de distinciones no constituyen ayudas económicas o premios a la longevidad derivadas de nexos familiares, de clase o políticos, vemos el reconocimiento necesario, aunque tardío, para alguien que ha dedicado la vida entera a la vida del arte, traducida en ocho libros de poesía, creaciones de galerías pictóricas, y entrega sostenida, con el inevitable riesgo personal, a la defensa de esa "invención de aquello que los ojos no saben ver", que es la poesía, según frase del poeta francés Robert Sabatier.

Y esa continua defensa de las categorías humanas en función poética han empujado a Clementina Suárez hacia la leyenda. Dueña de un interminable hilo de rebeldía, ironiza, insulta, en nombre de los intereses sagrados de la verdad en peligro, el escepticismo y la indiferencia, fruto del engaño social sistematizado, que niega (y que es peligrosamente sensible a lo que no entiende) al artista, quien, sin pelea, "se desploma o se evade ahogándose como peces en muchas aguas venenosas", como ella misma lo afirma. Y esa capacidad para plantear la verdad hacen de esta mujer una conducta superior a su obra escrita.

Diversas asociaciones culturales han hecho diversos homenajes a la poeta, que interpretan el Premio Nacional de Literatura concedido a Clementina como un triunfo de la mujer hondureña.

CLEMENTINA SUÁREZ: UNA HUELA EN EL TIEMPO *por Helen Umaña*

Conocí a Clementina Suárez en los años iniciales de la década de los ochentas. El acercamiento lo propició la lectura de El poeta y sus señales. Una especie de acceso tomando un atajo temporal construido con la más sólida argamasa de su quehacer poético. Un destilado final que provocó una fuerte conmoción estética. Poco a poco, leyendo estudios generales sobre la literatura hondureña, concluí que un trabajo de tal calidad no había sido adecuadamente valorado. Faltaban puntualizaciones esclarecedoras de sus aportes renovadores dentro de esquemas de vanguardia.

Después entendí que, en ello, agazapadas, existían causas sociales muy hondas. A Clementina se la miraba con recelo o —si mucho— con benevolencia por lo avanzado de su edad. Había roto tantos códigos de conducta que el peso de esa circunstancia ahogaba o distorsionaba la apreciación ecuánime de su legado artístico. Frases sueltas... Bromas... Chascarrillos de sobremesa... Anécdotas picantes o divertidas... Pero ninguna referencia al sólido trabajo creador o al enjundioso profesionalismo con el cual había asumido la tarea de escribir. Desde una óptica machista de consumo generalizado, la inquietante y singular aureola (mujer liberada, libertina, cuasi prostituta...), en buena medida, había avasallado su sustantivo aporte al desarrollo literario del país. Prevalecía el mito femenino sobre la poesía de fuerza interior y reciedumbre sensual.

Por varias razones (la visión de extranjería con la cual llegué a Honduras, mi tardía inserción en el mundo cultural del país, quizá una óptica menos prejuiciada...), yo accedí primero al quehacer poético y después visualicé la dimensión de la mujer que, para muchos, seguía siendo una figura controversial. En otras palabras, mi valoración de Clementina se dio al margen de la maraña social que la envolvía. En ese momento, quizá ello representó una ventaja en la apreciación de los planos meramente estéticos. Crítica interna, la llama Enrique Anderson Imbert. Con esa base surgieron mis primeros comentarios sobre el trabajo de la autora.

Ahora, a la vuelta de los años, y tal vez con una mejor comprensión de la globalidad cultural hondureña, pienso que la clave para ubicar a Clementina radica en considerar que las dos vertientes son igualmente importantes. Ello permitirá aquilatar la profundidad de su huella por los derroteros del siglo recientemente fenecido. En tanto mujer, quebró las normas de convivencia moralmente aceptables dentro del estamento social al cual pertenecía. Así contribuyó a airear obsoletos patrones de conducta y dio un empuje a posiciones más humanas —más equitativas— en cuanto a la consideración del actuar femenino. Con el tiempo, la sociología tendrá que dilucidar el fenómeno "Clementina", si es que así puede llamársele.

Por nuestra parte, creemos que el patrón de libertad personal asumido por la escritora adquirió relevancia social porque verbalizó su experiencia. Hizo poesía desde la luminosidad o los desgarres de su propia vida. Y, en su factura —sometida a la rigurosidad de rejillas estéticas extrafronteras—, obvió los eufemismos. Al sexo le llamó sexo y al deseo, deseo. No sólo arrancó los vestidos de su cuerpo durante una velada teatral (según una anécdota que corrió como reguero de pólvora y que, con las variantes propias de la transmisión oral, se siguió contando décadas después de supuestamente ocurrir). También se desvistió espiritualmente en libros que, por ello, quemaban en las manos de lectores acostumbrados a disimular la realidad mediante el silencio o el subterfugio verbal.

Además, para atizar el fogón, esa poesía escandalosa y ese accionar inmoral (Ángela Ochoa Velásquez, en un soneto publicado en 1934, la equiparó con Luzbel), encontraron un complemento que, para calarlo en dimensión de aguas profundas, hay que leerlo en clave simbólica: Clementina se desnudaba (literal y metafóricamente hablando) frente al ojo ávido de decenas de artistas de la plástica que, a su vez, la despojaron de disfraces y veladuras en más de cien cuadros memorables que escarbaron —hasta la médula— en las complejas y, a la vez, transparentes facetas de su personalidad. Así, los famosos pies desnudos de Clementina o las fotografías —comentadas sólo en voz baja— en las que únicamente vestía la seducción radiante de su piel —cuando la mujer honesta reservaba ese deleitoso mirar dentro de la legitimidad del matrimonio— se tornaron en símbolo del desacato y la provocación.

En Clementina no sólo hubo un afán personal por semantizar su propia circunstancia. Con deleite, con el gozo de sentirse hermosa, se propuso —se brindó a sí misma— como objeto de análisis e interpretación en el discurso artístico de otros. ¿Cómo olvidar a la llameante diosa de Luis Ángel Salinas? ¿La ensimismada, de mirada vuelta hacia abismos interiores, de Amighetti? ¿O en el tormento sexual atrapado por el ojo agudo, quizá cínico, de Tuno Alvarenga? ¿Con una carga de siglos en Gelasio? ¿En el introspectivo amargor de Aníbal Cruz? ¿Revestida de las galas indígenas en José Mejía Vides? ¿Espléndida muchacha tocando cielo y tierra —barro ella misma— en Jorge González Camarena? Un retrato: una faceta, un atisbo. Cada icono igual y distinto. Sugiriendo múltiples lecturas tanto en el signo trazado como en el signo viviente. Reafirmación continuada del mito.

El fenómeno es fascinante. Cada vertiente de su actuar le insuflaba vida a la otra. La agresiva poesía enfocaba los reflectores sobre su dimensión de mujer. Y el accionar iconoclasta se revertía al campo de la poesía. En esta forma, en el imaginario colectivo, se redimensionó su personalidad integral. Vale decir, la mujer y la poeta. O, mejor: la mujer-poeta. Indivisibles. Alimentándose y revitalizándose mutuamente.

En el caso de Clementina existe, pues, una insoslayable interrelación vida-obra. Por esta causa, una y otra emanan un sabor de autenticidad. Cada hecho que confortó o golpeó su corazón se transmutó en palabras. Cada trazo escrito respaldado por una convicción inamovible. Amor, pasión, búsqueda de sí. Miedo a diluirse en el limbo de una existencia anodina. Conquista de un íntimo sentido de dignidad aunque, a cuestas, endilguen la piel de la famosa oveja. Fusión yo-colectividad. Solidaridad y anhelos de justicia. Ideas que, a borbotones, se derraman en sus versos. Y, hasta el final de su vida, con sus actos, respaldó al rebelde signo que había trazado en el papel. Brindó su apoyo franco —el fuego de su voz— para advertir o denunciar hechos políticos que arrasaron con tantas vidas en el convulso transcurrir del siglo.

Por esas razones, cuando Leticia de Oyuela me propuso la realización de un trabajo conjunto sobre Clementina, acepté con entusiasmo. Ella, dada su larga amistad con la autora, abordaría los aspectos biográficos. El acercamiento a la poesía sería mi campo de trabajo. La intención era que ambas facetas se complementaran y facilitasen un mejor entendimiento del rostro bifronte que propondríamos a los posibles lectores: el de la mujer-poeta que fue, que es.

Según sentenció Luis Cardoza y Aragón, la poesía no puede explicarse. Para la semiótica, es irreductible a cualquier otro tipo de signos. Sólo habla desde los símbolos que instaura dentro de un mensaje concreto. Por lo tanto, nuestros comentarios únicamente representan una de las tantas posibilidades de lectura que encierran los libros de la autora. En este sentido no pretendemos dictar pautas interpretativas de carácter excluyente. Para fortuna de todos, la poesía es mar abierto de posibilidades infinitas...

Por otra parte, para que la evolución del trabajo de Clementina Suárez pueda evaluarse mejor —aunque ello entrañe reiteraciones— cada título será tratado por separado. Ello permitirá captar la persistencia de sus grandes obsesiones así como las especiales modulaciones que la escritora les infringió. Mis comentarios se avalan con frecuentes citas textuales. El propósito es corroborarlos. Pero, sobre todo (¡quién se resiste a la tentación de compartir un hermoso hallazgo!), resaltar la plasticidad del verso y la profundidad humana de la idea vertida. También pretendo —suprema aspiración del comentarista— animar al lector para que llene espacios y busque el enfrentamiento directo con la obra de Clementina, uno de los testimonios poéticos más impresionantes de la poesía centroamericana del siglo XX.

El recorrido personal —vale decir, el diálogo íntimo— con ella tendrá —con toda seguridad— un efecto similar al que me produjo este nuevo encuentro con Clementina (¡siempre es inédita la relectura de los grandes autores!): un impacto de catarsis, liberación y transformación. Quizá, a partir de la iluminación estética, la reafirmación de una mayor conciencia sobre la potencialidad del ser humano que lo hace encontrar veredas y extravíos para convertir los reveses en victorias, como —en acerada frase— lo enseñó el maestro cubano.

Conocí y traté a Clementina durante la última década de su existencia. Aceptó presentarse, en dos o tres oportunidades, ante los estudiantes del Centro Universitario Regional del Norte, en San Pedro

Sula, cuando fui coordinadora de la carrera de letras. Luego, en Tegucigalpa, nunca dejó de sorprenderme que formulase comentarios sobre materiales publicados en Cronopios, sección literaria a la que, por esos años, yo dedicaba esfuerzos. Por esos indicios de deferencia, me sentí honrada y hondamente conmovida. En el último tramo de su vida, me consideré, inclusive, su amiga. Su muerte brutal es herida que todavía sangra. Que esta sencilla página —con motivo del centenario de su nacimiento — sea un tributo a su memoria. Pero, sobre todo, al maravilloso regalo de su poesía, inmenso mar de olas inasibles.

CLEMENTINA SUÁREZ *por Medardo Mejía*

De casa rica vino Clementina Suárez. De casa feudal con amplias salas y amplios corredores, asentada en fértil valle. De casa de latifundistas y ganaderos, que en la América Hispana han dirigido la Sociedad y han sido dueños de la cultura. A Clementina Suárez no le gustó el señorío, el hábito severo, el gesto desdeñoso, el tratamiento de "ama". Escapó del fértil valle natal. Quería cantar libremente y lo consiguió.

Sólo que su canto fue en un principio como una trenodia. En sus añoranzas, en sus pasiones, en sus anhelos se lamentaba el régimen del que procedía. Sus versos fueron entonces celebrados por los sectores reaccionarios de la alta sociedad de su país.

Después en un esfuerzo por colmar sus inquietudes enormes, fue a México.

Allá conoció el movimiento dirigido por Juana de Ibarbourou y que se puede cristalizar de la siguiente manera: en una sociedad libre, la mujer tiene derecho al canto y ha de expresar humanamente sus deseos y la aspiraciones supremas de su espíritu. Así llegó Clementina Suárez a descubrir su propia personalidad.

Desde entonces ya no le inquietaron los prejuicios ni le impidieron los lazos del régimen anciano. Publicó poemas como el siguiente:

> Es crimen hablar de estrellas
> cuando hay que limar cadenas.

Bramó el feudalismo, casi estuvo a punto de enterrarla viva, pero ella prosiguió:

> No, no, no
> Este no es mi mar,
> ni estos son mis ojos.
> En estas aguas los niños están muertos,
> y los vientres de madre comidos de gusanos.

Pero es claro que a semejante odio debía corresponder un aprecio igual, así sus siguientes poemas fueron aplaudidos por los sectores más avanzados de América.

Hoy Clementina Suárez viaja por diferentes países, llegándonos noticias de ella de todas partes. Como siempre su espíritu está abierto a las inquietudes del momento. Como siempre se complace en hacer sufrir a los reaccionarios con sus ademanes en los que siempre hay luz estelar.

Ha superado su concepción estética; y con todo énfasis le dice al hombre:

"Pero si no has podido llegar
y el paso de tu estrella
está indeciso.

Y para que llegaras
tendría que levantar los despojos
donde dejan su musgo los olvidos.

Ni así. Pezuña de ceniza apagaría
mi frenesí.
Y nunca llegarías al astro...

Tienes que levantarte,
Dejarte desnudo, voluntario,
distinto.

Ha hecho quedar lejos la rebeldía amatoria de Juana de Ibarbourou y mucho más lejos la canción lunar, jazmines, que le salió del alma en la casa de amplias salas y largos corredores, asentada en fértil valle.

Y paralelamente va dejando abandonados a los grupos que la admiran en los recodos de su camino azuleo. Con las manos dispuestas al aplauso se quedaron los devotos de su poesía realista. Y más allá con una visible inquietud se mueven los fanáticos de sus versos prístinos.

Aun yo, su viejo compañero y amigo, quedo como en un fracaso artístico, desgreñado entre músicas rotas.

NOTA LIMINAR AL LIBRO CORAZÓN
SANGRANTE por Alfonso Guillén Zelaya

No he leído como crítico el libro de Clementina Suárez. No es posible inclinarse con afán analítico sobre un corazón que mana sangre de infortunio. He llegado a un CORAZON SANGRANTE para vivir la música triste que hacen más acerba y honda sus desesperanzas y sus heridas.

Mi propósito ha sido sentir su pesadumbre, compartirla y consolarme de que al final de todo exista siempre un rayo de sol en la congoja del mundo. Porque cantar es iluminar la vida. Viene de ahí quizás que en medio de las más densas sombras de la desdicha, persista sobre el alma de cada poeta, inmarcesible y puro, un firmamento de astros que repara sus culpas y siembra de resplandores sus caídas.

El canto resume la maravilla suprema del Universo, porque el canto es idea y es alma. Pensamiento y dolor, alegría y profecía, todo eso se estremece y trasciende en la voz conmovida de una lira. Por eso para leer versos, para sentirlos y comprenderlos, precisa hacer entrar el alma a un clima espiritual enteramente distinto al que ambula, pesada y banal, la asperidad cotidiana. Para elevarnos hasta el mundo luminoso de un poeta, tenemos forzosamente que exaltar nuestros sentidos, hacer más intensa y sutil nuestra sensibilidad y dejarnos poseer de esa embriaguez delicada con que nos arrullan la música y los perfumes.

Clementina Suárez magnifica su vida con el canto. Su CORAZÓN SANGRANTE es un ramillete de armonía en cuyo fondo luchan presentimientos, ansiedades, incertidumbres, interrogaciones y un afán inextinto de cambiar el mundo, de convertir sus desilusiones "en un claro y encantador remanso" de paz y de alivio. Agobiada por los sueños, exclama con un acento lleno de suavidad y de evanescencia:

> He soñado tanto, que a veces he querido
> soplar sobre esos sueños y hacerlos florecer,
> fundirme en sus fragancias, perderme entre su olvido
> y diluirme entre las ondas de un suave atardecer.

Y en otro de sus poemas, inundada por una íntima y crepuscular compenetración con la naturaleza, repite su ansia de quietud en un dístico que ofrece una sensación de infinito:

> Llanura que te extiendes indefinidamente,
> dame tu suavidad, calladamente.

La evolución, esencial a todo verdadero poeta, la transporta a sus días dichosos:

> Mi vida era un claro y encantador remanso,
> donde la luna pálida tomaba su descanso.

> Mi vida era tranquila como un árbol del camino
> que busca en el claro cielo la luz de su destino.

> Mi vida era a manera de arroyo canturriante
> que va por entre malezas alegre y delirante.
> Sobre sus aguas claras, risueñas y sencillas
> caían suavemente las hojas amarillas.

En su soneto LA RISA LEJANA, prosigue rememorando la primavera de su corazón, que no de sus años, porque Clementina está todavía en lo más florido de su primera juventud, LA CIERTA, LA UNICA JUVENTUD, LA QUE ES DIVINA:

> La risa lejana me recuerda cuando era
> mariposa loca de la Primavera
> y cuando correteaba con piernas desnudas

> por sobre las sabanas cubiertas de rocío,
> cuando todo alrededor era mío, muy mío
> y vagaba sin penas, tristezas ni dudas.

Y luego, en PUÑADO DE CENIZAS, ya con acentuada melancolía, se posa en un mundo poblado de sueños, de ilusiones inconquistadas y de versos que ofreció a sus andanzas la prolongación del sendero:

Sueños que en el viento nos enviara el destino,
ilusiones que quisimos por siempre aprisionar,
canciones que nos diera la cinta del camino
cuando una fuerza ciega nos empujó a rodar".

Pero la nota insistente de su poesía es la gran desolación, el eterno vacío que sufre su alma insatisfecha. Oigámosle en varios de sus poemas:

ALMA LEJANA

Yo no sé si deliro, ya no sé si he soñado,
pero presiento que un día sin alma quedaré,
y así mi cuerpo solo, mi cuerpo abandonado
que ambule, cual las sombras, en paz lo dejaré.

RUEGO

Yo no sé si blasfemo al implorar tu ayuda
porque tu fuiste fuerte y yo pobre criatura
sin saber de nada me encarceló la duda.
Y me siento débil y me siento triste
ante la incertidumbre,
ante todo lo que existe,
ante ese inmenso vacío
que se abre ante mis pies
como un siniestro y escondido río.

Yo sigo tu calvario desde mi soledad
y admiro tu paciencia y envidio tu humildad
y miro tus ojos como hipnotizados
que se clavan angustiados
en el cielo,
y cómo en cada caída
con la cruz a cuestas
se ilumina tu vida.

LUZ

Vida que brotaste de un milagro divino,
que supiste del beso de la inmensidad,
quiero como tantos cumplir con mi destino
y saciar mis anhelos y calmar mi ansiedad.

PLEGARIA

Miro a mi alrededor y nada miro
se escapa de mis labios un suspiro
y sube a mi corazón una plegaria.

"Vacío de mi alma, silencio de mi vida", dice en MI LUMINOSA
SOLEDAD. Y así en casi todas sus poesías, persiste este gran
sentimiento de desolación, esta sed profunda de llenar su vida con
algo que le falta y que continuamente presiente que se aleja.

Como su vida, el verso de Clementina es un verso sin restricciones,
poblado de un dolor hondamente vivido, y en el que fulgura, con
espontánea limpidez, con vigor legítimo, un numen auténtico. Por
eso yo auguro que su CORAZON SANGRANTE le abrirá el camino
para nuevos y mayores triunfos en el porvenir, cuando su dolor
primaveral, su desolación juvenil y su sed de armonía hayan entrado
de lleno al fondo de la vida, al misterio infinito en donde mora
eterna y múltiple, serena y esplendorosa, la Sagrada Fuente.

EL LIBRO DE CLEMENTINA SUÁREZ *por Marcos Carías Reyes*

He aquí un corazón. Un libro de versos equivale, a veces, a un maravilloso estuche, cuajado de gemas fulgentes, a una panoplia todo brillo y acero, a una selva tropical, con sus leones intrépidos y la locura de las cascadas lanzándose a los abismos y la policromía insólita de sus flores. A veces también un libro de versos es un corazón. He aquí el volumen de Clementina Suárez.

Grato es acariciar las gemas versicolores; las esmeraldas semejantes a los ojos de los marinos que se han bebido el agua del océano, las amatistas y los topacios, los ópalos sibaritas, los rubíes, los crisopacios, enardece el fulgor del acero, que produce súbito deslumbramiento en la mirada con la imagen de las glorias épicas. Causa embriaguez la selva enorme y fragante, pletórica de jugos y de colores. ¿Qué pensáis de la entraña que es fuente suprema de la vida, palpitante, desnuda en vuestras manos? Sincero, clamoroso, rojo es un corazón. Todo un corazón de mujer que ha amado y sufrido en este libro. Así surgen de él, tal de la víscera, los sentimientos que son la luz tenue y el aroma de !a existencia: la ternura, la esperanza. Así surgen de él las pasiones que incendian la vida, el amor, los celos. Toda la gema de la sensibilidad femenina, hasta el refinamiento, alternándose con los tonos suaves y grises con que se traducen los momentos psicológicos de resignación y decaimiento, la desesperación de las Ménades, la cabellera destrenzada de las Erinnias, el rostro sombrío de las cariátides inmóviles.

Clementina Suárez escribió estos versos bajo la advocación de Nuestras Señoras del Dolor. Tomás de Quincey habló de ellas; son tres hermanas que presiden los grandes duelos del alma. La mayor es Nuestra Señora de las Lágrimas, Mater Lachrymatorum; la segunda se llama Nuestra Señora de los Suspiros, Mater Suspiriorum y la tercera hermana, la menor de todas es Nuestra Señora de las Tinieblas, Mater Tenebrarum. Ante ellas fue a postrarse de hinojos la musa desmelenada y vibrante de la poetisa. El cuerpo de las Sibilas era presa de convulsiones al revelarse los designios arcanos.

Así abandonó la musa de Clementina Suárez el recinto de las hermanas del Dolor y fuese a errar por los jardines abandonados, bajo cipreses taciturnos.

Yo deseara para la única poetisa hondureña una musa pagana y sensual. Sensual y pagana como la que anima en sus maravillosas creaciones a Juana de Ibarborou. Aspiraríamos en sus versos el olor de las ubérrimas selvas, que de intenso produce vértigos y desfilarían por ellos los paisajes nativos con los colores violentos del huerto. Tal debió ser el alba de la poesía femenina en la heredad maternal. Fresca, virgínea, embalsamada con aroma de flores silvestres, plena de trinos y arrullos.

Las musas irían por los senderos amplios recogiendo las notas musicales de las frondas, la armonía de los pinares, el rugido gozoso de las cataratas. Una fiesta loca de risas y de besos, de aromas y de fulgores, bajo el sol jocundo del trópico. Pero la Musa de Clementina Suárez fuese ante todo a peregrinar por la vida y la vida le devolvió en congojas la ingenuidad primitiva que ella llegó a brindarle. De este éxodo retornó pálida y febril, presa de las convulsiones de la tragedia que va a revelarse en palabras. Tal las sibilas antiguas en el umbral de los designios inescrutables.

Así, el libro de Clementina Suárez no es un bello estuche en cuyo seno fulguran gemas maravillosas; ni es la selva estremecida y pujante, ni la panoplia acerada, ni el místico cáliz. Este libro es: un corazón. Sincero, desnudo, rojo de sangre como la entraña que es fuente suprema de la vida.

Canta una mujer. Ahora que los estros viriles permanecen en silencio, el verbo de una mujer nos dice cosas recónditas, amarguras secretas, ritornelos melancólicos. Una mujer envía a nuestros espíritus, sensibles a las manifestaciones de la Belleza, el mensaje de su vida. Mensaje que es de luz y de sombra. Luz de revelaciones que deslumbraron con los fulgores de lo sublime la mirada ingenua de Teresa de Ávila. Sombra de infortunio, ala de la noche, manto de Nuestra Señora de las Tinieblas que arropó la desolada orfandad de la musa.

Nunca la gracia suprema había anidado, de tal manera, en el espíritu de una mujer nuestra. La ternura, la pasión, el dolor, nunca se habían convertido en armonías, como en el verbo de esta mujer. Pan, que habíase quedado dormido al rumor de los bosques nativos, donde hay una lira sonora en cada follaje, despierta y se incorpora sonriendo. Hasta sus oídos ha llegado la melodía de una flauta jamás escuchada antes. De una flauta en que el artista interpreta su dolor con delicadeza exquisita. Principia suave y dulce la melodía; va siendo gradualmente más intensa hasta que en un momento culmina en un grito o se rompe en sollozos. La selva lírica se ha poblado de rumores musicales y las notas de la flauta, escuchadas por vez primera en la heredad nativa, se elevan a modo de un surtidor.

Muchos hemos bebido en el seno maternal el amor hacia la Belleza y la pasión de la literatura. Nuestras mujeres que saben querer con vehemencia no han aprendido a cantar. El verbo femenino ha estado por revelarse durante muchos lustros. En medio de la indiferencia ambiente, Clementina Suárez envía a nuestros espíritus el primer mensaje lírico de la mujer hondureña. Rachilde, la desconcertante novelista, es un orgullo de la patria Gala. Concha Espina suma nuevos timbres de gloria a la noble España. Juana de Ibarborou, el alma vibrante de la América fresca y sensual, es un símbolo victorioso en el continente. ¿No habremos de enorgullecernos de nuestras mujeres, de alguna mujer nuestra, cuándo aprendan a cantar, animadas de la gracia suprema que ha engendrado las mayores armonías del universo?

No vamos a clasificar el libro de Clementina Suárez en ninguna escuela. Ya lo dijimos: tal libro es un corazón y los corazones no necesitan de aula para saber amar, odiar o sufrir. El vaso magnífico de la existencia, pleno de cordial rojo, dictó a la poetisa sus cadencias, brindándole sus melodías, le dio ánimo con su ritmo acelerado y su voz profunda. Ella abrevó en las cisternas enigmáticas de la vida en cuyos fondos hay danzas pecaminosas, madreperlas de alegría y limos de tristeza. Ella entonó himnos paganos haciendo vibrar los crótalos sonoros de su juventud. Ella fue ante la Afrodita a ofrendar las primicias de su amor. Ella se detuvo ante las Esfinges que permanecen inmóviles a los lados de la gran vía y osó descifrar sus secretos. Ella no tuvo miedo de ver la figura ambigua de las Quimeras. Ella fue a despertar con voces ardientes las dormidas armonías de su templo interior y —al volver de allá— nos trajo un cirio votivo, una ofrenda excelsa, un corazón.

Su dolor humano se revela en los versos con la delicadeza de los sentimientos profundos y con la desnudez de las vehemencias sinceras. La vida —su grande y única maestra— no enseñó a reír a esta poetisa. Y sí le enseñó a traducir en frases hondas la melancolía que va dejando sedimentada en nuestras almas. No es un estro plañidero el de Clementina Suárez. Si bien es verdad que hay quizás demasiada bruma en su poesía, ela sabe interpretar con filosófica serenidad sus angustias recónditas.

Su Corazón Sangrante es un vaso lleno de licor de la vida. Lástima que ésta derramó en él sus absintios. Y por eso la musa de Clementina Suárez no es, como yo deseara, pagana y sensual. Es musa de tragedia. El simbolismo helénico nos legó la carrera alegórica de las antorchas. ¿No llevará en sus manos Clementina Suárez la tea crepitante y roja, la flama nueva y gloriosa para depositarla ante el ara sacra de la poesía?

EN TORNO A UN POEMA DE AMOR DE CLEMENTINA SUÁREZ *por Pompeyo del Valle*

Ha aparecido en el mundo una nueva estética. Y, por supuesto, un nuevo tipo de artista, de escritor, de poeta. El "genio" aislado, de poeta, de artista, de escritor, con las aguas de Narciso perpetuamente delante de los ojos pertenece al ayer, al tiempo que caducó.

El artista, el poeta de hoy tiene que ser ante todo un ciudadano consciente de sus derechos humanos. Un hombre semejante a los demás: que viste un traje, que habita una casa, que necesita comer para subsistir, que se incorpora a un sindicato, a un partido político, que ha menester trabajar, acostarse con una mujer, fecundarla... ¡Un hombre, en suma!

"El desarrollo del arte —dice el escritor A. Gorova, coterráneo de Gorky— consiste en la lucha de lo nuevo con lo viejo, en el reflejo veraz de lo que nace en la sociedad y en el alma del hombre, en la profundización y la ampliación de los medios expresivos".

Las tradiciones del pasado deben ser aprovechadas plenamente por el artista, por el poeta de hoy. No se trata de negar simplemente lo viejo. No. El arte, la literatura universales de antaño atesoran grandes enseñanzas para nosotros.

¿Qué hacer? Lo que hay que hacer es asimilar de manera creadora y crítica y las experiencias del pasado, tomando de ellas lo necesario para realizar nuestras obras actuales: nuestros cantos, nuestros cuadros, nuestras esculturas, nuestro teatro.

Las tradiciones y la innovación: he aquí uno de los grandes problemas que tiene que enfrentar el artista contemporáneo.

Por lo demás, Rolland ha expresado: "Nuestro gran destino ha sido nacer en una gran época de lucha. No nos está permitido aislarnos de esta lucha".

LA POESÍA Y LOS POETAS EN HONDURAS

La generalidad de los poetas hondureños escriben para que los lean sus colegas, los otros poetas. Vegetan, rodeados de espejos que los copian por todos lados, en su pequeño mundo, en su mundito egoísta, de elogios mutuos. En paz con el gobierno de turno, con el poder del dinero. (Las excepciones son altamente honrosas y sólo confirman la regla).

Ignoran al pueblo, a los obreros, a los campesinos, a la gente sencilla, al hombre de martillo y pala que bajo la burda tela de la camisa empapada en sudor caliente, explotado, lleva latiendo el futuro, a pesar de los exquisitos que cierran los ojos a esa realidad tremenda, a esa verdad científica.

Además siguen pensando en el fenómeno artístico como un producto de la inspiración pura, divina, enviada a sus "espíritus privilegiados" por los dioses del Olimpo..

Cantan como sin saber en qué día están. Lunes... ¿Qué día sigue después del lunes? ¿El jueves? ¡No, tonto! ¡El viernes! ¡Ay, sí, es verdad! Deliran. Se sumergen cada vez más en ellos mismos. Bostezan. Remolonean. Dan la espalda a la vía pública.

"Pobre artista es aquel que no lleva en sí a su comuna", ha exclamado el estupendo autor de Juan Cristóbal.

El arte es trabajo, señores. Y el trabajo poético es tan meritorio y digno como digno y meritorio es el trabajo del metalúrgico, del conductor de barcos, de aviones, del constructor de edificios, de puentes.

Poetas y obreros somos hermanos.
¡Martillos! ¡Liras!

Clementina Suárez, poeta de Honduras, ha puesto en nuestras manos su poema "Creciendo con la Hierba", impreso en los talleres del Departamento Editorial del Ministerio de Cultura de El Salvador, en 1957.

José Mejía Vides y Luis Ángel Salinas, pintores de la ardorosa Cuzcatlán, patria de Aquino, el indio volcánico, lo han ilustrado.

El tema del poema: el amor. Su versificación: libre, en versos blancos, siguiendo el ritmo interior, la curva del pensamiento:

La palabra iba suelta
en el aire,
indestructible
dentro de mi llanto.

Con alegría advertimos que la autora pisa tierra firme cuando nos da su canto. Su voz suena íntima, brota transparente de su garganta, llena de pequeñas luces acuáticas:

Ya ves cómo
mi pecho ilumina
una verdad tremenda.
Los ángeles que pasean por mi sangre
son ángeles rebeldes.

¡El viejo leitmotiv del amor! Pero tratado de un modo más realista, más acorde con la vida: eso es el poema "Creciendo con la Hierba". Se ha afirmado, con certeza, que tal vez no haya otra relación humana como la relación entre los sexos en la que se manifieste tan intensamente el individualismo que caracteriza a la época del capitalismo; que la moral individualista —fruto de la dominante ideología burguesa— asfixia, intoxica a los seres impidiéndoles alcanzar el goce del amor verdadero, del amor pleno, luminoso, en su exacto esplendor humano, hecho de compañerismo, de camaradería.

El amor, como la política, las religiones, como las artes, etc., es una superestructura. Por eso estamos plenamente convencidos que cambiará, que mañana será mucho más bello. Ya no una pena, o una felicidad estrecha, sino una alegría, una inmensa alegría basada en los principios y la aplicación de la libertad con pan y en la igualdad completa de todos los hombres y de todas las mujeres. Eso implicará, desde luego, la transformación de la psicología humana. Todo lo cual se cumplirá incuestionablemente en la sociedad nueva, la que vendrá, la que se está gestando en el seno mismo de la sociedad caduca, podrida que sufrimos...

Palabras encendidas
nos están despertando.
No podemos quedar solos,
tardar, estar inmóviles
dentro de esta
porfiada penumbra.

El alba que va suelta
dentro de mi carne
nos está gritando
que nuestra médula
arrastra un fulgor nuevo
para la espiga sometida.

La autora de "Creciendo con la Hierba", que ha viajado bastante y conocido a muchos poetas y artistas de nuestra América nos ofrece un canto hermoso, muy por encima del asqueante y usual conformismo intelectual del medio.

Los viajes y la baraja de climas le han resultado favorables. Han influido poderosamente en su expresión. Han ensanchado su mundo interior, reflejo del de afuera, objetivo, enriqueciéndolo, profundizándolo.

Saludamos pues, en Clementina Suárez, al poeta inconforme. Al poeta en rebelión con los "principios establecidos", con la injusticia reinante. Al poeta que renuncia a seguir encerrado en su cuarto de los espejos, en su pequeño mundo de espaldas a la vía pública.

Vivimos una etapa de grandes transformaciones en la estructura de la sociedad, en la economía, en la política, en las artes, en las ciencias. Los sputniks surcan el espacio sideral proclamando la grandeza, la gloria del hombre. Los sabios soviéticos han inaugurado la auténtica conquista del cielo... en vida y para la vida.

Hay muchas cosas nuevas bajo el sol, por más que se empecinen en asegurar lo contrario los papamoscas, metafísicos y malandrines.

La vida cambia de traje constantemente. Se lava la cara y hunde, sin reposo, su cuerpo rítmico en la ondas del río de Heráclito.

La Historia avanza sin detenerse.

¡Ay de aquellos que pretenden luchar contra ella! Serán aplastados. La vida es desarrollo.

La literatura, hija del hombre social, de su inteligencia, de su experiencia, también cambia. Sólo el movimiento, el cambio es eterno.

Terminamos aquí.

Hemos escrito una simple nota bibliográfica para un periódico. No vamos a fastidiar a nadie con nuestros elogios. No hace ninguna falta. Entre otras cosas que han pasado al desván de las cosas viejas están los ditirambos hueros, la zalamería literaria.

Por otra parte, existe únicamente una voz capaz de hablar con suficiente autoridad de los autores: la voz de sus propias obras.

Honduras.

YO, TÚ, ELLOS, NOSOTROS: APUNTES SOBRE LA PRAXIS POÉTICA Y VITAL DE CLEMENTINA SUÁREZ *por María E. Ramos*

> Yo sé que atrás se quedará mi rostro
> pero que mi voz estará siempre en el alba,
> que no hay tumba para la férvida palabra
> y mucho menos para el canto que va de boca en boca".
> *Clementina Suárez*

INTRODUCCIÓN

En la búsqueda de la construcción del proyecto de país aún pendiente, en Honduras subsisten muchos espacios que no han sido lo suficientemente explorados, en los cuales hay un potencial valioso para la configuración de una visión propia como pueblo como país. Uno de ellos es el estudio de la literatura como parte esencial del imaginario y de la conciencia colectiva necesarios en la conformación de una identidad propia.

Sin duda Clementina Suárez (Premio Nacional de Literatura 1970) es una de las figuras más representativas de la poesía hondureña del siglo XX, tanto por la trascendencia y significado de su obra misma, como por lo sostenido de su producción, que inicia en 1930 y no termina sino hasta tres años antes de morir asesinada en circunstancias aún no esclarecidas, el 10 de diciembre de 1991; es decir, abarca seis décadas de la historia literaria y social del país. A la importancia de su obra literaria se aúna su personalidad multifacética y compleja, tan rica e intensa, que cualquier intento de análisis conlleva el riesgo de juzgarla sólo parcialmente.

Por su carácter rebelde e iconoclasta, es posible considerar a Clementina Suárez sólo desde la perspectiva de la ruptura por sí misma, como reafirmación del "yo", en abierto desafío de los convencionalismos sociales; pero la verdadera trascendencia de su legado sólo puede comprenderse en la totalidad de una acción creadora y vital. Estudios y protagonistas de la historia de la literatura hondureña han coincidido en el reconocimiento de la unicidad entre trayectoria vital y obra en Clementina Suárez. Así lo apunta, por ejemplo el poeta Rigoberto Paredes: "Vida y obra han crecido trenzadas, coyuntadas por la firme y fecunda pasión de existir, de perdurar(...). Desconocer su nombre sería como privar a nuestras letras y por qué no decirlo, a un periodo significativo de la actual formación cultural hondureña, de una voz, de una actitud con caracteres fundacionales. Vida y obra se origen, por tanto, en ritos precursores de una forma de hacer, de una manera de ser iconoclastas, eclosivas, sin duda necesarias para potenciar todo proceso de transformación material y espiritual". [1]

Este ensayo, dentro de las limitaciones inherentes a su naturaleza y su brevedad, se propone iniciar una aproximación a Clementina Suárez desde el punto de vista de la praxis creadora de la poeta, es decir, su obra entendida como acto transformador.

Se parte de algunas reflexiones sobre el valor social de la poesía; a continuación se hace referencia al marco socio histórico de la obra de Clementina Suárez; posteriormente se analiza su poesía como producto social; por último, a manera de recuento, se presentan algunas reflexiones finales sobre la contribución de la poeta a la conformación de un proyecto de país.

1. EL VALOR SOCIAL DE LA POESÍA

En un mundo marcado por los conflictos y la incertidumbre sobre el porvenir de la humanidad, el debate cultural, y dentro de éste el papel de la poesía, es objeto de una creciente revalorización en el contexto de los procesos sociales "La poesía", señala Enrique Yepes, "sigue siendo un significativo modo de conocimiento y debate cultural, quizá particularmente relevante cuando las prácticas sociales se hallan en constante revisión y crítica".

Cuando una tradición que data de la "flor y canto" de las culturas indígenas, la poesía latinoamericana ha conjugado la búsqueda individual de los poetas con la formación de una conciencia colectiva, que aun sin asumir una significación política directa constituye una auténtica praxis creadora y transformadora.

---

[1] Paredes, Rigoberto. Nota introductoria, en Suárez, Clementina: **Con mis versos saludo a las generaciones futuras** (antología). Ediciones Paradiso, Tegucigalpa, 1988.

Así la puntualiza Yepes: "A lo largo de las últimas décadas, la poesía latinoamericana da cuenta de una activa voluntad recreadora de actitudes, valores y poderes que merecen considerarse dentro de la reflexión contemporánea sobre la cultura. No se trata, sín embargo,de obras consagradas a defender determinadas cautas políticas. En ellas prima el goce, la fuerza lúdica que engendra el arte. Más esta misma fuerza, leída en el contexto de la posición social de sus autores, interpela los cimientos del contrato social; el lenguaje, los sexos, los cuerpos, las prácticas de convivencia".

En el contexto centroamericano, la poesía ocupa un lugar preponderante, y su espacio cultural ha causado un impacto considerable en la sociedad y la política. Según Marc Zimmerman, "aunque la poesía es el modo dominante de la producción cultural en toda Latinoamérica(...), en muy pocos lugares, aún en Latinoamérica, la poesía ha jugado un papel cultural tan dominante como en Centroamérica". [2]

En Honduras, en opinión de Roberto Sosa, el poeta hondureño más reconocido dentro y fuera de las fronteras del país, los escritores y poetas "carecen de un peso específico en el plano de la opinión pública, oficial y privada",[3] su trabajo no es remunerado y subsisten con más o menos algún decoro gracias al desempeño de otros oficios, generalmente el periodismo, la enseñanza, la diplomacia y, en los últimos tiempos, la labor editorial.

Sin duda, esa sigue siendo la situación generalizada. Sin embargo, a lo largo de la historia social y cultural del país ha habido escritores, pensadores y poetas que han logrado trascender e influir de una u otra manera entre sus contemporáneos e incluso las generaciones subsiguientes. Es el caso de José Cecilio del Valle, Ramón Rosa, Froylán Turcios, Rafael Heliodoro Valle, Clementina Suárez, Ventura Ramos, Medardo Mejía, Ramón Amaya Amador, Leticia de Oyuela, Óscar Acosta, Helen Umaña, Julio Escoto y Ramón Oquelí, para citar sólo algunos nombres.

---

[2] Zimmerman, Marc. "El papel de la poesía en Centroamérica", en Román Lagunas, Jorge Mc Callister (compiladores): La literatura centroamericana como arma cultural. CHILCA/Editorial Óscar de León Palacios, Guatemala, 1999. Pp. 273 y ss.

[3] Sosa, Roberto: Diálogo de sombras. Editorial Guaymuras, Tegucigalpa, 1993. P.

2. CONTEXTO SOCIAL: SEIS DÉCADAS DE HISTORIA HONDUREÑA

Clementina Suárez publicó su primera obra, Corazón sangrante, en 1930, cuando mediante la intervención de las compañías bananeras estaba por terminar una larga etapa de guerras civiles y se aproximaba el inicio de la dictadura de Tiburcio Carlas Andino, que se prolongaría hasta el 1° de enero de 1949. *Con mis versos saludo a las generaciones futuras,* antología recopilada por Rigoberto Paredes que incluye poesía publicada e inédita, apareció en 1988. Su producción abarca, pues, casi sesena años de la historia hondureña.

Las primeras obras de Clementina Suárez fueron publicadas en pleno apogeo de la dictadura cariísta, período caracterizado por una represión extrema de cualquier forma de oposición, con el pretexto de "construir la paz". No obstante, esta paz no contribuyó al progreso social, sino más bien a un estancamiento que duró dieciséis años. Pese a ello, durante los años 30 y 40 continuó consolidándose el proceso organizativo del movimiento obrero, iniciado en la década de los 20 bajo el influjo de las ideas marxista-leninistas.

Durante la década de los 50, en el marco de las tendencias predominantes de la economía mundial, se inicia un proceso de modernización del aparato estatal, orientado a estimular la inversión extranjera, al tiempo que se incentivaba a la empresa privada nacional, en el marco de una relativa apertura democrática.

Sin duda, el acontecimiento más trascendental de esa década lo constituye la huelga bananera de 1954, que, aún cuando no logró del todo sus propósitos, representó la culminación del proceso organizativo de la clase obrera y abrió camino para el reconocimiento de derechos elementales de los trabajadores, así como la conquista del derecho al voto para las mujeres.

Durante las décadas de los 60 y 70, la gran protagonista de los movimientos sociales fue la lucha por la tierra, en cuyo marco se crearon poderosas uniones campesinas bajo la influencia de la ideología marxista, por un lado, y social demócrata por otro. En esta época se consolida el predominio del poderío militar sobre el civil, con el golpe de Estado de 1963, que fue particularmente cruento y se caracterizó por un anticomunismo acérrimo.

En 1972, después de un corto período de gobierno civil, las Fuerzas Armadas asumen de nuevo el poder mediante otro golpe de Estado, pero esta vez en un contexto reformista muchos más condescendiente para el movimiento popular organizado, e incluso con el respaldo de amplios sectores de éste.

A finales de la década de los 70, se crea una Asamblea Nacional Constituyente que reinicia el camino hacia la democracia formal. Sin embargo, mientras se preparaban las condiciones institucionales para convocar a elecciones y retornar al sistema democrático, se gestaba la aplicación en Honduras de la "doctrina de la seguridad nacional", que convirtió al país en el principal socio de Estados Unidos en su estrategia de contrainsurgencia en Centroamérica.

Se inicia así unos de los períodos más oscuros de la historia hondureña, la década de los 80, caracterizada por la violación de todo principio de soberanía y de las garantía ciudadanas, irónicamente en el marco de un gobierno electo en condiciones de relativa democracia. Entre 1980 y 1989, más de 187 personas fueron víctimas de desaparición forzada, tortura y asesinato por motivos políticos, según los organismos defensores de los derechos humanos, y un número considerable de hondureños tuvo que abandonar el país.

Clementina Suárez fue una testigo privilegiada y también participante de estas seis décadas de historia nacional, no sólo por su longevidad, sino sobre todo por su sensibilidad poética y social. A diferencia de algunos de los integrantes de las generaciones literarias a las que perteneció, quienes, en opinión de ella misma, "se acomodaron a las circunstancias'", sobre los principios de Clementina Suárez hallamos testimonio en un breve artículo de Roberto Sosa, escrito en 1971:

"Y esa continua defensa de las categorías humanas en función poética ha empujado a Clementina Suárez bacia la leyenda. Dueña de un interminable hilo de rebeldía, ironiza, insulta, en nombre de los intereses sagrados de la verdad en peligro, el escepticismo y la indiferencia, fruto del engaño social sistematizado".

3. POESÍA Y PRAXIS SOCIAL EN LA OBRA DE CLEMENTINA SUÁREZ

Clementina Suárez nació en Juticalpa, Olancho, el 12 de mayo de 1902, en el seno de una familia latifundista. Tuvo el privilegio de que su padre, además de ser hacendado, poseyera un elevado nivel educativo y un mentalidad abierta que le permitieron reconocer la singularidad de su primera hija nacida de matrimonio. Así aun cuando no tuvo acceso a una formación académica propiamente dicha, Clementina tuvo desde niña la posibilidad de escapar a la esclavitud de los quehaceres domésticos y de conocer una variada gama de obras de la literatura universal. [4]

El estudio de su biografía y de su obra revelan a una mujer poeta empeñada en la elaboración de lo que Enrique Yepes denomina "un Yo individual, así como de un ethos colectivo, atravesando por la otredad, en diálogo con lo exclusivo, siempre en proceso de negociar su capacidad deliberativa y la de otros".

Así después de la muerte de su padre, Clementina Suárez abandonó su tierra natal y, en un acto insólito para una "joven de familia", se marchó, a la costa norte primero y luego a Tegucigalpa. En cuanto tuvo la oportunidad de hacerlo viajó por diversos países e incluso residió en algunos de ellos. Salir, primero de su casa y luego del país, a su propio albedrío, sin rendir cuentas a nadie, fue un acto de liberación, necesario para la conformación de su identidad como persona, como sujeto, y un hecho notable en la Honduras de los años 30 y 40. La construcción de ese "Yo" se manifiesta en algunos de sus primeros poemas como una individualidad melancólica, pasiva, trágica, sin duda, en el marco de la escuela romántica que aún sigue permeando buena parte de la poesía hondureña:

> Me siento débil y me siento triste
> ante la incertidumbre
> ante todo lo que existe,
> ante ese inmenso vacío
> que se abre ante mis pies...

---

[4] Gold, Janet N.: El retrato en el espejo. Una biografía de Clementina Suárez Editorial Guaymuras, Tegucigalpa, Tegucigalpa, 2001.

Señor, dadme tu dolor
para ponerlo en mi alma
como una mística flor.

(Ruego). [5]

Sin embargo de la misma época inicial data un poema cuya forma
y contenido dan claros indicios de la evolución posterior de la autora,
tanto personal como poética e ideológica:

Enfilada y firme,
espero la hora
que desamarre todos los obstáculos
y me aviente a los mares de la lucha
con la alegre capacidad
del que desafiando a la muerte
¡Vence a la vida!

¡Yo era
una desesperada mariposa
aprisionada en las paredes
de las horas inútiles.
Pero el nuevo grito
llegó por fin a mis oídos
y yo le he abierto los brazos
como a un horizonte de luz
que se señalara
el único puerto de esperanza!

¡Alegría! De los gritos apiñados.
¡Alegría! Del dolor que florece.
¡Alegría! De mis brazos tendidos
al nuevo grito del mundo.

(El grito). [6]

---

[5] En Castro, Jesús: Antología de poetas bondureños (1869-1910). Talleres
Tipográficos Nacionales, Tegucigalpa, 1939. Pp. 260-262.
[6] En Castro, Jesús, op. cit. 263.

El haber salido del país le permitió a la poeta ampliar su perspectiva del mundo y de la vida y prestar oídos al rumor de los conflictos sociales de la época, los cuales encontraron en ella, no una militancia partidaria que hubiera interferido en su condición esencial y primaria de poeta, pero si un espíritu abierto y generoso que compartió el dolor y la luz y fue capaz de tender los brazos a ese "nuevo grito del mundo".

Partiendo del concepto de que "todo producto artístico es práctica social y, por consiguiente, producción ideológica; no hay fenómeno literario que no esté inserto en una ideología"[7], podemos ver en la poesía de Clementina Suárez los avances y retrocesos, las contradicciones y desafíos de un "aprendizaje difícil", en palabras de Helen Umaña.[8]

Una vez superada su primera etapa de búsqueda y reconocimiento de su propio "yo", de su identidad como mujer, como poeta, como hondureña, la poesía de Clementina Suárez revela una clara conciencia de que el "yo" y "los otros" forman parte de un todo:

> Creadora de lo eterno,
> dentro de mí, fuera de mí,
> para encontrar mi universo.
> Aprendí, llegué, entré,
> con adquirida, plena conciencia
> de que el poeta que va solo
> no es más que un muerto, un desterrado,
> un Arcángel arrodillado que oculta su rostro.
> **(Poema del hombre y su esperanza).** [9]

"El conocimiento de una ideología", apunta González Ochoa, "no pasa por su formalización —sea ésta enunciada en términos lógicos

---

[7] González Ochoa, César: Función de la Teoría en los estudios literarios. UNAM. Editorial Limusa, México, 1991.P.117.

[8] 13 Umaña, Helen: Literatura Hondureña contemporánea. Editorial Guaymuras,Tegucigalpa,1986.P 226.

[9] 14 Suárez, Clementina: Con mis versos saludo a las generaciones futuras. Selección y notas de Rigoberto Paredes, Ediciones Paradiso. Tegucigalpa, 1988. Los poemas citados pertenecen a este libro, a menos que se indique lo contrario.

(los axiomas) o en términos lingüísticos (los códigos) sino por el análisis de si intervención en la práctica social".

La práctica social de Clementina Suárez, y con ella su expresión ideológica, se construye a partir de su obra literaria, de su quehacer como promotora artística y cultural, de su condición de pionera, todo ello a su propio estilo.

Su biógrafa, la norteamericana Janet N. Gold, destaca en ella "la inmoderada convicción de su vocación de poeta, acoplada con una práctica astucia que la ayudó a discernir su paso hacia la poesía (...). "Quería vivir la clase de vida que a su manera consideraba poética y obtener reconocimiento como poeta. Quería ser una poeta entre poetas". [10]

Este "discernir su paso hacia la poesía" se convirtió en un combate permanente, primero, por reafirmar su individualidad en abierto desafío de los convencionalismos sociales, y después por expresar su creciente conciencia social. A través de sus versos, puede percibirse la trayectoria de su evolución, reflejada en poemas que podemos considerar "de tesis" entendida como propuesta filosófico-social expresada mediante un código artístico.

Combate, uno de sus poemas más conocidos, resulta emblemático y revela algunos de los hilos conductores, no sólo de la personalidad de la autora, sino de su contexto social; constituye un auténtico manifiesto:

Yo soy un poeta,
un ejército de poetas.
Y hoy quiero escribir un poema,
un poema silbatos,
un poema fusiles
para pegarlos en las puertas,
en la celda de las prisiones,
en los muros de las escuelas.
Hoy quiero construir y destruir,
levantar en andamios la esperanza.
Despertar al niño

---

[10] Gold, op. cit., p. 142.

arcángel de las espadas,
ser relámpago, trueno,
con estatura de héroe
para talar, arrasar
las podridas raíces de mi pueblo.
(Combate).

La expresión metafórica de este combate por la vida, así como la conciencia de representación de un imaginario colectivo, quedan claramente establecidos a lo largo del breve e intenso poema que acabamos de transcribir.

En el primer verso, la autora se autodenomina "un poeta". A la luz de las actuales teoría sobre la escritura de mujeres, este verso, fuera de su contexto poético y vital, podría dar lugar a la sospecha de que Clementina escribía "como hombre" al no autocalificarse como "una poeta", sino como "un poeta". Esta autocalificación está presente en toda su obra, pero significativamente referida precisamente el oficio de la poesía, porque cuando habla de sí misma se percibe su complacencia y orgullo por su sexo y sus atributos de mujer.

Me salí de mi vestido
y fui a dar con mi cuerpo,
y pude comprobar entonces
el valor de mis pies, mis manos, mis piernas,
mi estómago, mi sexo, mis ojos y mi cara.

Apresuradamente he salido por la puerta
disparada a caminar,
a tocar el suelo con mis pies,
a lanzar flechas encendidas por los ojos,
a devorar paisajes,
a enredar mis manos en jeroglíficos de relámpagos,
a dejar detenida aquí en mi sexo
—árbol fructificado—
el aroma de la vida.
(Mágicamente iluminado como un paraíso).

De tal manera, la expresión "yo soy un poeta" no es un acto de reconocimiento de la pretendida superioridad masculina, sino de transgresión, en cuanto refleja la invasión por la autora de un campo hasta entonces reservado con seriedad sólo a los hombres.

En *Combate*, Clementina Suárez construye una visión de país y se revela como una mujer no sólo decidida a defender su espacio vital individual, sino profundamente enraizada en la tragedia de su patria. "…para pegarlos en las puertas,/en la celda de las prisiones,/ en los muros de las escuelas". Del "yo" necesario para su construcción como persona, ha pasado a "planos de dimensión colectiva en los cuales establece una nueva relación de equilibrio entre el "yo", "tú" y el "ellos".

Para rehacer el sujeto y el mundo desde una nueva perspectiva se imponen la ruptura, el distanciamiento y la destrucción: "Hoy quiero construir y destruir, /levantar en andamios la esperanza". En los versos siguientes, "Despertar al niño/arcángel de las espadas", la asociación de la infancia con la muerte, aunque inquietante, es válida estéticamente y refleja una profunda introspección en el subconsciente. Por otra parte, ese niño-arcángel al que hay que despertar alude a esas mayorías que aún no se deciden a tener voz.

La autora sigue invadiendo el campo masculino y se apodera de atributos clásicos del hombre:...[quiero] "ser relámpago, trueno,/con estatura de héroe...".

Deliberadamente, en abierto desafío de la norma lingüística que en español marca una diferencia sutil, pero importante, en los sufijos "isa"(poetisa) e "ina" (heroína), la poeta abandona toda sumisión; no quiere ser luz, sino relámpago; no quiere ser canto, sino trueno; y reclama para sí la "estatura" —nótese la asociación fonético-semántica que puede establecerse con la palabra "estatua"— del héroe. Puede apreciarse en estos versos la preponderancia de la "historia de bronce" que permea a las sociedades latinoamericanas, magnificando la figura de los próceres, particularmente aquellos de condición militar; es obvia la referencia a la imagen de Francisco Morazán. Sin embargo, este nuevo "yo", que no es individual, sino colectivo, demuestra que la autora, más allá de una visión acrítica de la historia tradicional, tiene un concepto implícito de la historia construida por los pueblos, con protagonistas anónimos.

Y todo ello es necesario "para talar, arrasar/las podridas raíces de mi pueblo". El poema completo revela la profundidad de un compromiso ideológico y social, "en un viraje conceptual que evidencia una posición ideológica de mayor contenido humano". (Helen Umaña, 1986). Esta nueva posición se reafirma explícitamente en el poema Multiplicada: "Antes quería ser,/yo./Ahora quiero ser,/quiero ser/todos".[11]

Esta declaración de pertenencia a un "yo" colectivo, a un "nosotros", no excluye la angustia existencial de saberse paralelamente parte de "la otredad", y por lo tanto excluida de un medio tradicional que ofrece una vida sin sobresaltos, sí, pero también sin belleza, como lo expresa en *La habitante:*

>Nárrome en días y noches
>como si yo misma escuchara mi voz
>o ella remota viniera a mí
>escapada del círculo de eco.
>Duele su grito abogado en el desesperado pecho
>golpeado y desgarrado por el amar la belleza
>y querer por siempre
>escribir su nombre en el aire,
>como si solamente yo fuera el habitante
>de mi desolado mundo.
>**(La habitante).**

Sabiéndose fuera de los convencionalismos sociales, la poeta los desafía sin concesiones:

>Pero en cualquier medida
>estuve siempre fuera de proporciones,
>porque mi impecable y recién inaugurado mundo
>tritura rostros viejos,
>modas y resabios inútiles.
>**(Poema del hombre y su esperanza).**

---

[11] Con mis versos saludo a las futuras generaciones.

En visible contraste por el poema Ruego, de los años 30, en el que le confiesa a Dios que "admito tu paciencia y admiro tu humildad" y le pide que "se abran tus labios con el divino don/de tu humildad, de tu dulzura/y del perdón". Décadas después, Clementina Suárez reivindicará la rebeldía como valor esencial:

> No be venido al mundo
> para llorar. No es con lágrimas
> que se obtiene la alta dimensión del hombre.
> No es a que me maltraten
> ni a que me humillen.
> No me arredra la lucha
> por más encarnizada que ella sea.
> Afianzada tengo el alma
> a un rojo encendido de fuerza
> que puede maldecir
> pero jamás humillarse.
>
> No importa que pretendan negar
> la luz de mi destino,
> que rompan despiadadamente
> el encaje del sueño,
> que destruyan el azogue de mi espejo,
> que me sumerjan en la noche sin adioses,
> que con saña me nieguen el pan, la sal y el agua.
> No esperen que por ello me doble dócilmente,
> aunque la carne siempre sea la carne
> mis entrañas ya casi son de acero.
>
> **(Rebeldía)**.

Este combate permanente por alcanzar la plenitud del propio "yo" no excluye, sino que integra creadoramente, el concepto del amor de pareja como parte de la realización humana. *Creciendo con la hierba* (1957) es, además de un extraordinario poema de amor, un testimonio del crecimiento de la autora como mujer, como persona, como poeta. Y este mismo crecimiento le impone separarse del objeto de su amor para alcanzar la realización y la plenitud como ser humano:

Me estás oyendo lo que te digo
Y no pude decirle más.
Me dolían todas mis marcas.
Y sin saberlo, empecé a despedirme,
a despegarme
de los resabios de mis pies,
por tus mismas palabras.

Hubiera querido amarrarme
Y no preguntarte nada.
Dejar inconclusa
la vid que conmigo crece.
Pero había, entre nosotros dos,
una espada arisca
que no me lo permitió.

(Creciendo con la hierba).

La conciencia de la propia dignidad expresada poéticamente en los versos citados, tanto en los poemas amorosos como en los de contenido social, se refuerza de manera explícita en una entrevista realizada por Roberto Sosa en 1987, donde Clementina Suárez declara que el escritor "no debe ni puede desligarse de las realidades de su pueblo (...) con afán de compromiso, [debe] tomar conciencia del momento histórico en que nos ha tocado vivir".

Refiriéndose a la bohemia destructiva y las tendencias suicidas que han caracterizado a buena parte de los escritores hondureños, la poeta afirma que "es una manera de evadirse de la realidad, el poco ambiente, la situación económica en que viven, la falta de coraje y de derroteros que lo sostengan. Pero, dichosamente, todo va cambiando. Las nuevas generaciones no piensan en suicidarse, sino en la lucha por obtener una mejor vida".

En su afán de trascender, de alcanzar su propósito de ser poeta y de vivir conforme a esta condición, Clementina Suárez fue objeto de adoración y es una imagen de leyenda para la mayoría de los escritores, pintores, teatristas, intelectuales y otros integrantes del medio cultural de Tegucigalpa. Sin embargo, en los círculos de poder, comenzando por el de su propia clase social, fue más bien tolerada, pero no precisamente querida.

Así se explica el hecho de que el Premio Nacional de Literatura le fuera concedido en 1970, no precisamente con el beneplácito y el consenso de todos los sectores, sino como producto de "una prolongada presión oral y escrita de varios intelectuales hondureños", en un "reconocimiento necesario aunque tardío".

4. EL APORTE DE CLEMENTINA SUÁREZ A UNA VISIÓN Y UN PROYECTO DE PAÍS

El narrador y filosofo hondureño Roberto Castillo, haciendo referencia a Rafael Heliodoro Valle, ha rescatado la importancia de "una voluntad de hacer que no se doblega ante las carencias, limitaciones o dificultades", como base para la construcción de un "pensamiento propio, vigilante e identificador".

Podemos afirmar que esa voluntad de hacer es la característica esencial del legado de Clementina Suárez. Poéticamente, le permitió integrarse por derecho propio a la vanguardia, tanto en cuanto al contenido como a su forma de expresión. Su sentido innovador se manifiesta ya desde los años 30, como puede apreciarse en una antología de la época, donde, entre treinta y cinco poetas nacidos entre 1869 y 1910, sobresale por romper con la métrica tradicional y aun la rima asonante.

Esta identificación con la vanguardia literaria, así como su capacidad de entender la realidad circundante y su abierta simpatía por los cambios sociales, la llevaron a reclamar la búsqueda de una identidad nacional, afirmando que el país "ni siquiera ha buscado la propia identidad del hondureño", pero con plena conciencia de la necesidad de la universidad: "Todos los días avanzamos aunque sea lentamente y nos concretamos con fuentes ascendentes y renovadoras del mundo entero. Por lo menos actualmente el escritor ya no escribe para Honduras, tiene un sentido más universal".

Conceptos como justicia, lucha y esperanza, que parecen haber naufragado en los mares borrascosos de la posmodernidad, constituyen ejes transversales de las convicciones personales y poéticas de Clementina Suárez y de su visión de país:

...que yo aprendí a cantar con las palabras justas.
Y que be encontrado la verdad en la médula de mis
huesos.
Ignoran acaso que en el recinto de mi pecho
he dejado entrar el universo
y que tengo como cumplido deber gozoso
amar la justicia, la lucha, la esperanza,
y afianzarme a ellas
con mi corazón, mi canto
y la vida misma.
                    (Rebeldía).

Cuesta vislumbrar la verdad
y el camino recto de justicia.
(Con mis versos saludo a las generaciones futuras).

Nos recuerda que estos valores universales no excluyen la soledad
y el dolor, es decir, no pueden construirse sino con seres humanos de
carne y hueso, frágiles, expuestos al error y a la derrota momentánea:

Sin negarme jamás a sangrar,
basta dejar como caños vacíos las venas,
dislocarme de espanto en horas tormentosas,
rodar como un animal herido,
saborear mi saliva como si fuera una fruta,
tocar sonámbula mi propio esqueleto,
acariciarme yo misma
a fuerza de sentirme tan desgraciada.
Pero eso no será nunca estar vencida
ni naufragada en ningún planeta.
Será acaso como estar momentáneamente cansada
de largo viaje
para empezar el nuevo día con más violencia.
Pues hay que saber que cuando el pecho casi estalla
el dolor es su única defensa.
Además, qué triste sería ser invencibles
únicamente por el miedo a sufrir.   **(Rebeldía).**

Su condición de pionera en la poesía y en el quehacer cultural y artístico la llevó, sin proponérselo conscientemente, a constituirse en precursora de la equidad de género. Aunque es un plano de elaboración ideológica jamás se identificó con el Feminismo ni con las organizaciones feministas, Clementina Suárez es la más auténtica de las poetas hondureñas.

Así lo manifiesta Rigoberto Paredes (1988): "Mujer y Poeta. O para ser más cabales con su indivisible condición humana: Mujer Poeta, Clementina Suárez es así: Mujer por la gracia de su sexo, el cual ha sabido enaltecer muy por encima del consabido muérgano; y Poeta por destinación inclaudicable... Clementina Suárez le ha procesado al tiempo la más legítima de las lealtades: la autenticidad...".

Esta autenticidad, este empeño por construir su propia voz y hacerse escuchar, constituyen un hálito precursor del Feminismo en Honduras, si se entiende este como la lucha por la equidad de género. Ángel y Kate Flores apuntan que "la poesía feminista no es necesariamente la labor de feministas declaradas, sino de poetas que sencillamente mostraron el suficiente valor para hacer escuchar sus propias voces". La antología publicada por Ediciones Paradiso en 1988 nos muestra a una Clementina Suárez en el ocaso de su vida, plenamente consciente de la temporalidad de la existencia física:

El tiempo ha pasado sobre mi cuerpo
y ha hecho que mis tobillos pierdan toda su gracia
y los pasos se vuelvan lentos e indecisos,
que los días, las horas, vayan cerrando mis rutas.

Lenta, pero armoniosamente, envejezco;
más tarde, más temprano, todo naufraga.

La agilidad de gacelas es solo un recuerdo
en el zapato vacío a la orilla de la cama.
Pero algo guardo dentro y fuera de mí.
El tiempo, oh Dios, ha respetado
mi alegría de vivir,
mi sueño y mi canto.   **(El tiempo).**

El sueño y el canto que el tiempo ha respetado forman precisamente el legado de la poeta para la posteridad. Una trayectoria vital basada en la búsqueda, en la lucha permanente por un lugar propio y un acendrado arraigo al país, pese a tener conocimiento pleno de sus carencias, le confieren la dignidad necesaria para que las nuevas generaciones encuentren en ella un referente legítimo.

La historia de su vida y mucha de su poesía más significativa demuestran que, aunque no dudó en utilizar la deducción y el escándalo, herramientas ancestralmente reservadas a la mujer para abrirse paso a obtener reconocimiento, Clementina Suárez tenía muy claro que su objetivo era realizarse como persona, vale decir, como poeta.

Pero esta realización como persona no excluye, por el contrario, se fortalece en el marco de una realización colectiva, de la búsqueda de un camino de dignificación como pueblo y como país. Así lo ratifica en el poema Con mis versos saludo a las generaciones futuras, que le da título a la antología de su obra publicada en 1988:

> Sola,
> por dejar un camino
> y amojonar otros caminos,
> con terrones de pueblo construir mi país.
>
> Ahora,
> a cualquier lugar que llegue
> ya nunca puedo estar sola (...).

Finalmente, los últimos versos de este poema son particularmente proféticos y nos recuerdan que en el proyecto de país que anhelamos construir todos tienen cabida, y entre ellos los "héroes de bronce", los pensadores y los y las poetas que, como Clementina Suárez, se niegan a morir: "Hoy mi pequeñísimo cuerpo empuja las estrellas y con mis versos saludo a las generaciones futuras".

CLEMENTINA SUÁREZ EN UNA ENTREVISTA *por*
Mercedes Durand

La conocí allá por 1956, una noche de noviembre; Roque Dalton, Otto René Cantillo y otros poetas jóvenes hablan organizado, en el Rancho del Artista, una reunión del Grupo Lematepec, uno de tantos grupos que acá en nuestro país, nacen, crecen, se desarrollan y mueren sin motivo aparente. Pero bien, allá tuve mi primer encuentro con Clementina Suárez, mujer de apariencia física menuda, dulce, con el acento hondureño escapándosele al hablar y fina poeta. Luego leí su libro CRECIENDO CON LA HIERBA y me formé una imagen más exacta de su personalidad y de su poesía.

Clementina Suárez es una mujer que, en su vida cotidiana, pone en práctica lo que ella sostiene como un credo: la independencia de sus actos. Ella es un ave libre como el viento y se resiste a permanecer encerrada en una jaula... Va y viene, viene y va y reside un tiempo en México, otro en Guatemala, el más perdurable en Honduras —su tierra a natal—, luego marcha a Nicaragua y finalmente llega a nuestro país, que, para Clementina, significa algo así como la segunda patria...

Además de la poesía, Clementina dedica sus afanes a las artes plásticas. No pinta, ni graba, ni esculpe, más ella reúne los cuadros, esculturas y grabados de los artistas y organiza exposiciones a fin de dar a conocer a los nuevos valores y mantener la vigencia de los "consagrados". Su Rancho del Artista era, ni más ni menos, una Galería de Arte que —en nuestro medio— llegó a aglutinar a numeroso público. Y es más, Clementina Suárez invitaba a exponer sus cuadros, a dictar charlas, a decir sus versos, a mahometanos, católicos, protestantes, fascistas o demócratas sin discriminación de ninguna clase. Lo único que exigía Clementina era un requisito: Calidad... con mayúscula.

Pero estamos abusando del pretérito y Clementina vive del presente. Ella no gusta de conjugar ese tiempo verbal sea perfecto, imperfecto o pluscuamperfecto..

La tengo frente a mí; franca, desenvuelta, auténtica. Hace pocos días llegó de Managua y aprovecho la oportunidad para realizar esta entrevista:

—Dime, Clementina, ¿desde cuándo te dedicas a escribir poesía y por qué razón elegiste ese género literario?

—Desde niña tuve afición por escribir. Escribía muchas veces cosas hasta sin sentido, pero así descubrí que tenía la vocación poética. Yo veía las estrellas, la luz, el sol y el paisaje de diferente manera, lo cual me hizo comprender que abrigaba una concepción distinta a la de las demás personas. Ello me hizo después sacar de mí, hacia afuera, la vocación poética que llevaba dentro,

—¿Naciste en Honduras, verdad? ¿Quiénes fueron tus padres, tus hermanos, y qué recuerdos tienes de tu infancia y adolescencia?

—Mi infancia me estructuró definitivamente porque, sabes, yo residí en el campo la mayor parte del tiempo y tuve la inmensa dicha de tener un padre que era tan soñador como yo. Él no sólo me acompañó, sino que me estimuló sin que le causara asombro mi manera peculiar de ser. Mi padre tuvo siempre preferencia por mí pues me consideraba indefensa, en comparación con mis hermanas, quienes tenían sentido práctico de la vida y eran distintes a mí. Nací en Olancho, el departamento más vigoroso de mi país, en el cual sus habitantes son tan celosos de su autoctonismo y fuerza, a grado tal, que se oponen a dejar entrar la civilización. Creo que parte de esta fuerza mía surge precisamente de mi origen.

Mi padre se llamaba Luis Suárez, era un abogado tan extraordinario que nunca quiso hacerse cargo de una acusación. El ser Fiscal no iba con su temperamento. Él argumentaba que su profesión únicamente se justificaba por el hecho de defender a los hombres caídos en delito, y defensor fue de los humildes, de esos seres que no pagan grandes sumas a los abogados...

Mi madre era una mujer capitalista, muy bella, hija única, mimada y que jamás supo lo que era trabajar. Pero era un ser lleno de ternura. Ella era ajena a toda lucha y por lo tanto no podía comprender ninguna clase de lucha. Se llamaba Amelia Zelaya de Suárez.

Tengo cuatro hermanas: una natural y tres legítimas. Mi padre nos enseñó también a no marcar ninguna diferencia con nuestra hermana "natural". Debo decirte entre líneas, que ésta nació antes del matrimonio de nuestros padres...

De mi infancia el recuerdo más triste es la muerte de una compañera muy querida. Entonces y por primera vez comprendí lo que era la muerte.

¿El recuerdo más grato? Acompañar por las calles de mi pueblo, en las noches de luna, a mi padre y a mi padrino Ramón Lobo Herrera. Ambos eran bohemios y me hacían sentir que los acompañaba una persona mayor...

A los ocho años leí EL QUIJOTE y te confieso que me impresionó enormemente la personalidad de Sancho Panza...

Mi adolescencia fue llena de ensueños, de ilusiones. Me ayudó a ello, que, en ese tiempo, regresó a mi pueblo un joven que venía de Europa y que era tan soñador como yo. Se llamaba José María Martínez y era sobrino del Obispo de Honduras. En aquella misma época me enamoré por primera vez... Fue algo maravilloso porque no tuve barreras, ni oposiciones de ninguna clase y desde entonces adopté el principio de ser en mi vida y en mis sentimientos completamente libre...

—¿A quiénes de tus compañeros de generación literaria recuerdas con más cariño y por qué razón?

—Recuerdo con inmenso cariño a Arturo Martínez Galindo, cuentista. A Marcos Carías Reyes, cuentista y poeta; a Medardo Mejía, poeta. A Céleo Murillo y otros tantos. Pero más que a mis compañeros de generación, recuerdo a Alfonso Guillén Zelaya, quien me estructuró poéticamente. Alfonso era un hombre generosísimo y un gran poeta.

—¿Qué opinas del movimiento pictórico de nuestro país?

—Cuando regresé de México allá por 1950 y residí muchos años acá en El Salvador, en el movimiento pictórico de Centro América sobresalía el salvadoreño. Y es que tenía un empuje y una fuerza creativa que evidenciaba un mensaje, algo nuevo.

Actualmente, Mercedes, encuentro que ha disminuido en calidad e intención el movimiento pictórico. Desde luego que no se puede culpar totalmente a los artistas, sino a las tristísimas y pobres condiciones en que se trabaja. ¡Sin un fuerte estímulo, no puede haber un resurgimiento!

—¿Qué opinión tienes respecto al éxito de las Galerías de Arte de Guatemala, Managua, Tegucigalpa, San José y San Salvador? ¿Consideras que en alguna de las ciudades mencionadas el medio es más apropiado a las actividades artísticas?

—Creo que en Centro América todo anda más o menos igual. Los artistas no gozan de las condiciones necesarias para su trabajo. Pero sabes, es admirable el empuje que encontré recientemente en Nicaragua en el movimiento pictórico. Los artistas no trabajan aisladamente. Están asociados en diferentes grupos y quizá este trabajo colectivo les da más fuerza y con el natural carácter que siempre tiene el nicaragüense, se lanzan fuera con su obra hasta encontrar mercado y estímulo.

Galerías de Arte sí existen en el Istmo. En San José, es notable la que mantiene Felo García Picado. En El Salvador, son famosas "Galerías Formas" de Julia Díaz y "Casa del Arte" de Mario Escobar, Camilo Minero y otros artistas. En Guatemala, "La Oficina Moderna" que es manejada por un grupo de pintores guatemaltecos. En Managua "Práxis", que es subvencionada por el gobierno y la mantienen los artistas César Izquierdo y Arnoldo Guillén. En Tegucigalpa, no tenemos ninguna. Yo tuve mi "Galería de Arte" allá pero tuve que clausurarla a fin de extender mi labor por toda el área centroamericana.

En resumen, yo opino que las condiciones, en las cinco capitales de la región son las mismas. Todos nuestros países cuentan con artistas que han logrado imponerse, pero más bien debido a su esfuerzo personal. Porque apoyo decidido y positivo a las artes no existe en Centroamérica. Eso es una verdad.

—¿Clementina, por qué tanta inclinación tuya por las Artes Plásticas?

—Es que muy joven me trasladé a México al par que me vinculé con los poetas y los escritores de mi generación, lo hice con los pintores. Fui amiga de Diego Rivera, David Alfaro Siqueiros, José Chávez Morado, Paco Zúññiga, González Camarena y otros. Mi permanencia continua en sus estudios —Sabes, hasta les serví de modelo— me hizo ir adquiriendo conocimientos y brotando en mí un gran amor hacia las artes plásticas...

Yo he tenido Galerías de Arte en México, he organizado exposiciones en otros países, pero lo he hecho más que por afán comercial, por estimular y hacer patente mi compañerismo hacia los artistas. Actualmente tengo el proyecto de construir una casa acá en San Salvador, a fin de poner al servicio del público una modesta Biblioteca Centroamericana de más de cinco mil volúmenes y al mismo tiempo albergar en ella a los artistas organizándoles exposiciones. Estas se presentarían después en los demás países del área.

—¿Qué medidas sugieres a fin de solucionar el problema del desconocimiento absoluto en que viven los escritores y artistas centroamericanos entre sí, y cómo crees que se debe hacer a fin de que nuestros pueblos conozcan la obra de sus creadores?

—Sólo mediante una campaña de difusión y estímulo, materializada por jiras de escritores y artistas, puede solucionarse este total desconocimiento en que vivimos. Acabo de regresar de Nicaragua, donde residí seis meses y debo decirte que aparte de dos nombres de escritores y artistas de El Salvador, el resto es desconocido. Y es que el movimiento editorial centroamericano es tan escaso que, dadas las condiciones, es preciso que las obras sean casi póstumas para que sean editadas. Casi todos los escritores centroamericanos abundamos en obras inéditas.

—¿Cuál es a tu juicio el movimiento pictórico más vigoroso de Centro América y por qué razones?

—No se puede hablar de movimiento pictórico vigoroso en determinado país sino que, a mi juicio, afirmo que hay pintores de calidad en cada uno de los países centroamericanos.

—¿Qué me puedes contar de las actividades culturales y artísticas de Nicaragua?

—Managua me parece un verdadero emporio cultural. Las gentes son dadas a la cultura. Abundan los casos de personas dedicadas completamente a las letras. Hay una juventud maravillosa de muchachas y muchachos dedicados a la literatura. Es admirable el caso de Michelle Nejils, quien en mi concepto es una maravillosa poeta. Lo mismo digo de Fernando Gordillo y otros...

De la vieja guardia, Pablo Antonio Cuadra se empeña en estimular a los jóvenes manteniendo una revista que tú ya conoces "El Pez y la Serpiente" en donde los da a conocer y les brinda la oportunidad de publicar su obra sin discriminaciones de ninguna clase: ni política, ni religiosa.

—¿Y de la actividad cultural de El Salvador, qué opinas?

—En El Salvador los jóvenes mantienen una gran inquietud, pero no tienen la oportunidad de darse a conocer. Los medios de difusión son escasísimos y las páginas literarias de los periódicos no los acogen indiscriminadamente. Lástima que la época de Trigueros de León terminara con su muerte física, porque este movimiento de publicaciones que él inició y realizó tan magníficamente, era verdaderamente un acontecimiento en América Latina...

Yo, Mercedes, pienso convocar a una reunión de poetas y escritores jóvenes —en tu casa— por ejemplo, a fin de establecer contactos con ellos y a la vez para seleccionar algo de sus obras con el objeto de incluirlas en una "Antología de la Poesía Joven de Centro América", que estoy preparando.

De las mujeres que escriben en El Salvador, admiro a Claudia Lars, a Claribel Alegría, a Matilde Elena López, a Dora Guerra, a Elisa Hueso Paredes y a ti. Y es que no se deben llamar poetas las muchachas que sólo cuando estaban enamoradas escribieron algunos versitos, no, ustedes han hecho de la poesía una devoción, un apostolado...

—¿Tienes algo que agregar, Clementina?

—Sí, desde luego... Cada vez que vuelvo a El Salvador me siento complacida porque es sumamente agradable reanudar las viejas y nuevas amistades. El Salvador ha de ser mi definitiva sede. Porque he de decirte que todas mis colecciones de arte y libros las heredaré al pueblo de Centro América, pero ellas quedarán en El Salvador...

(Nos despedimos. Ella insiste en que no me olvide de ayudarle a preparar la reunión de poetas y escritores. La calle, quemada por un sol calcinante, me hace apretar aún más el paso).

CLEMENTINA SUÁREZ *por Carlos Izaguirre*

A través de los versos de Clementina Suárez hay cierto tinte de melancolía que sobre la vivacidad de las imágenes pone una sombra sutil, en la que su alma, loca de azul, se debate en el esfuerzo supremo de remontarse a las altas regiones de la serenidad y del silencio.

Los versos de esta singular artista han llenado de milagrosas melodías el templo, y han hecho reventar en el jardín lírico de la patria, mustiado por el estío de la indiferencia, lirios blancos y rosas rojas.

Que la senda, que ha hecho musical con sus cantos y suave con sus ensoñaciones, la lleve dulcemente hacia la gloria. Que sus anhelos de belleza no se sacien. Que sus ansias de silencio no se agoten. Que las vibraciones de su espíritu no se apaguen. Que lo largo del camino no la aflija. Y que no se olvide ésta atormentada por ansias de belleza, por inquietudes líricas y por las dudas dolorosas, que aún en los desiertos hay siempre para los soñadores, un pozo de agua fresca, una palmera verde, una estrella, un trino y una voz misteriosa que guía hacia las cumbres.

CLEMENTINA SUÁREZ *por Leticia de Oyuela*

I

Este año capicúa 2002 se celebrarían los cien años de vida de Clementina Suárez, una mujer poeta que, prácticamente, llenó y signó el siglo XX. Cualquier mirada espontánea que se eche sobre esos cien años, nos obliga a contemplar su imagen desde dos aspectos: el mito popular y la mujer de letras, de la misma manera que esa mirada nos obliga a racionalizar no sólo aislada cualquiera de esas ópticas, sino el sutil entretejido de ambas actitudes.

En 1970, Clementina la vagabunda, la que nunca quiso tener casa, como ella decía, recibió el homenaje de la Universidad que fue en el fondo un homenaje tardío. En ese momento yo era Directora de Extensión Universitaria, en busca de algunas verdades que han quedado sumergidas en el papel, documentos olvidados en la memoria generacional, y rebuscando en viejos armarios encontré el protocolo de las tenidas académicas, que se promulgó siendo aún Rector el Presbítero José Trinidad Reyes, y un segundo protocolo posiblemente redactado por José Antonio López Gutiérrez, alias Campanillo, a finales del siglo XIX, cuando éste trata de insertar en la Universidad la Academia de Ciencias y Letras, que rigorizaba esas tenidas, con justo homenaje a hombres que habían dedicado su vida a las ciencias y a las letras.

Éstas fueron las razones que me llevaron a revitalizar esa idea de conectar a la vieja Universidad con la sociedad y, sobre todo, con las protagonistas de la escasa vida social hondureña. Así fue como, influenciada tanto por Ramón Oquelí como por Medardo Mejía, pensamos en publicar una estricta selección de la obra poética de Clementina que salió a la luz pública con el título de *El poeta y sus señales* y otro ejemplar más dedicado a conservar las opiniones, en especial los juicios valorativos de la personalidad y obra de la poeta. Edición que contaba, además, con una estricta selección de aquellos retratos en los que diferentes pintores habían utilizado el rostro de Clementina para expresar su visión de ella.

Posiblemente fue inútil este esfuerzo porque ni la misma institución universitaria, que en ese momento iniciaba su decadencia, estaba interesada en la conservación de su propia memoria, sin existir además ningún consenso académico, ya que hasta el momento no ha sido responsable de sus archivos, dándole prioridad a la visión de la escolaridad y manejándose alejada del resto de la comunidad que la contiene.

Años más tarde, Evaristo López, propietario de la Imprenta y Editora López, reprodujo en un esfuerzo personal ese libro de memorias que, desgraciadamente, no incluyó una reedición de su obra poética, de manera que estuviera al alcance valorativo de nuevas generaciones. Así fue como la imagen de Clementina Suárez se quedó fincada en el mito; el imaginario popular tuvo de Clementina una visión unilateral: la vociferante, la irreverente y, como buena mujer, presidió en su época la imagen de la prostituta o simple puta, roba maridos, que se bandea entre una especie de víctima voluntaria de lo inmoral, poseída de una especie de no diagnosticado furor uterino. Los cuentos sobre Clementina seguían yendo de boca en boca y al final se reducían en anécdotas que ella misma promovía, ya que le gustaba ser ese símbolo de irreverencia que lastimaba la falsa moral burguesa.

Recuerdo haberla escuchado contar cuando estuvo en Comayagua para hablar con el poeta Antonio José Rivas aprovechando el viaje, además, para hablar con su pariente Ramón Oquelí, que fungía como Juez de Letras en Comayagua.

Una noche, un grupo de antiguos amigos, integrados —muchos de ellos— por matrimonio a la mejor sociedad de Comayagua le ofrecieron una fiesta en una casa particular, donde se puso una borrachera —como decía ella misma— de película, y al día siguiente llegó un grupo de estas señoras a visitarla muy temprano en la casa donde pernoctaba, aduciendo que estaban sumamente preocupadas por su salud, a lo que Clementina contestó haciéndose la inocente "que le habían hecho daño las aceitunas".

Así fue cómo Clementina dejó impreso en el imaginario popular la imagen de la borrachita, que a diferencia del mito mexicano no es la borrachita dulce, digna de ser amada, sino la borracha vociferante, que aprovechaba la borrachera (que al borrar las barreras inhibitorias) acaba fuera todas las cosas negativas que llevaba dentro.

Para los principios de siglo, cuando ya está radicada en México siempre hizo su retorno cíclico a la patria amada. Ella en uno de esos retornos arrendó una casita cercana al Teatro Nacional en el Barrio Abajo de Tegucigalpa que entonces era propiedad de don Alfonso Alvarado, donde por las tardes y las noches departía con antiguos amigos de la época en que vivía sumergida y arrinconada por la vergüenza de ser la querida de Marco Antonio Rosa. Ella contaba cómo las mejores señoras de Tegucigalpa la espiaban, quedándose una que otra prácticamente colgada de las ventanas encortinadas en esa amargura típica de la mujer reprimida en que el sexo sigue siendo un tabú inexplicable, pero objeto total de su curiosidad y frustración. Ella repetía que su estadía en México la habla hecho aprender a ver a los hombres de frente, sin vergüenza, con claridad meridiana de la misma forma que escuchaba a los inteligentes, discutía con ellos enfrentándolos directamente.

Por esas tenidas —que ella llamaba blancas— en todo el barrio circulaba la idea de que definitivamente Clementina era una prostituta declarada.

Recuerdo cuando me contó haber perdido la vergüenza de su propia desnudez, cuando posó desnuda para el maestro Diego Rivera, que cuando vio su desnudez le dijo: "Clementina tú eres virgen, porque tienes los pechos altos como prueba palpable de que no tienen de qué avergonzarse", lo que sintió como un auténtico piropo que la llevaba al terreno de las confrontaciones existenciales, ya que en lo más profundo de su intimidad pensaba que había tenido dos hijas como producto del sentimiento del esplendor femenino, del deslumbramiento interno que es el amor vivido en forma esplendorosa.

Todo esto pasó cuando estaba en México, recomendada al poeta nicaragüense Salomón de la Selva, afincado en ese país desde 1935, "quien me recibió con los brazos abiertos", contaba Clementina.

"Su casa era el 'rendez-vous' de la intelectualidad —continuaba contando—. A su casa llegaba todo aquel que era alguien en México: pintores, poetas, gentes de teatro, revolucionarios, conservadores, historiadores, periodistas, prostitutas o cortesanas elegantes. Al principio, con mucha timidez, yo me hice cargo de ayudar en la casa, pero no sin sentir vergüenza porque no tenía dinero de bolsillo para mis propias cosas ni para enviarle a mis hijas. Así fue como don Salomón me envió a ver a Diego Rivera, que en esos momentos trabajaba los murales de la ciudad universitaria, dándome trabajo como modelo lo que fue una experiencia muy fuerte para mí.

Un día que bocetaba, Diego me pidió que me desnudara, me presenté frente a él en ropa interior y él me dijo: "no seas babosa, que no quiero acostarme con vos, sino pintarte". Después regresé muerta de vergüenza tapándome los pezones y Diego me dijo: "¿por qué te tapas los pechos, los pechos de las mujeres que no han cometido pecado no se agachan, como los hombres que no han sido esclavos, que siempre miran de frente". Así entré en la etapa —seguía rememorando— de comprender que mi cuerpo era bello, que paradójicamente me había acostado cuatro años con un hombre que no había descubierto mi belleza ni para él ni para mí misma y apenas me había reducido al sexo y a su pasión incógnita.

Mis ojos, se cansaron de tanto ver, de tanto conocer: Diego Rivera y Frida Kahlo, María Izquierdo, el loco de Goytia, el arquitecto Gorman, Pita Amor, en fin, pienso que se me han acumulado tanto los recuerdos, que si no me preguntan por ellos, no sé cuántos son. Todos eran personajes extraordinarios, cada cual valía por su propio punto de vista. Sin embargo, el sueño era llegar a los Estados Unidos, así fue como me marché a Nueva York, hospedándome en el mero Greenwich Village, donde empecé por redactar una revista que titulé *Mujer,* integrándome a las feministas norteamericanas. Así conocía Enma Goldman, me enteré y seguí la vida de Ida Rubenstein y sentí como musa a la Isadora Duncan".

A manera de que Clementina crecía en todos sus descubrimientos de su vida interior, se iba forjando aquí en Honduras un mito de aquella mujer extraña para sus congéneres: la loca, la descocada, la voluptuosa, prostituta bien pagada por hombres de poder. Como ella misma decía —inclusive lo dijo en una entrevista televisiva— que no recordaba cuántos amantes había tenido, cosas que decía por escandalizar, ya que ella usaba el escándalo como piedra fundamental de la búsqueda de un cambio en la forma de pensar de los hondureños de esa época agobiados por una doble moral y por una hipocresía definitiva.

Todos estos recuerdos son parte de mi propia intriga salida de una admiración dubitativa. Así aprendí a valorar el alma de Clementina y su nata vocación de poeta, con la utilización de un lenguaje simbólico, eminentemente participativo en el que posiblemente se ocultaba no sólo la profunda timidez en el espacio de una necesidad de ternura que se imbricaba con una forma especial de ver el mundo. La poesía era su código secreto, eran en realidad las señales, los parpadeos de su propia magia interior. Todo esto la llevó en el fondo a generar un sentimiento un tanto despectivo de los hombres, de aquellos hombres que ejercían el rol no sólo de hombres, sino de machos, que en el tráfago constante de sus pobres vidas, continuaban viendo a las mujeres dentro del espacio negado por sí mismo a otros valores más sutiles de la existencia.

Recuerdo cuando se cumplió el centenario de la publicación de Naná, llegué a verla compenetrada de mis ideas en el campo de la promoción cultural. Ella ya vivía en su casita de La Hoya, donde había inaugurado recientemente su "Studio de Arte" y emocionada (yo estaba recogiendo información para mi libro "Mujer, familia y sociedad"), le espeté: "Clemen, hagamos algún evento para que los hondureños recuerden la Naná de Emilio Zola"; ella me quedó viendo en su inmensa cama, con aire burlón y me dijo: "estás loca, ¿qué es de verdad lo que estás buscando?", yo le confesé que estaba varada en un capítulo que se llamaba "Personajes de la sombra", donde quería enfocar no sólo la prostituta, sino también la uxoricida. Lanzando una gran carcajada, me dijo: "¿y es que tú crees que los hondureños son buenos como amantes?" y seguido agregó: "No sirven ni para eso, dime tú que te metes en esos pantanos de la historia, ¿dónde has visto un hondureño que se muera de amor, que quiebre un banco por sus caprichos, que se pegue un tiro a tus pies? Te quieren mientras les puedes ser útil, presumir de ti, e inclusive, los puedes tener si les pagas".

Yo me rebelé contra ese concepto y le argumenté algunos casos concretos. Fue la primera vez que la vi escéptica y desamorada. Fue la antevíspera del gran cumpleaños que celebró en el año 1978. Sin embargo, no me molesté sino que sentí una especie de miedo, miedo a esa madurez, a esa asunción, generalmente previa a la muerte, que en el fondo no es más que la esencia de la historia y tu valorización de ella.

Constantemente se quejaba de lo que se había convertido y constantemente repetía que había perdido su libertad desde que tenía casa. "Una casa, es una desgracia, te vuelve tortuga, permaneces enchutada en ella, cuidándola" y amenazaba constantemente de que la única manera de recobrar su libertad sería vender la casa para "poder levantar mis patas". Todo esto era una confesión subliminal de esa ansia de libertad, del desprecio a las convenciones que eran el motor de la insatisfacción, del anhelo expresado constantemente en su poesía que simbolizaba en esa eterna insatisfacción por la vida, que se confunde con la visión de la libertad total. Así fue como en la memoria de los hondureños subsistió Clementina en la visión del mito popular, que exegizó casi caricaturizando el mito de la mujer, que aparentemente venció a la poeta.

EL RECUERDO MÁS VIEJO

Era 1954 cuando vi por primera vez a Clementina Suárez, que dejó de ser para mí una ficha bibliográfica para convertirse en una realidad abrumadora. Trabajaba yo como secretaria suplente del doctor Jorge Fidel Durón, Rector de la Universidad, en el viejo edificio de La Merced, cuyo despacho quedaba en el pasillo que se extendía hasta el segundo patio contino a la Biblioteca de la que era la Universidad de Honduras.

No había llegado aún el señor Rector cuando vi enfrente de mí a una mujer pequeñita que solicitaba audiencia, quien me dijo con gran aplomo "soy Clementina Suárez y lo voy a esperar", acomodándose en uno de los sillones de la antesala de la Rectoría. Eran como las once y cuarenta y cinco de la mañana con el sol fatigoso del verano que añadía a las falsas acacias del parque el destello del rojo bermellón de su eclosión primaveral. Era la hora en que el edificio empezaba a crujir y a desplegar por todos sus rincones las innúmeras presencias que lo agobiaban.

Por un momento salí a entregar un libro, retornando intimidada a la antesala de la Rectoría y volví a ver a la dama que esperaba pacientemente, sin ofertar ni ansiedad ni impaciencia; apreicé su perfil de india bonita y me llenó de asombró observar aquellas hermosas piernas de terciopelo —aún sin ajar— calzaban zapatitos de "niña buena". Eran zapatos bajos en cuero azul marino, tenía clavada su mirada en la infinitud del espacio, en actitud de estatua. Su mano sostenía el mentón y unos ojos tristes divagaban el pensamiento.

Para esa época yo aún no me adentraba en el conocimiento de la literatura hondureña (tampoco ahora), pero el mito de Clementina resumía un largo discurso de mi madre que recordaba, con rencor, cuando la tía Toya se desburrungó por las gradas del segundo piso del Teatro Nacional, en los momentos en que cantaba el tenor José Bohr y Clementina —ya autora de Templos de fuego y De mis sábados el último— apareció súbitamente envuelta en una capa de terciopelo negro, ofreciéndose desnuda y tendiendo sus brazos al cantante.

Mamá se agitaba contando la anécdota con visos moralistas y conservadores, casi acusaba a Clementina de ser la culpable de que el tacón de la tía Toya se hubiera trabado en la escalinata alfombrada, produciéndole una fractura en las caderas que fue el prefacio de su muerte. Y esa misma era la persona que estaba impertérrita cerca de mí, enfrascada en una conversación con el amable Rector Durón, que escuchaba con atención su proyecto de bibliotecas escolares en los parques y plazas públicas de Tegucigalpa.

Con honradez tendría que confesar que su poesía aún no me decía nada, mucho menos en aquellos días en que había visitado Tegucigalpa Bertha Singerman, declamadora argentina que manejaba su garganta como un piano, en la catarata musical de los poemas de Juana de Ibarboru, Alfonsina Storni y Rubén Darío. La musicalidad era la exigencia básica del poema y aquellos versos, casi sencillos de Clementina, donde la palabra era manejada con intención precisa, estaban muy alejados del concepto que era moda en ese momento. Mi cabeza empezó a formularse preguntas: ¿aquella mujer frágil y menudita, podía ser el monstruo inmoral de leyenda?

Pasó el tiempo y no la volví a ver hasta en 1956 en que asistí a una reunión de mujeres ciudadanas a favor del voto femenino, realizada en San Salvador, donde convidó a la delegación hondureña a un cóctel en su casa. Allí era otra Clementina, vivía en la Colonia Escalón, en un edificio de condominios propiedad del millonario Francisco Núñez Arrué, pariente del conocido hombre de letras Salvador Salazar Arrué (Salarrué), en donde confraternizaban los más importantes intelectuales de El Salvador y de Guatemala.

La terraza era espléndida, con grandes macetas poblabas por jazmines de Arabia, recortados hábilmente por el jardinero como parasoles, que exhalaban su nostálgico olor y, sin proponérselo, cualquiera recordaba los melancólicos versos de Rafael Heliodoro Valle, a la sazón residente en México. Clementina se movía enfundada en un traje negro strapless, seguida por el sirviente cantonés que inquiría de los invitados lo que querían beber o lo que les hacía falta.

En ese ambiente se hablaba de todo, de política, de arte, de literatura, de la vida personal de los autores. El servicio era espléndido, calculándose una botella de güisqui por mesa. El ambiente iba caldeándose paulatinamente, se cantaba, se recitaba y a menudo se mezclaban las risas con las lágrimas en medio de confidencias impúdicas. Sobre las doce de la noche, Clementina volvía a ver a su alrededor, fijaba su mirada en torno a sus invitados, hacía un rictus de asombro en la cara y empezaba a lanzarlos a la calle.

Cuando quedaba sola en el salón, se asomaba al balcón o a la balaustrada de la terraza y al mirar a aquellas damas sobre sus altos tacones y a algunos caballeros que ya se habían aflojado el nudo de la corbata, ebrios y desconcertados buscando un taxi, les gritaba con gran alegría "guindo abajo, hijos de puta", sonriendo divertida, se liberaba de los zapatos, se quedaba con el último de los rezagados a conversar en amplio monólogo, hasta quedarse dormida en un diván.

En esos días, la torturaba su plan para crear el "Rancho del artista", que concluyó con sus amores con José María Vides, el pintor salvadoreño, que se la llevó a vivir a Panchimalco, en una vieja casa casi sin muebles, que cuando ella lo abandonó pretextaba que ya no aguantaba las costillas de dormir en el suelo o sobre una tabla.

"Así fue cómo levanté mis patas y regresé a Honduras, donde monté mi Galería Centroamericana que titulé Morazánida", me contaba muchas veces en plan de confidencia.

Morazánida fue el comienzo de una fabulosa colección de obras pictóricas de toda Centro América y México.

Ella contaba cómo había quebrado con la galería que se convirtió en el "rendez-vous" de toda la corriente plástica que afloraba en Honduras. Para esos días, don Francisco Núñez Arrué, que fue siempre su protector, preocupado por aquella mujer de quien tenía una idea maravillosa pero que advertía que no tenía ningún sentido para el comercio ni para ningún tipo de lucro, le regaló un terreno en un sitio que en ese tiempo se llamaba "La Burrera" en Comayagüela, como de 1500 varas cuadradas, que le sirviera de pasaporte para cuando la necesidad la apretara, según reza en la escritura de donación.

Después de la quiebra de Morazánida, retorna a ese vagabundeo que ella siempre lo expresaba con la célebre frase "levantar las patas", sin que nada la detuviera, sin que nada la amarrara, nomadismo que representaba para ella un símbolo de libertad. En esos días y en esas frecuentes idas y venidas se hacía acompañar de un tomo de textos de León Felipe, su viejo amigo de México, y en las largas travesías en autobús por Centroamérica leía y musitaba de memoria *"Romero, siempre solo, romero, que no hagan callo las cosas ni en el alma ni en el cuerpo, ser simplemente romero"*.

Manejaba las amistades con gran fidelidad y a veces hasta con hipócritas conveniencias. Era un estilo de saber vivir. Así quedaron los testimonios de su amistad competitiva con Claudia Lars y con las infortunadas Yolanda Oreamuno y Eunice Odio. Ese estilo de saber vivir no la privaba de despellejar a las amigas más íntimas, pero como el mismo estilo se mantenía en el plano de la búsqueda de la comprensión hacia los demás, nunca estableció rupturas definitivas, exceptuando casos como su antiguo pleito con Mercedes Agurcia Membreño, no pudiendo averiguar cuál fue el detonante de ese distanciamiento.

Cuando yo la conocí me tuve que aguantar las ásperas opiniones contra ella y las bromas con que la ridiculizaba, como aquella vez en que Merceditas abrazó a Félix Oyuela y ella exclamó: "hombruno con hombruno, ¡qué feo!".

Fue una época de tortura cuando se casó con Guillermo Bustillo Reina, días amargos, infierno en la tierra como ella aseveraba, por los celos constantes de don Guillermo que llegó a hacerle tiros en uno de esos arranques de celos. Cuando por fin se liberó de aquel hombre apasionado, fue la época en que acabábamos de regresar de Europa, ella nos adoptó a Félix, Ramón Oquelí y a mí, convirtiéndose en una costumbre inveterada que los finales de año, íbamos a visitar a su pariente Luz Marina Oquelí de Padilla.

Libre de Bustillo Reina (Mito), volvió a su vida trashumante y nómada. Aseguraba que no valía la pena preocuparse por nada que no fuera el arte o la literatura. Comía cuando tenía apetito y era como ella misma decía "campeona de aguantar hambre". Alquiló un minúsculo apartamento en la subida de La Leona. Tal como era su costumbre, se rodeó de una pequeña corte en la que se encontraban el dramaturgo chileno Sergio E. Honorato, Francisco Salvador y una cantidad de artistas de teatro, músicos y todos aquellos que aún pregonaban el concepto de la bohemia, que ella misma llamaba "la bolemia", de donde era líder y reina.

Fue una época de crisis, cuando acompañada de Sergio E. Honorato se resbaló por las gradas de aquel apartamento que llamaba "su palomar", en el cual se hirió peligrosamente con una botella de güisqui que llevaba bajo el brazo, herida que requirió más de siete puntadas de la axila al seno, que la tuvieron en una fuerte pena de cara a la muerte, de la que se salvó por aquella pasión de vivir y como dijo acumulando una experiencia distinta a las que proporciona la vida.

Confidencialmente ella contaba que en la vida sólo hay dos experiencias válidas: la de la vida y la de la muerte. Y que en la de la vida la más fuerte es la del amor. En esos días, yo acostumbraba ir a verla por las tardes y le leía textos de mis favoritos, vi cómo se entusiasmó con El estudio sobre el amor de Ortega y Gasset, entrando de esta manera en una revisión de su concepto de amor y aceptando lo que el maestro Ortega dice, que "amor es una obsesión repetida en la mente". Es muy probable que esta revisión que hizo sobre el amor, reforzara de una manera u otra, su fe en la libertad, casi anárquica, en una plenitud de entender la libertad encima de todas las cosas.

Cuando yo empecé a trabajar en la Universidad, revisamos con Ramón Oquelí 410 poemas de ella para hacer la antología que titulamos El poeta y sus señales, que dejamos en 260 poemas y que le llevamos llenos de miedo para que ella diera su aprobación a la antología, ella aceptó con gran entereza, dándonos vía libre para su publicación y cuya presentación en la Universidad fue acompañada por la exposición de 65 de sus retratos, realizados por pintores de México y Centroamérica, ya que la presentación se hacía en una sesión académica, de acuerdo a lo establecido en los estatutos que se emitieran cuando fue Rector el Padre Yanuario Girón.

El salón lucía espléndido con catorce almendros (que como no los encontramos floridos, los voluntarios de Extensión Universitaria, les amarraron quinientas flores de seda obsequiadas por la Casa Quan), luciendo bajo los almendros que pretendían ser una evocación y significación a su procedencia olanchana, por aquello del poema de don Alfonso Guillén Zelaya titulado el Almendro del patio. Bajo los almendros, en grandes canastas tahuacas, lucían los libros que se iban a presentar de la antología del "El poeta y sus señales" y un volumen adicional de recortes, crítica y fotografías de la obra pictórica que se exhibía.

El mito que perseguía a Clementina, deformando la poeta, la mujer de letras, la centroamericana morazánica, se diluía en el país frente a todas aquellas anécdotas que circulaban por allí de sus irrespetos, desnudeces y bohemias, que la convertían a los ojos del público en una especie de monstruo de la prostitución y la promiscuidad. Cuando en realidad las personas que la conocimos bien, sabíamos que aquella mujer menuda y dulce, pero con un gran criterio que convertía en indeclinable su pasión por la libertad, que la hacían exclamar fuera de sí mientras golpeteaba la mesa, diciendo "los principios no se pactan, o las creencias deben ser una especie de piel o simplemente es necesario que las creencias vayan unidas con nuestra conducta, porque son como nuestra columna vertebral".

Muchos de los consejeros universitarios estaban en contra del homenaje a Clementina. Recuerdo con vivacidad todo lo que me decían. Los argumentos se basaban en que Clementina era incapaz de mantenerse sobria y que iba a ser en medio de la sesión académica un escándalo del que me iba a arrepentir toda mi vida. Sin embargo, ella se portó como nunca esa noche, disfrutándola de tal manera que cuando don Medardo Mejía hizo el elogio a su obra, ella respondió con una gracia y donosura de tal categoría que todos los asistentes se quedaron impresionados.

A raíz del homenaje de la Universidad surgió su candidatura para el Premio Nacional de Literatura Ramón Rosa que recibió en una hermosa ceremonia en la Casa Presidencial. Esta serie de homenajes hicieron que ella fuera dejando una serie de rencores que tenía con sus familiares y aceptó un almuerzo en casa de su hermana Rosa de Maier, que era como una especie de antesala de su nostalgia por el reencuentro con sus raíces familiares y, sobre todo, con la melancolía de la tierra natal.

Con el dinero ganado por el Premio Nacional le inventamos un viaje por Europa, que de un viaje de cuatro semanas se convirtió en un viaje de cuatro meses. Los amigos más fieles, Óscar Acosta, Filadelfo Suazo, Hilda Alonzo, María Luisa Castellanos y nosotros le preparamos el itinerario, recomendándola a diversas casas a fin de que no pagara hoteles, fincándose en Marbella en la residencia que allí tenía mi querido amigo ya desaparecido Franco Cerrutti en cuya residencia vivió en el cuarto Reina Ana, casi mes y medio, acompañándolos además a una gira por el Mediterráneo en compañía de una serie de huéspedes del doctor Cerrutti, entre los que se contaba el cineasta egipcio Juan Cross, en donde demostró esa calidad que tenía de saber vivir, un cosmopolitismo nato y tal como ella lo aseveraba "la cultura es un idioma universal", partiendo después a casa de su sobrino Luis Armando Botazzi, que se hizo responsable de su gira en Italia, Suiza y parte de Alemania.

Toda esta gira fue importante para ella, que posteriormente pasó a la Unión Soviética y a los países del Este. Ella rememoraba y sentía la convergencia de su vida en figuras paradigmáticas como la de Gertrudis Stein, Ida Rubestein e Isadora Duncan, que coincidían con la visión del Nueva York que conoció en la década de los treinta cuando vestía de hombre y vendía su revista Mujer a la salida del metro de Greenwich Village. Ella sintetizaba en esas tres mujeres su propia vida: de la Stein, su pasión por el arte, de donde entreveía la visión del arte como acumulación de capital; la rebeldía y solidaridad de la Rubenstein; y, la elasticidad del cuerpo y agilidad de Isadora Duncan.

Ésta era una forma de sensibilizar su trascendencia por el mundo, el registro de sus ideales y la confortabilidad de vivir, a pesar de sus múltiples confesiones de que su *"tour de forcé"* era esa idealización del talento humano y, sobre todo, el de la mujer del que ella sentía en carne propia, la marginalización de que era víctima, su apocamiento que le impedía hacer demostrativo el talento. Todas estas ideas, la tornaron más comprensiva y, sobre todo, más generosa. Confidencialmente me explicaba cómo cuántas de sus paisanas desperdiciaron su vida en el papel de mujeres casadas en el círculo estrecho de una vida doméstica, que les impidió sacar desde adentro ese talento, para dejarlas convertidas en una especie de caricatura.

Con esa internalización tan espontánea de un culto a la personalidad, arrancaba su idea decimonónica del "Salón", que era el sentirse rodeada de lo que más amaba en la vida: el talento. En un afán similar a lo que hizo Froylán Turcios que "recibía los jueves", ella hacía de sus cumpleaños un despliegue de todos aquellos que ingresaban a su casa ya fuera por talento o belleza. Cuando yo me atrevía preguntarle que por qué había invitado a fulana o a zutana me contestaba olímpicamente: "¿Dime donde has visto una cosa tan bella?". Así se convirtió —por admiración a su talento— "convidado de piedra" el joven periodista Víctor Meza, que ingreso a su salón gracias a la confidencia admirativa del viejo linotipista don Modesto Sierra, que contaba que él sólo había visto a dos hombres en Honduras dictar directamente al linotipo: a Alfonso Guillén Zelaya y a Víctor Meza.

Dos días después de la parranda, llegaba yo a ayudarla a limpiar la casa, Clementina me contaba cómo había gozado con la propensión a los romances de Víctor y sus "técnicas" para enamorar mujeres y me narraba: "Primero, alcanza un puff y se pone a los pies de la dama y va subiendo de tono de acuerdo a su capacidad alcohólica. En la segunda fase, empieza con un recitativo de Pushkin en un espléndido ruso, que la interfecta no objeta, porque no se atreve a decir que no sabe nada de Pushkin, después continúa con Federico García Lorca, en el intermedio que ha cantado "Oh Chichornia", cuando empieza a declamar Rosita la dinamitera, de García Lorca, es cuando hay que hacerse a un lado, porque la dama está a punto de cochura, se pone insoportable y yo me alejo para que no me reviente toda la casa".

Sin embargo, sus secretos del corazón eran parte de la herencia de esas voluntades secretas. Cuando inventó formar el COSPUCA (Comité de Ayuda a la Guerra de El Salvador), el joven Hernán Antonio Bermúdez se apoyó en un estante que contenía varias piezas de cerámica, que sorpresivamente cayó al suelo, destrozándose las piezas, justamente en el momento en que la discusión estaba más candente, ella se levantó con gran elegancia y rompió el silencio gritándonos: "¿Por qué se callan, es que un ratón les ha comido la lengua?" y la sesión continuó sin que ella le diera importancia a aquella pérdida irreparable.

Para comprar la casa de La Hoya de Tegucigalpa, lo que la obligó a aceptar la herencia de su madre y su derecho sobre las tierras llamadas del "Carbón", en el Valle de Lepaguare, con las que canceló esa casita a la viuda de su amigo Marcos Carías Reyes, donde instaló su estudio de arte, que se convirtió en sitio obligado de reunión de intelectuales artistas y desde —donde ejerció todos aquellos ejemplos de solidaridad que apoyaron en el período de la Guerra Fría— tanto a nicaragüenses como a salvadoreños. Así nació el COSPUCA, para ayudar a los rebeldes salvadoreños.

Cuando su sobrino Roberto Elvir Zelaya le planificó la remodelación de la casa y la decoración de la misma, la casa era un ejemplo de su dicotomía y desdoblamiento. En medio de aquella barahúnda de cuadros, esculturas y cerámicas, se podía apreciar en una esquina una vieja máquina de coser que era representación de su vínculo en la visión vernácula de la mujer tradicional. Yo misma le pregunté qué hacía una máquina de coser en medio de una galería de exigente calidad, y me explicó que esa máquina era un recuerdo inolvidable de los años en que aún no recibía el fuerte llamado de la poesía, en que solamente escribía por las noches en la larga espera de que llegara el amor de su vida, Marco Antonio Rosa, donde escribía versos eróticos, amargos y encendidos, donde llenaba su vida por las mañanas costurando los trajecitos de sus dos pequeñas hijas, Alba y Silvia. Contaba cómo en esa época de la esclavitud del amor, escribía de noche cálidos versos que sólo le mostraba a su amigo Arturo Martínez Galindo.

Cuando María Guadalupe Carías decidió grabarla (como ella había venido cacareando sus memorias en la década del 80 y 90) decidimos entre ambas que a ella le faltaba el rigor de sentarse a escribir y que lo mejor era grabarla para el futuro. Fueron los días en que René Pauck le hizo un filmado y, en ese momento pudimos percatarnos de que cuando estaba en escena ella cambiaba de personalidad, asumiendo un rol discursivo basado en una realidad que era la que ella pretendía, inclusive falseando los acontecimientos transcurridos y, sobre todo, presentando la visión de una mujer fuerte, clara, consciente de su lucha, combativa, donde no cabían ni las depresiones, ni mucho menos, las dolorosas renunciaciones.

Era otra en el terreno estrictamente de la confidencia. En la larga convalecencia después de un *herpes zoster,* que pescó a su retorno del Congreso Iberoamericano de Nueva York, pasó mucho tiempo en la cama, donde la visitamos con María Guadalupe todas las tardes y en ese ambiente caíamos en la intimidad, nos relataba su infancia olanchana, dejando entrever un profundo resentimiento que guardaba por sus coterráneos.

Afloraban viejos resentimientos. Contaba con dolor la dicotomía de su infancia: la educación que había eliminado en ella la autoestima; en el conjunto de sus hermanas, ella era la fea. Alguna vez escuché que la llamaban "cara de perol". Recordaba —con tristeza— el alcoholismo de su padre, pero nunca tocaba la herida más profunda que la atormentaba: un vago complejo de culpa por haber dejado solas a sus hijas.

Hablaba de su madre Amelia Zelaya, del negocio de su padre, dejando entrever el orgullo de raza y la realidad de esa madre, que sin lugar a dudas fue su primera hija. La mayoría de los olanchanos coinciden en decir que doña Amelia vivió toda su vida en el entorno del mimo y consentimiento de padres y hermanos, razón por la cual, tuvo un habla peculiar como de niña chiquita, que unida a una irresponsabilidad total, que la separaba del mundo de la realidad, fue sin lugar a dudas el detonante de la pérdida de la gran tienda que heredó en Juticalpa de sus mayores. Clementina narraba cómo ella la bañaba, le ponía talcos y loción siempre mimándola y vistiéndola espléndidamente con aquellos trajes realizados por encargo en el taller de Toñita Fuentes de Tegucigalpa. Después del baño, le hacía un moño de bomba, al estilo de las damas inglesas, que había visto en los fabulosos libros de su padrino el doctor Lobo

Herrera, la cubría de joyas, disfrutando especialmente el colocarle unas peinetas con piedras preciosas, que sacaba del baúl de su padre. Su narración tenía tal deje de admiración, que podíamos enterarnos de que el ideal estético original, fue para ella la imagen de su madre, de quien nunca soltó una queja por aquella esclavitud que significó en una adolescente provinciana una responsabilidad prematura.

Es muy probable que las nupcias de doña Amelia con el licenciado Luis Suárez, fueron una boda arreglada por conveniencia, tal como se estilaba en aquellas fechas, porque para empezar, Luis Suárez era un forastero oriundo del sector de Talanga y Cedros, que llegó a Juticalpa como empleado judicial, con gran proclividad alcohólica, sin tener patrimonio más que un talento pragmático y un gran sentido del humor. Desposó a la niña Amelia, quien provenía del gran tronco dinástico de los Zelaya quienes durante siglos habían sido los dueños del Valle de Lepaguare. Son muchas las anécdotas que nos explican la incapacidad de doña Amelia, algunas simpatiquísimas, como aquella que nos relata cuando en plena luna de miel, el marido le pide que le sirva un par de huevos fritos, y al ver la tardanza de la dama, don Luis se acercó a la cocina, sorprendiéndose al ver que la inocente señora, sonrojada y asustada, no podía entender cómo los huevos no se cocinaban a pesar de haberlos puesto en una cacerola con aceite, pero sin sacarlos del cascarón.

En una familia tan antigua es probable que se dieran algunos conflictos genéticos, que son difíciles de probar como el caso de su hermano Próspero, que en averiguaciones posteriores me pude enterar que era un muchacho, posiblemente con Síndrome de Down, con un ojo enfermo que le supuraba, de tal manera que sus compañeros colegiales cuando querían insultar a alguien, habían fabricado la expresión insultante de "cómete el ojo de Popo".

Apasionada por la imagen de su padre, inteligente y leal, Clementina pasó la primera fase de su infancia, yendo detrás de él y acompañándolo de cantina en cantina. Quedan aún muchos testigos —sobre todo femeninos— que recuerdan haber cargado en brazos a la niña Clementina, dormida y exhausta sobre una mesa de cantina o reposando por el imperio de las necesidades infantiles, debajo de la mesa donde su padre departía con amigos en interminable francachela.

En esa época los olanchanos sentían un profundo placer cuando llegaba un circo. A la casa paterna llegó un joven de origen indio en carácter de "hijo de casa", que se encargaba de cargar la silla de la niña Clementina, asidua espectadora de las funciones circenses. Es interesante imaginar cómo sería la visión onírica de aquel joven fuerte que iba detrás de la niña de casa, cargándole la silla de anea donde posiblemente surgió lo que llamamos un romance de ojos y una amistad irreductible, ese joven se llamaba Medardo Mejía.

Con la potenciación de los recuerdos infantiles Clementina, ya mayor, coqueteaba descaradamente con don Medardo y él, caballeroso por naturaleza, aceptaba ese romance inacabado con orgullo y valentía, de tal manera, que cuando ella es insultada por el escritor Virgilio Cardona en un libro titulado "Oro de Olancho", el primero que llegó al diario "El Cronista" con un escrito defendiéndola, fue don Medardo, que exclamó en la redacción de dicho periódico: "ningún gusano toca a Clementina".

A Clementina le gustaba sentirse protegida por don Medardo, inclusive ya viejos ambos frente a la curiosidad de Ramón Oquelí y la mía, hacían recuerdos de lo que no pudo ser, de tal manera que un día don Medardo se quejó que Clementina nunca le había hecho caso, a lo que Clementina le contestó coquetamente: "¿y cómo te voy a hacer caso si sólo has vivido preso y nunca has tenido siquiera un petate para acostarnos?". Inteligentemente, Clementina, nos hizo percibir la idea de que era la inspiradora del más bello poema de don Medardo: Canción a Victoria López, que nos obligaba a repetir en voz alta, quedando ella en silencio con aire soñoliento, sumergiéndose en viejos recuerdos.

Don Medardo, luchador perpetuo por la libertad, ya en su mayoría de edad, era el amigo entrañable del recién desaparecido Guillermo Ayes, a quien tanto Clementina como don Medardo llamaban *Eudoemilio.* Sin embargo, Clementina era la figura central de ambos olanchanos, los que con curiosidad advertíamos esa reverencia misteriosa del pasado, una vez, por saludar a Clementina en medio del tráfico de las cinco de la tarde de la Avenida Cervantes, don Medardo arriesgó su vida al atravesarse la calle imprudentemente y casi lo atropella un "busito".

Así pues, aquella infancia mustia y triste la convirtió después en una adolescente poseedora de una belleza muy propia, por una herencia autóctona que contrastaba ampliamente con la belleza europeizada de sus hermanas, que gracias a su inteligencia le impidió tener un complejo de inferioridad porque el sentimiento de sentirse tan viva, amar la vida, y buscar disfrutarla, la llevó a convertirse en una gran amazona, refugiando su soledad en la casa de su tía casada con don Eduardo Buchard, con quienes compartían una abuela común de gran trascendencia no sólo en las actividades económicas olanchanas, sino también en las políticas.

En los días en que se consagró Obispo de Olancho el doctor José María Martínez y Cabañas, fue cuando conoció a los hermanos Montes, originarios del pueblo de Manto. Poseedora ya de la vivencia de otras realidades a base de lecturas sueltas de novelas inglesas y francesas, cedió en aceptar el cortejo de los Montes, haciendo una vida muy proclive a lo que hoy llamamos deporte, es decir, grandes excursiones a caballo, nadando en el río con gran desparpajo, lo que fueron el detonante para que se convirtiera en piedra de escándalo de la sociedad juticalpense. De tal manera que sensible a las habladurías del pueblo, pensó en suicidarse, utilizando la pistola de su tío político don Eduardo Buchard, recostándose en la inmaculada cama de bronce de su tía Blanca Matilde, quien jamás le perdonaría que utilizara su cama para un hecho tan sacrílego como el suicidio.

Toda su vida, Clementina llevó la pequeña cicatriz bajo la tetilla derecha y es muy probable —aunque no lo confesaba— que no se perdonó a sí misma este acto extremo, propio del romanticismo literario, tan en boga en esa época.

Muerta su madre, las viperinas lenguas de Juticalpa la acusaron de haber abortado, porque habiendo decaído la fortuna de los Suárez Zelaya, la jovencita se vio obligada a teñir parte de su ropa, con aquellos jabones de tinte procedentes de Inglaterra, que al ser jabonados con alumbre (como fijador) hizo que surgieran por los caños que salían a la calle, litros de litros de agua rojiza que fueron los que dieron pábulo para que se hablara de un aborto de la pobre Clementina, quien sola y desamparada aceptó venir a Tegucigalpa como alumna interna del colegio que regenteaban las señoritas Moncada Saravia.

El internado fue una experiencia singular para aquella joven acostumbrada a los grandes espacios del valle de sus mayores, a la infinitud del cielo y a la libertad que preconizó su vida. La casona de las Moncada Saravia, tenía pocas alumnas internas (casi todas provincianas) muchachas comunes y corrientes, provenientes de una burguesía inculta, lo que las hacía ramplonas y zafias, donde imperaba el chisme y la envidia, sobre todo en aquella especie de locura femenina —casi obsesiva— de buscar marido.

Clementina se apoderaba de los balcones traseros hipnotizada viendo la calle, languideciendo melancólica frente a los atardeceres de aquella ciudad hundida, hasta que un día vio pasar bajo su balcón a un espléndido jinete, que montaba una cabalgadura blanca que caracoleaba, haciendo suertes como los jóvenes de su Olancho natal cuando desafiaban la muerte en las carreras de cintas de las festividades locales.

Como en todas las novelas rosa —que creemos vivir y ser protagonistas— Clementina se puso de pie en el balcón para contemplar al bello caballero que le lanzaba flores y atrevidas notas, que ella turbada y ruborizada leía bajo la luz de una vela en la secretividad del dormitorio. A través de las alumnas externas, se enteró que aquel joven era Antonio Rosa, empezando así una nutrida y secreta correspondencia, bajo la complicidad de algunas externas, la portera del colegio y otros personajes de aquella especie de recinto carcelario.

La poesía nunca había sido extraña para ella. Muy temprano en su infancia, había escuchado de los amigos de la familia los versos de Gustavo Adolfo Bécquer, e inclusive, aquellos versos inmaculados que aparecían en los folletos religiosos en forma de oraciones. Posteriormente, había degustado la poesía en los hermosos tomos de la biblioteca de Lobo Herrera. No había fiesta más elegante en Juticalpa donde no se le rindiera culto a la poesía. Era la época de la recitación apasionada y estruendosa. Ella misma escribió algunos poemas sencillos para su prima Victoria que los repetía con buena voz en los actos colegiales subida en una mesa. A ella le gustaban las palabras, pero no escucharlas con tono altisonante e interpretadas por una segunda o tercera persona.

Así fue como una noche de verano aceptó la propuesta de Marco Antonio Rosa y se fugó con él, viviendo en un apartamentito pequeño en el Barrio Abajo, cercano al colegio María Auxiliadora. Fue años más tarde que descubrió que el apartamento no había sido alquilado para ella, sino que por muchos años había sido para el joven caballero una especie de *garçoniere*[12]. Una pequeña habitación con una salita de recibir y un baño, que convirtieron en su nuevo enclaustramiento, pero allí fue donde se desarrolló el lirismo preciso de una gran fantasía. La soledad de los embarazos, el descubrimiento del sexo, cerraron sus sentidos a otro tipo de referencias emocionales. Momentáneamente se olvidó de los grandes espacios olanchanos, de la impecabilidad de su cielo, del torrente de la vida que lucha a través

---

[12] Piso de soltero.

de la sangre, quedando sólo la esperanza de la espera, de aquellos momentos que se sublimaban cuando el amado llegaba y donde ella prolijamente había tapizado el lecho con pétalos de flores: jazmines y hojas de limonaria, de rosas donde la única espina era, la indiferencia del amado, que llegaba tal como ella lo decía como "un alazán encabritado", tirando al suelo aquellas muestras de amor y la realización de la espera.

En esas tardes abandonadas, empezó a escribir sus versos, sus cálidos versos de amor en que el único visitante que tenía, su amigo del alma Arturo Martínez Galindo, quien seleccionó sus poemas hasta convertirlos en sus dos primeros libros: Templos de Fuego y De mis sábados el último. Ella no había tenido conciencia de que en ese momento era la piedra angular del escándalo. Incomunicada, en esa soledad donde la única realidad se constituía en la presencia de un amor soñado y en el sexo descubierto y vivenciado, eran su única realidad.

Por un grupo de amigas fue que se enteró de que Marco Antonio Rosa no sólo era el soltero más preciado de la ciudad, sino el hijo consentido de una madre castrante que vivía para él, poniéndole a sus pies todo lo necesario para que cumpliera sus caprichos y extravagancias.

Tardé mucho —acostumbraba a decir— en enterarme que yo era para Antonio, una presea, no mejor ni mayor que sus carros y sus caballos, que el dandi sólo es una figura exterior sin nada interno ni nada propio. Pero jamás voy a abjurar de esa relación con ese bello semental, que me dejó mis dos niñas lindas.

"Recuerdo —contaba— cuando antes de una fiesta de disfraces en el Casino Hondureño, él llegó a casa para que yo le arreglara el plumero de su yelmo de Marco Antonio, porque él protagonizaba la comparsa de los romanos, en donde aparecería Marco Antonio y Cleopatra. Inmediatamente en mi candidez me hice la idea de que iba a hacer el papel de Cleopatra y empecé a soñar con el traje y con el peinado, hasta que él me explicó que una mujer como yo, desprestigiada, estaba fuera de la sociedad y que no me podía presentar en público.

El día del baile —continuó narrando— yo fui en un taxi a verlo entrar al Casino Hondureño, bellísimo en su traje de romano y en su caballo blanco, que bien entrenado subió las gradas del salón con su jinete a cuestas, suspirando yo en esa mezcla biliosa de resentimiento y admiración de ver su gallardía y elegancia. Después me enteré de que una de mis amigas de colegio era la Cleopatra que lo estaba esperando. Esa misma noche regresé a la soledad de mi habitación acuné a las niñas, inocentes de todo y me bebí sola, una botella de coñac.

Dediqué tres días para pensar en lo que tenía que hacer, mientras tanto envuelta en un masoquismo inútil, leía una, dos, tres veces el romance y el compromiso de Marco Antonio en los principales rotativos, como también pude ver sus imágenes plasmadas que reflejaban a Marco Antonio y a Cleopatra triunfantes. En esos días reparé (como en una visión retrospectiva) que mis niñas no tenían apellido, razón por la cual me presenté en la municipalidad y las declaré con el doble nombre de pila de Alba Rosa y Silvia Rosa. Así fue como volví a alternar con los grupos intelectuales, que me aceptaban como una amiga más, incorporándome a lo único que nunca te traiciona: la lucha por la cultura.

Siguiendo los consejos de mi amigo del ama Arturo Martínez Galindo —continuaba relatando— decidí "levantar las patas" e irme para México. Aquel México revolucionario donde la pintura, el arte y las letras, eran el paraíso soñado para todos los que creíamos en la cultura. Conseguí entrar a trabajar como mesera en el Café de París. Toñita Fuentes me regaló un delantal bordado que en la parte de arriba, sobre mi pecho, tenía un gran rótulo que decía "Propina", donde todo mundo depositaba el dinero que necesitaba para el pasaje.

Antes, ya había planificado una ruptura tácita con Marco Antonio. En el tocador del departamento, coloqué todas las prendas que él me había regalado, anillos, aretes, pulseas, etcétera. Y le escribí una carta que coloqué en un lugar visible que decía entre otras cosas: "si crees que volveré, cómprate una silla mecedora y un abanico para que me esperes". Llevé las niñas a Olancho para que fueran cuidadas y protegidas. No podía exponerlas a vivir una vida de aventuras como la que me había propuesto.

Muy vagamente recuerdo esos días en Nueva York y el pavor que me daba su tren elevado. Vestida de varón vendía mi revista en las bocas de los metros con muy poco éxito. Me costó entender que no iba a vender una revista que estaba escrita en español; después de los tres números de Mujer, quedé endeudada y tuve que resolverme a trabajar, primero, en una fábrica de ropa, donde conocí la triste vida de los obreras neoyorquinas. Después, gracias a una amigo judío —que me daba crédito— vendía medias, como vendedora ambulante. En esa etapa de Nueva York nunca me pude adaptar a la forma de vida norteamericana, ni mandarle un solo centavo a mi gente. Así fue cómo decidí irme a Cuba, porque allí se manifestaba el descontento con el sistema y tuve la suerte de alternar con los españoles emigrados, e inclusive, la filósofa María Zambrano, con quienes nos tomamos una fotografía frente al castillo de El Morro, foto que quedó en algún lugar y en La Habana fue donde publiqué otro poemario, Engranajes.

En esa época de La Habana, fui muy feliz y me sentí conectada con la clase obrera, y así fue como llené aquellos deseos internos por la libertad humana. Hice amistad con Nicolás Guillén, recorrí las calles de la ciudad de las columnas, aprendí a bailar el son en las fiestas de los solares, donde la camaradería de los intelectuales y el pueblo, era cada día más evidente. Sin embargo, por las noches, pensaba mucho en Tegucigalpa y, sobre todo, en Juticalpa donde estaban mis pequeñas niñas, angustiada pensando qué sería de ellas.

Logré conseguir un pasaje para Tegucigalpa y regresé. Siempre había gozado de la amistad de Marcos Carías Reyes, que era hombre conectado con el poder y había llegado a ser muy buena amiga de don Antonio Bermúdez Meza, quien era en esa época el Ministro de Relaciones Exteriores. También conocí en La Habana a su hermano Néstor Bermúdez, quien tenía pretensiones literarias y habíamos estado juntos en recitales poéticos".

El retorno a Tegucigalpa fue para ella un fuerte impacto. Era exactamente lo que Esteban Guardiola dice de Ramón Rosa: "Volver a la querencia", volver a ver las casas chatas, entejadas, volver a absorber ese aire purísimo emanado de las montañas cercanas. La frontera de los pinos llegaba hasta las tres cruces que marcaban los célebres Tres Caminos, donde hoy está el Hotel Clarion de Tegucigalpa. El Teatro Nacional era el centro de la vida cultural, llegaban compañías de teatro y ópera de Europa, ya había hoteles con cierto lujo, como el Hotel Internacional y el Ambos Mundos. Reencontrarse con viejas personas conocidas, es tan terrible descubrir a aquellos amigos que han fallecido. Fueron muchas las peregrinaciones que realizó al cementerio, buscando nombres que se habían ya olvidado: Pablo Zelaya Sierra, Salvador Corleto, Jerónimo J. Reina, Adán Coello, Ramón Ortega, Adán Canales y otros tantos que únicamente se recordaban con esperanza antes de que los arrebatara la muerte.

Esos fueron los días en que se le ocurrió desnudarse en el escenario donde actuaba José Bohr, fue días después de que había actuado en Tegucigalpa la célebre española Tórtola Valencia. A la pregunta curiosa de ¿por qué te daba por desnudarte, Clementina? Invariablemente ella respondía: "porque me sentía tan suavecita, tan linda, tan bien hecha, que me parecía un egoísmo no mostrar la obra que había hecho Dios conmigo" y, después agregaba, "además estaba harta de aguantar la gazmoñería, la falsa moralidad e hipocresía que es lo que envejece Tegucigalpa" y, remataba la respuesta, poniéndose pensativa: "a veces se torna necesario el escándalo, para que la sociedad descubra que está retrasada, que tiene que modificar la educación de las mujeres a aceptar la sexualidad como un hecho imprescindible en la vida. Que no se puede seguir condenando y falseando la vida de los demás, sin entender la ajena".

Algunas veces, recordaba con melancolía, lo que ella llamaba su perdida juventud. Juventud en la que no tuvo derecho a la conciencia de su propia belleza. Recordaba con simpatía, cuando para ir a una fiesta tuvo que pedirle prestado un traje color salmón a su pariente Ofelia de Reyes Zelaya, dejando caer una risa en cascada cuando recordaba que nunca le devolvió el traje a Ofelia, porque lo manchó de vino la noche de la fiesta. Con claridad reconocía que todo lo que había aprendido había sido tomado de los demás, de sus innúmeras relaciones y haber aprendido sabiamente a escuchar. Ese conocimiento empírico le hacía nacer un cierto desprecio —más bien desconfianza— de los académicos y de los universitarios.

Reducía todo a la pasión por la poesía y la visión indeclinable de la libertad.

En la década de 1970, después de su viaje por Europa, sentí cómo había cambiado. Transigió con sus hermanas para la famosa venta de las tierras del Carbón en el Valle de Lepaguare y con ese dinero compró la casita de La Hoya de Tegucigalpa, donde puso su estudio de arte, que era una extraña combinación de casa de habitación con galería. Había tomado conciencia de que ella era un personaje en su país y que su actuación era un ejemplo paradigmático para la juventud, lo que limitó grandemente su vida privada.

Ella, en realidad tenía el temperamento compulsivo de los coleccionistas, razón por la cual, nunca sacó provecho económico a su espléndida colección que representaba más que un bien económico, un cúmulo de recuerdos. Sobre todo, eso pasaba con los pintores jóvenes. Recuerdo un gran cuadro de Gregorio Sabillón que ella tituló "Acecho", que cuando le faltaba o se le enredaban las brechas de la memoria decía "aquel jovencito que se fue para Barcelona" y mostraba el cuadro de manera que fuera uno el que dijera el nombre.

Recuerdo con vivacidad, cuando en 1969, antes de la guerra con El Salvador y como dos meses después del homenaje que le rindió la Universidad, empezó a añorar El Salvador con sus amigos y en la fantasiosa idea de que en Honduras nunca la habían honrado como debía y que, por lo tanto, iba a trasladarse a E Salvador con toda su colección para tratar de que el Gobierno abriera un museo que llevara su nombre y se convirtiera en una galería centroamericana.

La colección de ochenta y cinco retratos estaba aún en poder de la Universidad y yo cometí el error de pedirle a Isidro España, que trabajaba conmigo, que los empacara y los enviara a la Embajada de El Salvador, ya que su titular, el Coronel Horacio Melara Pinto, se había ofrecido para enviarlos por su cuenta.

El 14 de julio se da el rompimiento de relaciones entre Honduras y El Salvador, con el consecuente retiro del Embajador. La Embajada de México, a cargo del doctor de Santiago, se hace cargo de los bienes que incluían la gran colección de Clementina Suárez, los que pasan a una bodega en la calle Anri Dunant, que fue varias veces saqueada, desapareciendo muchas de las obras que pertenecían a Clementina, especialmente su colección de cuadros de Pablo Zelaya Sierra y José Antonio Velásquez.

A raíz de estos acontecimientos, parecía que Clementina había desmitificado su pasión por El Salvador, quedándose definitivamente en Tegucigalpa y como pensando en una especie de ajuste de cuentas consigo misma. Mientras tanto, ella estaba completamente segura de su trascendencia histórica, porque cada día vivía más rodeada de jóvenes poetas que, inclusive, habían inventado un taller de literatura que llevaba su nombre. Por otra parte, los olanchanos habían tomado conciencia del personaje que era ella y buscaban una especie de reconciliación, no sólo con algunas personalidades, sino también con el mito de Olancho, sus familias, la visión de su feudalismo paternalista, sus formas de producción y su visión insular y separatista.

Para esos días, el Club Rotario y el Club de Leones, la invitaron con el pretexto de conmemorar un aniversario más del aparecimiento de Corazón Sangrante, que ella se tomó muy en serio dándole vueltas y vueltas en su cabeza, donde cambiaba de humor y de ánimo muy a menudo y escapándose cada vez que podía, a congresos y exposiciones en el extranjero. En esos viajes, aprovechaba para comprar óleos con qué surtir su galería, dándole preferencia a obras de pintores jóvenes y primitivistas guatemaltecos.

Fueron unos días en cierta forma plácidos que ella disfrutaba en su enorme cama y se reía mucho cuando yo le decía, que era más que cama, una plaza de toros. Fueron días de mucha intimidad y confidencialidad, donde manejaba una interesante visión escéptica de las cosas. A menudo acostumbraba repetir "en Honduras nadie se prestigia ni se desprestigia" como quien dice, en voz baja, comentábamos la picada política. Cuando tuvo que ir a ver a Roberto Suazo Córdova para solicitarle el nombramiento de su hija Alba como Registradora de la Propiedad, estuvimos hablando y yo le espeté cómo era posible que ella, tan orgullosa y definida políticamente, fuera a hablar con ese señor, aunque fuera el Presidente de la República, y encogiéndose de hombros y desternillándose con aquellos ojillos pícaros me respondió, que cuál era la diferencia que se podía establecer de un choricudo a otro.

Acordate —me dijo—, lo que siempre ha dicho Medardo Mejía, que toda la vida hemos vivido en un país donde los mandos, sobre todo los legislativos, son un conjunto de ignorantes, ganaderos y coyotes metidos a legisladores. Su inquietud la obligaba a inventar cosas, como cuando creó su comité de apoyo a la revolución salvadoreña, cosa que la tenía en la mira de los conservadores y del grupo que manejaba el General Gustavo Álvarez Martínez, amén de la desconfianza que otros grupos de izquierda, a quienes no les gustaba ese aire proclamador de la libertad que consideraban anárquico, la negaban, e inclusive, se dedicaban a hablar mal de ella, valiéndose de las antiguas anécdotas personales que la rodearon de una especie de leyenda negra.

Cuando ella obtuvo el Premio Nacional de Literatura Ramón Rosa de 1970, asistió a la Casa Presidencial elegantemente vestida con un traje blanco con guarnición de encaje. Era una época cuando ella había bajado la guardia a un conjunto de resentimientos y malas voluntades que la habían atormentado por mucho tiempo. Ya no era la Clementina de los cabellos ardientes, como la había pintado Salinas en El Salvador, mucho menos la hidra revolucionaria que insultaba y lanzaba proclamas al aire. Tenía en esa época un aire dulzón en que, de corazón, seguía firme en sus creencias. Había hecho de su fe en la libertad, un auténtico credo ideológico. Muy a menudo repetía en un gesto de gran sabiduría "no se puede vivir sin libertad, es la aspiración máxima del espíritu humano, hay que respetar todos los tipos de libertad, sobre todo, que la libertad sea tu ideología. La ideología es como la espina dorsal del ser humano, tiene que haber una congruencia entre ideología y conducta. No se deben aceptar las contradicciones".

Esa especie de dulzura que derramaba, la hizo pactar con su hermana Rosa, a quien visitaba eventualmente antes de la grave enfermedad que la llevó a la tumba. Abrió su corazón a Gilda Maier, su sobrina, con quien pasaba grandes temporadas en la vieja hacienda de Jutiquile, en su Olancho natal, donde escribía, si bien es cierto no mucha poesía, siempre estaba pendiente de escribir notas sobre exposiciones y críticas apreciaciones sobre jóvenes pintores. Leía mucho y siempre buscaba temas novedosos, como cuando me pidió prestado el libro de la polémica entre Simone de Beauvoir y Merleu-Ponty, que al comentarlo se tiró una gran carcajada y exclamó: "No te digo que ni una mujer tan inteligente como la Simone se escapa de la tentación de defender al amado. Como si Sartre tuviera necesidad de que lo defendieran".

Ese aire dulzón sólo se perdía frente a la provocación. Descubrir su propia identidad, vivir tu propia verdad, crea momentos en que al ser contrastada con la realidad, la hacía perder el sentido de la proporción que era la búsqueda que presidía su vida. Mucho se ha hablado del incidente que provocó en el restaurante Chico Club, en el homenaje que le hicieron las Damas Rotarias, en ocasión del Premio Nacional de Literatura, donde cada quien llevó agua a su propio molino. Yo estaba presente y la observaba con atención, paulatinamente fui viendo cómo en su rostro se desarrollaba una fuerte batalla espiritual, que concluyó con su excelente discurso improvisado sobre la hipocresía. Recuerdo cómo su mirada ávida, recorrió la mesa principal, donde apreció la exquisitez de los detalles (flores, velas, cristales y platería, resplandecientes). Yo empecé a sentir miedo frente a aquel cándido asombro, cuando empezó a ver las tarjetas con los nombres de las organizadoras del homenaje.

En el discurso en sí empezaba preguntándose a sí misma, si las personas que se encontraban en la mesa la hubieran saludado aquel día lejano de su escándalo en el Teatro Nacional o la hubieran recibido con afecto en aquellos días en que pasaba encerrada durante sus maternidades penadas o culpables en medio de la soledad del pequeño apartamento que Marco Antonio Rosa le había puesto en el Barrio Abajo, o siquiera, le hubieran hecho un saludo cuando desafiaba los elementos lluvia, agua, nieve o la nevada misma en Nueva York y miraba pasar a muchas de esas damas en autos costosos, envueltas en sus pieles y confortablemente acomodadas en los vehículos climatizados. Cuántas veces las había visto desfilar hacia el casino en La Habana a jugar orgullosas y dueñas de sí mismas, mientras ella tomaba un cafecito para aplacar el hambre en la Bodeguita de la Esquina.

Cuántas de ellas vociferaron prohibiéndole a sus hijas que le dirigieran el saludo, por ver en ella la encarnación directa de la inmoralidad, la lascivia y el veto político de aquella mujer poeta que era, además, comunista.

Es posible que al mismo tiempo su mente revivió sus sacrificios, sus ingrimitudes, dejando a un lado las otras plenitudes y el amargo sabor de boca de un resentimiento vivido por años, que se tornaba en la gota que desbordó el vaso y, parece mentira que ese discurso sobre la hipocresía la tornaba moralista, a ella que no creía en la moral pero sí a su alma de diva, en esa contención que vibra como la sensibilidad tensa de un arco de violín, terminó su diatriba en sollozos, que limpian el alma de la misma manera que aclaran el espíritu.

A raíz de esto fue que ella empezó a medir con cuidado los tragos y volvió a jugar con unas falsas borracheras, que era una forma de dar continuidad a la imagen, mientras le servía de pretexto para decir terribles y duras verdades. Eso le daba un aire como de poca confiabilidad, algunos opinan que era más bien inestable, porque era bastante difícil descubrir ese proceso interno en que ella mezclaba sus renunciaciones, edificadas sobre grandes resentimientos que habían hecho de ella la madre de su propia madre, robándole la infancia y la juventud; la adolescente sin orientación, criada entre parientes eruditos pero sin la ternura que guía y aconseja; la sustituta de la esposa de un padre alcohólico y desengañado, dejada en la propia libertad de sus pasiones, en una quiebra económica familiar que le restó hasta las ilusiones propias de la edad, como la falta de un vestido digno para asistir a un baile; después, su apertura al amor y a la maternidad duplicada en la carne y en el canto, porque el canto -la poesía- surgió de sus propias entrañas apenas orquestado por las experiencias mal asimiladas de la pasión y el sufrimiento; luego, la etapa de trotamundos, vagabunda, sin otro respaldo que el esfuerzo de su propio canto.

Aquella niña ávida, que trató de incrustarse en la nueva forma de vida del otro Dorado, que era la costa norte de Honduras, que era el Nueva York bananero, donde trabajó como dependienta en una tienda de "raya". Ella, débil, nostálgica, sólo tuvo la seguridad de la amistad. La amistad que fue otra de sus virtudes básicas. Amistad que cultivaba con la delicadeza propia de un jardinero prolijo y eficaz. El resto del mundo era una gran masa llena de procacidad, que sólo tenía validez en el descubrimiento de la individualidad. Como en la célebre anécdota de Feuberbach, "se individualizaba en el descubrimiento del ser".

Ese año aceptó la Dirección de Artes Plásticas del recién creado Ministerio de Cultura. La pobrecita soñaba con tener una renta que le permitiera pagar la hipoteca que gravaba su casa de La Hoya, que había sido el sueño de su vida. Entre mohines graciosos, decía: "En toda sociedad un artista o un intelectual tiene derecho a tener una mesa para trabajar, donde meter sus patas". Era una forma eufemística de proclamar la necesidad de seguridad de los seres humanos. Cuántas veces en una iconoclastía, más bien casi fobia frente al poder, yo manifesté mi desacuerdo en la aceptación de ese nombramiento, discutiendo inclusive con cierta fuerza sobre ello. Ella creyó, porque quería creer en algo, que el cargo le serviría por lo menos a ayudar a jóvenes artistas y así fue como adoptó a Luis H. Padilla, a quien aconsejaba, dirigía, buscando formarlo con aquella peregrina idea de que el artista plástico debe ser un intelectual como había visto en México en la época de Diego Rivera y los grandes muralistas mexicanos que fue más que un boom plástico, una forma de pensamiento.

Mientras ella iba a trabajar, la casa quedaba llena de artistas, amigos de Luis y admiradores y, sobre todo, admiradoras del proyecto del pintor. No recuerdo exactamente cuántas exposiciones le patrocinó. Ella aspiraba a obtener una vida "normal", como la que llevaban otras mujeres de otras partes del mundo, ya fuera Haydeé Santamaría, Eunice Lima o Gertrude Stein. Todo esto era producto de su interés por las biografías y una especie de escapismo de la realidad. Todo ese proceso me sirvió para descubrir y entender la vulnerabilidad de los intelectuales en Honduras frente al poder público. Mientras tanto ella seguía creyendo en el poder que algunos seres sensibles —recordaba siempre los tiempos en que Marcos Carías Reyes, le enviaba pequeños giros bancarios a México a Jacobo Cárcamo y a un montón de jóvenes—, cosa que ya no existía en el mundo de los tecnócratas.

El arte era visto ya, como un título valor a su presentación y el interés por él era sumamente relativo por no ser de fácil convertibilidad. El consumismo estaba a la flor del momento y el ideal mental que se desarrollaba en el país, era el de Miami en pleno olvido del viejo paradigma que fue París. Fue el momento de mayor división entre nosotras dos, yo sentía que al aceptar ese cargo público, Clementina se adocenaba y era utilizada por las gentes que sirven al poder, aunque ahora que lo veo a lo lejos, siento que mucho ayudó Clementina en ese cargo.

Lo que ganaba eran apenas 1800 lempiras que le servían para cubrir su mínimum vital (en esa época el impuesto sobre la renta reconocía como tal). Ayudó cuanto pudo a los jóvenes pintores, empezando una disidencia muy fuerte en la Escuela de Bellas Artes que había dejado de ser academia para convertirse en un simple colegio de enseñanza media para formar maestros de artes plásticas a nivel medio, resumiéndose por lo tanto, en lo que ya se empezaba a instalar que era el burocratismo magisterial.

En esa época, para el 12 de mayo en que se celebraba su aniversario natal, en el que ella acostumbraba hacer una gran fiesta, un grupo de irreverentes alumnos la Escuela de Bellas Artes le envió en vez de un arreglo floral, una corona fúnebre, con una tarjeta que decía: "Es tiempo de morir", lo que la enfureció terriblemente, pasando después lógicamente a la depresión. El hecho era el desencadenante de un acontecimiento anterior, cuando en una fiesta que ella dio para celebrar a un grupo de pintores salvadoreños, aprovechando que estaba presente el pintor Carlos Cañas, quien había dado una conferencia en la Escuela Nacional de Bellas Artes, donde ratificó su posición de que "el artista es primero artista y después puede ser guerrillero, si quiere". Eran los momentos de la dicotomía en que estaba sumida la escuela en creer que la única solución para los conflictos de nuestros países, era la lucha armada y no admitían contradicción alguna.

Al calor de los tragos, los jóvenes —y alguno que otro maestro— empezaron a criticar las obras que colgaban de las paredes de la Galería, que incluían algunas de las muestra más paradigmáticas de la pintura centroamericana de los años 40 y, con pretexto de la borrachera, en una euforia postiza, fueron a la despensa y sacaron tazas, mostaza y mayonesa y empezaron a tirarlos sobre los lienzos, manchando algunas de las colecciones que más amaba. Horrorizada, Clementina, pidió ayuda a los pocos sobrios que andaban por allí, e inclusive, llamó a la policía, armándose un zaperoco de tal tamaño que unos amanecieron en las celdas de Casamata y la famosa Quinta Estación del Manchén. Al día siguiente, muy dolida no quiso acompañar al abogado para formular los respectivos cargos.

Sin embargo, la casa quedó hecha un desastre, pero la piadosa ayuda de Julia de Carías, el querido y recordado Dante Lazzaroni y las jóvenes restauradoras Florencia Irías y Rosibel Ferrera, llegaron como en la anécdota de Levi Strauss a limpiar, acompañados del joven Julián Chaver, a poner de nuevo las cosas en su lugar, de tal manera que en tres días parecía que allí no había pasado nada. Pero su corazón quedó herido y no sé hasta donde estaba convencida de que aquella juventud aparentemente rebelde y díscola, no tenía conciencia de su propia fuerza y, mucho menos, de su comportamiento en sociedad.

Las fiestas de Clementina siempre fueron célebres por algo que contradice los elementales principios de la anfitrionía: la heterodoxia social, de la misma forma en que te ibas a encontrar con lo más "granado" de la intelectualidad, te encontrabas con un electricista amigo que conoció emigrado en Guatemala, o el sobreviviente de un fusilamiento no registrado en la historia nacional, un guerrillero en período de reposo cuando el conflicto armado de baja intensidad en El Salvador, la esposa de un narcotraficante preso en los Estados Unidos, dos hacendadas olanchanas —hijas de don fulano, amigo de su papá— bellezas de sociedad, de la misma forma embajadores y diplomáticos. Todo mundo estaba allí feliz y contento, dispuestos a hablar, a discutir en el mundo expreso de la tolerancia que era lo que la hacía sentir feliz.

También tenía sus Mecenas muy particulares, según los cambios de la situación política y económica. Cuántas veces la escuché decir, refiriéndose a una persona, "pobrecita, tan tontita que salió a pesar de que su padre (madre) era encantador e inteligente". En ese mundo de sus fiestas —especie de fastos ceremoniales— se empeñaba en tener a todo mundo contento, para lo cual desde tres meses antes empezaba las compras de licor y proveyendo además su despensa con latas de aceitunas, bocadillos salados, dejando para los más íntimos la obligación de llevar una paella o un arroz compuesto que se servía a medianoche. Recuerdo con cariño, los tenorios circulantes en medio de la fiesta.

De esas fiestas de Clementina surgieron romances, pasiones desbocadas. En una de ellas surgió el romance tardío de Jaime Fontana con la diputada Dora Henríquez. Entre los convidados de piedra, se podía recordar a la difunta Hilda Alonzo Cleaves, a María Luisa Castellanos de Membreño, a Ramón Oquelí, quien siempre fue de sus predilectos y de las personas a quienes siempre guardó un gran respeto y de quien se sentía pariente cercano, depositando en él el afecto que había tenido por Dolores Garay, que además de ser el símbolo estético de su juventud, era también el personaje que sentía que la limitaba porque como decía "siempre fui incapaz de hacer los sacrificios que Lola hizo por todo el mundo". Respetaba en Ramón su capacidad de "poeta lector", de la misma forma que su integridad de pensamiento.

Entre sus aparentes contradicciones siempre privilegió la figura de Félix Oyuela, a quien llamaba "negro tozudo, cerrero". Recuerdo un día que yo criticaba que mis hijas describían con más afecto al padre que a mí y ella dijo: "Tú en el fondo te pones muchos moños, porque, ¿qué es lo que has hecho en la vida? Encontrarte un gran amate y sentarte bajo de él en la mitad del río" y continuó comentando "qué bonito, le exiges a todo el mundo que se mantenga firme en sus convicciones, porque tenés semejante amate que te soporta". Ese "savoire faire" hizo que Félix la adorara. Ella usaba el amor como una forma de manipulación. De tal manera, que él recuerda con gran cariño, cuando Clementina vivía en una casita que le había prestado la doctora Rosario Mejía (prima de Ramón Oquelí) y la íbamos a dejar a altas horas de la noche, Félix la agarraba en brazos hasta ponerla en la cama, quitarle los zapatitos y arroparla con la ternura con la que un padre acuesta a una niña.

A menudo, éramos nosotros, Félix y yo, quienes la acompañábamos a fiestas diplomáticas y a actos oficiales. Al ponernos de acuerdo siempre decía: "pero los espero a tal hora y no a la que ustedes dicen, porque no quiero llegar cuando la gente se está despidiendo" en una alusión inteligente a nuestra inveterada impuntualidad. En el año 1989, se le metieron a la casa a robar, ella se despertó y vio pasar frente a su cama, llena de miedo, a un hombre alto y flaco con un machete en la mano que la volvió a ver para lo cual se hizo la dormida en el entendimiento de que su vida era más importante que todo lo que le robaran: electrodomésticos y, sobre todo, una grabadora de cinta que ella apreciaba mucho por ser un regalo que le trajo su hija Alba de Panamá, aparato que ella necesita porque pensaba dictar sus memorias. Esa vez, también le robaron cuadros de Carlos Garay, de su hermano Ramón, algunos paisajes primitivos guatemaltecos y salvadoreños, en fin, cosas de fácil venta, lo cual denota que eran rateros vulgares.

A raíz de esto, se volvió más desconfiada y si uno llegaba a buscarla, no abría la puerta hasta que miraba por la ventana de la cocina. Ya en el año 1995, tenía una conciencia absoluta de su edad y tal como acostumbraba después de bañarse se sentaba en la puerta de la Galería con el pelo extendido para secárselo y tomar un poco de sol. Tal como pretenden seguirla viendo muchos de los viejos vecinos del Barrio de La Hoya, quienes al pasar la saludaban con cariño y respeto, comentando el buen aire que circulaba por el callejón proveniente del patio de las hermanas Irías. Sus vecinas cercanas, las hermanas Martell, lamentaron tanto su muerte y recuerdan con afecto doloroso esa respuesta constante "del perfume del jazmín" y es una pena, que ella tan pintada, tan retratada, no se haya conservado esa imagen como simbólica de la Clementina matutina, sentada en la puerta, con sus bellas piernas extendidas y la mano apoyada en la mejilla.

Tengo la vaga impresión que ella nunca se integró definitivamente con su generación, de la misma forma en que no entendía mucho a la generación de críticos que se empezaban a formar en la Escuela Superior del Profesorado. Ella siempre dio preferencia a los creadores. Sólo sentí que se empantanaba en la opción feminista, porque después de ser tan rígida en sus criterios frente al trabajo femenino, el cual sometía a fuertes exigencias, para lo cual usaba una de sus frases típicas como "esa dunda que cree que es Juana de Ibarborou fuera de época".

Fue una de las constantes para que muchas mujeres la negaran de tal manera, que a pesar del respeto que sentía por la lengua castellana, tituló la antología que publicó la Universidad Nacional Autónoma de Honduras en el 69, con el título de El Poeta y sus Señales, porque —tal como lo dijo— aquí y en Nicaragua, cualquiera es poetisa. Insistía en que la poesía no es refugio, ni curita, ni mentolina, que se era poeta, como creador de poesía y punto. Que la poesía no tenía género, que era una unidad indestructible y ahistórica.

Ella sabía que su *tour de force* era la necesidad de ternura. Razón por la cual, le gustaba refugiarse en los niños y en los adolescentes. Todos los hijos de sus amigos, especialmente los de los convidados de piedra, gozaron en visitar a Clementina, que les daba una especie de cita para hablar con ellos, sobre todo, de las relaciones con sus padres. Por eso, es probable, que se vuelva polifacética en relación con la realidad, porque hay tantas realidades sobre Clementina como gentes hay en el mundo.

SU HERENCIA PARA OLANCHO

María Elena Sánchez de Henríquez era una joven costarricense formada como enfermera profesional y amiga personal de su paisano el poeta Jorge Debravo, que por esos azares de destino conoció en Brasil a un joven hondureño estudiante de ingeniería y especializado en estructuras, que la convenció de venir a radicarse a Olancho, de donde era originario. María Elena, quien sufrió el proceso de traslado de la sociedad costarricense que aprecia la cultura, había vivido la vida de hogar, regalándole tres hijos a Víctor su esposo, sentía la inquietud de hacer algo por la cultura olanchana, que para esa fecha estaba muy deprimida.

Fue ella la que concibió la idea de impulsar un homenaje a Clementina Suárez, dándole la idea tanto al Club Rotario como al Club de Leones. Así fue como se planificó el retorno de Clementina a su pueblo natal. Tanto a Félix como a mí nos encantaba la idea de ir a Juticalpa, pero como espectadores y no como participantes. Fue la primera vez que sentí cuánto le pesaba a Clementina la conciencia histórica. Los olanchanos habían programado un evento larguísimo y muy involucrado en la visión culterana decimonónica.

Las clases altas de Olancho en ese momento estaban sumamente divididas por los acontecimientos del famoso "pozo de malacate", de tal manera que habían perdido la posición histórica que legitimiza a la burguesía local como patrocinadores y dispensadores de la cultura, que se aglutinaban —como en casi todas partes del país— en derredor de la iglesia y, por lo tanto, no soportaban la visión de una iglesia que privilegiaba la opción por los pobres.

A nuestra llegada a Olancho ya no era Obispo Monseñor D'Antonio, había vacado, trasladándose a Nueva Orleans y Monseñor Mauro Murdock se había hecho cargo del Obispado que había dejado de ser una prelatura "nullius". Yo encontraba sorprendente que la zona posiblemente más vieja de Honduras siguiera siendo vista como tierra de misiones sin consideración a la jerarquía eclesiástica. El obispo Murdock había hecho cuánto podía por resanar las disensiones de su feligresía, pero pude advertir que el resentimiento continuaba siendo más fuerte entre las clases altas.

En principio, yo no quería coprotagonizar el acto en que se realizaba el homenaje a Clementina pero una mañana apareció muy tempranito en casa y me presionó de tal manera, explicándome que ella quería que yo redimensionara su imagen, de tal manera que planteara una imagen más histórica rompiendo el mito y rompiendo con énfasis: "Vamos a tener una charla en el gimnasio Nueva Jerusalén, donde los curas y no quiero que los jóvenes estudiantes que van a estar allí sigan viendo en mí sólo mi rebeldía y esa estúpida leyenda de que me desnudé en el Teatro Nacional de Tegucigalpa y que he sido una mujer amoral, que he vivido sólo quitándole los maridos a las otras, borracha y disoluta".

Así fue como emprendimos el viaje a Olancho en el auto de Félix, que era una camioneta Montero Mitsubishi. Iban atrás Clementina, y sus hijas Alba y Silvia, y adelante Félix y yo; salimos a eso de las diez de la mañana en una magnifica carretera recién inaugurada. En el cruce hacia Talanga, el Valle de Lepaguare se abrió después de Galeras, mostrando su perspectiva maravillosa en la plenitud del verdor de sus campos, manchados de algunas reses que recordaban la descripción de Wells en la segunda mitad del siglo XIX.

Clementina pasó parte del viaje con los ojos cerrados, sonriente y ensimismada, posiblemente entregada a sus recuerdos, pero al tomar la recta final de la carretera se animó y empezó a explicar los cambios del paisaje. Volvía a sentirse como nunca, olanchana de corazón. Al llegar a la entrada de la ciudad, sentimos la agradable sorpresa a ver los enormes carteles que decían "Bienvenida Clementina: feliz regreso a casa". En esos días, recuerdo vagamente que había una elección para la alcaldía y había más afiches de Clementina dispersos por la ciudad que de los mismos candidatos.

Así llegamos a la casa de la familia Brevé, quienes iban a ser prácticamente nuestros anfitriones. Cuando entramos en la casa, ya estaban allí el periodista Filadelfo Suazo, que había llegado muy temprano como corresponsal de la televisora Vica, acompañado por su equipo de camarógrafos y fotógrafos y demás personal técnico. Rápidamente, nos cambiamos de ropa para asistir a la sesión solemne del Club de Leones donde se efectuaría el homenaje. Después de algunos oradores locales, María Elena Sánchez de Henríquez, propuso la creación de un centro cultural que llevaría el nombre de Clementina.

No recuerdo exactamente el nombre del socio del Club Rotario que previamente había pensado en la construcción de ese centro, informando que ya había solicitado a la Municipalidad la donación de un terreno, así como también la elaboración de unos planos de un edificio para dicho Centro Cultural.

En esos días casualmente, yo estaba en la etapa de investigación del libro sobre la Hacienda en Honduras, y había visto la perspectiva de la deuda contraída por el Estado hondureño sobre la incautación de los bienes de la familia alemana en el período de la Segunda Guerra Mundial. La deuda había sido totalmente amortizada por el Jefe de Estado, don Policarpo Paz García, razón por la cual la mayoría de estos inmuebles pasaron legalmente a poder del Estado, estando alguno de ellos en poder de antiguos mayordomos de la casa Siercke, o inclusive, usurpadas por otras entidades gubernamentales, despreocupadas por la legalización del traspaso.

Así fue como Félix propuso la recuperación de la antigua casa Siercke de Juticalpa, construcción histórica situada en la plaza principal, con una serie de antecedentes que prácticamente la constituían en la construcción más paradigmática de la ciudad. En su carácter de abogado, Félix ofreció cooperar con el proyecto hasta lograr que la casa fuera traspasada legalmente a la sociedad cultural que en ese momento empezaría a tramitar no sólo su personería jurídica sino también a conformar un proyecto congruente para el desarrollo cultural de Olancho.

Entre los más destacados oradores locales habló el Licenciado Rodolfo Brevé Martínez, amén de otras personas que hicieron el elogio de la Clementina poeta, siendo todos la cronología de su vida y naturalmente exaltando su origen olanchano. Un grupo de jóvenes tegucigalpenses que pertenecían al Taller Literario Clementina Suárez, entre las que recuerdo a la Licenciada Adaluz Pineda de Gálvez, sincronizaron una lectura de poemas de la homenajeada. Después vino el brindis, amenizado por unas hermosas coplas que se habían preparado para Clementina.

Ya casi al filo de la madrugada nos despedimos y fuimos a dormir a Jutiquile a la hacienda de la preferida sobrina de Clementina, la señora Gilda Maier, gran anfitriona. Antes de acostarnos, Clementina llegó a mi cuarto haciendo énfasis de que la que iba abrir la sesión de la Municipalidad al día siguiente tenía que ser yo, en el Gimnasio Nueva Jerusalén. Yo traté de argumentar que no quería involucrarme en eso, que justamente habíamos visto esa noche la colección de eruditos locales, como por ejemplo, don Víctor Rubí Zapata (Q.D.D.G.) y que en Olancho había un fuerte localismo, que si bien constituía la fuente de su identidad colectiva, la presencia de una persona foránea podría herir la susceptibilidad del público n una región de Honduras, que durante años había vivido un rebelde sentimiento de autonomía y donde el eslogan de mi vida se sintetizaba en aquello de que "en Olancho el talento es peste y a nadie lo vacunan".

Yo era consciente que Clementina en una pequeña crisis emotiva que su palabra se quebraba con inflexiones proclives al llanto, tenía en su cabeza y en su pecho un combate de sentimientos contrarios, que en la emoción y el peso de los recuerdos le limitaban las fuerzas. Internamente yo sabía que lo ideal hubiera sido que Ramón Oquelí la acompañara, pero también Moncho era algo muy especial, ya que en ese momento vivía su debate privado frente a las posibilidades de quedar ciego, razón que lo hacía más huraño que nunca.

Dormir en una hacienda de Olancho es una aventura para el espíritu. La noche tibia y perfumada, con sus voces secretas, el silencio aplastante sólo interrumpido por la música monótona de los grillos y el canto imprevisto del gallo en la madrugada. Los olores se meten en la cabeza, devolviéndonos los pensamientos en ese sentimiento culterano, que nos retorna a evocar no sólo a la misma Clementina, sino también a la fuerza telúrica de Alfonso Guillén Zelaya y Medardo Mejía. Las voces de la noche en la madrugada deslumbran cuando con las luces del alba empieza la actividad de las fincas, donde persisten el vaho rural de las vacadas. Olor al pasto y el perfume de la carne asada presente en el desayuno, la crema sobre la mesa, las tortillas y el café cerrero, negro, hirviente y azucarado son indicativos del carácter olanchano. Carne, grasas animales, sobre la beatitud de las tortillas regordetas, echadas a mano en las que aún se siente el olor del nixtamal. Exceso de proteínas, ausencia de frutas y legumbres, café "negro como el diablo y caliente como el infierno", han forjado una mentalidad que aún priva en aquellos hombres y mujeres rebeldes, altivos y ególatras, donde parece que el tiempo se ha detenido por intemporalidad.

Al llegar a la Plaza Central de Juticalpa, vimos con asombro que estaba de bote en bote con camiones repletos de gente portando pancartas que decía, por ejemplo: "Manto saluda a Clementina" o "Aquí está presente Gualaco y San Francisco de Becerra". Ella toda frágil y menudita, se olvidó de la sesión municipal y se acercó al balcón frontal y con grito desgarrador gritó: "¡Olancho mío, te quiero, vivan los olanchanos!", continuando un breve discurso en donde ella hizo profesión de fe de su amor por Olancho. Definición de identidad cuando dijo: "No soy la poeta, sólo soy una olanchana más que sufre y canta, buscando la redención".

Después pasamos al Gimnasio de la Nueva Jerusalén, donde había un escenario. Ella ordenó al maestro de ceremonias que me presentara por lo que al ver aquella cantidad de cabecitas de adolescentes, comprendí que era mi deber hablar de ella explicando desde mi óptica, razón por la cual empecé recitando a Max Krause, con aquella aparente paradoja que dice: "El que tenga algo que decir que dé un paso adelante, pero que después calle".

Porque para mí esa era la Clementina de ese momento. La Clementina que asume su conciencia histórica; la que despierta del doloroso ensueño de la vida, para ingresar en la historia; la que sabía y se sentía como un símbolo responsable, a lo mejor y más que la bandera nacional o el himno mismo. Ella había advertido que la juventud la había convertido en un ícono y que era necesario que una tercera persona contara un cuento más de su propia vida, de sus propias depresiones pasiones y sentimientos. Al final yo misma me sentí agradecida de haber sido portadora y participe de ese mito fundacional que tanto necesitan los pueblos y, sobre todo, el mito de una mujer que ese mismo día se replegaba en sí misma y en su propia humanidad.

Cuando ella habló, se mantuvo muy lírica, despegando una humildad inusual en ella. Tierna, cariñosa, parecía una madrecita que aconseja inútilmente a una juventud en pleno despliegue hormonal. Casi sentí ese tipo de discursos que nos echan las madres por conveniencia cuando se ven enfrentadas a cumplir con el rol que la naturaleza les ha impuesto. Su frágil figura se redimensiona frente a aquella masa pletórica de juventud. En un arranque de pasión, se comprometió públicamente a ser la piedra fundamental del Centro Cultural, ofertando además públicamente la entrega en vida de su amada biblioteca.

Después a la hora de la cena, pudimos hablar un poco en privado yo la espeté a que cómo se había dejado llevar por la emotividad y ofrecer su biblioteca después de lo que había pasado con la biblioteca de don Medardo. Tanto ella como yo, conocíamos la historia, don Medardo entregó gran parte de su biblioteca en ceremonia oficial a la Alcaldía. Dos años más tarde, las salas donde se alojaba la habían convertido en bodega, más bien en trastero de cosas inútiles y sólo andaban pululantes y dispersos por allí unos cuantos ejemplares de su revista Ariel, que eran única fuente de consulta de los estudiantes del sistema educativo formal de enseñanza media. En ese tiempo yo dudaba mucho del sentimiento de la visión oficial de la cultura.

Sin embargo, con esa gracia tan típica de ella y ese don innato que poseía para manipular el afecto, Clementina se levantó, tomó la mano de María Elena Sánchez de Henríquez y le dijo con una voz muy especial, como una súplica entre cariño y orden: "Chiquita, tú te vas a encargar de cuidarla". Así fue como dos meses más tarde, cuando se obtuvo la escritura pública en que se autorizó por Félix Oyuela como notario la legítima posesión de la antigua casa Siercke la Sociedad Cultural Olanchana, siendo Ministro de Gobernación representante del Estado el Licenciado Francisco Cardona Argüelles, en presencia del Presidente de la República, Licenciado Rafael Leonardo Callejas, quien agradeció públicamente a Clementina por ser la madrina de esa constitución que meritoriamente arrancaba con esa donación del Estado para que fuera —además de ser el Centro de Cultura de esa región— el alojamiento de esa magnífica biblioteca.

Era la primera vez, que tanto Clementina como yo pisábamos la nueva Casa Presidencial que no era la vieja casa construida sobre la de los Zelaya, sino un edificio moderno, con ascensores y todas las comodidades dignas de su tiempo. Gracias a ella, Clementina, se había puesto la piedra fundacional de la Sociedad Cultural Olanchana.

Pasaron algunos meses y nuestro amigo Julián Chaver, para entonces estudiante de la Escuela Superior del Profesorado, realizó el empaquetado amén del listado de los tres mil volúmenes que constituían su biblioteca. Eran unos días lentos y lánguidos para ella, que sin lugar a dudas fueron premonitorios para su partida. Días inquietos, en que a veces hacía gala de un mal humor que ella aducía que era lo mal que se la pasaba, haciendo el papel de galerista cuando nosotros llegábamos, me confesaba con tono enérgico, que estaba "harta de estar esperando a cualquier pendejo que se interesara por un cuadro".

En esos días leía muy poco, se cuidaba en extremo y sólo aceptaba una que otra invitación, decidiendo en mayo, inmediatamente después de su cumpleaños, irse a pasar una temporada en San Pedro Sula, en casa de su sobrino favorito, el arquitecto Roberto Elvir Zelaya, quien la mimaba y hacía todo lo que ella quería. A su retorno de San Pedro Sula, ella había estado saliendo a embajadas, fiestas particulares con María Luisa Castellanos, explicándome un día que no nos llamaba a nosotros porque quería llegar a las fiestas de acuerdo a la hora fijada protocolariamente y no cuando la gente iba despidiéndose, como un reclamo tácito y crítico sobre nuestra impuntualidad. Recuerdo que esos días, María Luisa y Alejandro Membreño celebraron la boda de una de sus hijas, con lo cual ella se entusiasmó mucho y anduvo por acá y por allá con las despedidas de soltera.

Una tarde llegamos con Hilda Alonzo y me sorprendió verla en un diván, leyendo atentamente la Biblia. En tono de broma, le reclamé qué le pasaba, que se estaba volviendo "mochita", contestándome "que al final de cuentas, la Biblia si no era la palabra directa de Dios, era un gran consuelo para las almas solas".

Me preocupaba mucho verla sumida en esa especie de melancolía, en una especie de desgano de vivir. En el fondo yo me sentía un poco responsable de ello, porque como me había metido de cabeza en el trabajo, no podía ir tan a menudo a verla, como hubiera querido. Recuerdo una tarde, como del mes de septiembre, que apareció por casa como a las dos de la tarde, ese día se celebraba un aniversario de la fundación del Teatro Taller Tegucigalpa y habíamos pensado ir, razón por la cual, después de almorzar nos fuimos a la peluquería. Allí ella se dejó atender y se cambió el color del pelo y se quejó de que en San Pedro Sula le dieron un color que no la favorecía. Me dio mucho gusto verla coqueta e interesada por sí misma.

Por la noche, fuimos a la celebración y Lelio Bustillo presentó un interesante video sobre las luchas que habían tenido para poder construir el teatro. Lelio, que advirtió su presencia, hizo que subiera al escenario donde fue muy ovacionada e hizo un pequeño discurso sobre el teatro, haciendo referencias de los cooperantes con el teatro, refiriéndose además a la figura de Francisco Salvador y recordando emocionada a su querida amiga, ya desaparecida, Marla Williams de Talavera.

Después, antes de ir a dejarla, comimos algo en casa y pidió un trago, advirtiendo que sería sólo uno, se reclinó un tanto sobre un sofá y cerrando los ojos empezó a hablar de sus recuerdos, habló también de Janet Gold, de los amigos idos y los presentes. Su voz estaba muy cargada de esa melancolía que parecía que presidía en ese momento su existencia. Félix, que sintió esa misma sensación melancólica, le preguntó directamente por qué estaba triste y ella le contestó; "Posiblemente era porque no había viajado en el último año y que tenía programado para el siguiente, un viaje a Guatemala llevando una exposición itinerante centroamericana".

EL FINAL

Transcurría el mes de diciembre y yo me había desconectado un tanto de Clementina, confiando en que María Luisa Castellanos e Hilda Alonzo seguían siendo sus habituales acompañantes y que, tal como me enteraba, estaba muy ocupada por el rumbo exitoso que tomaba la Asociación Cultural de Olancho, ya que María Elena Sánchez de Henríquez la visitaba muy a menudo y después pasaba por la casa a contarme cómo iban las cosas. Llegamos el 7 de diciembre, vísperas de la Concepción, y mi nieta Marcela haría su primera comunión al día siguiente. Ella me llamó la noche anterior para contarme lo bonita que había estado la reunión de compromiso de la hija de María Luisa, lo que dio una gran satisfacción porque confirmé que ella no había estado sola. Me dijo que si podía venir a almorzar el sábado, pero yo recordé que tenía que salir a hacer unas compras que faltaban para la primera comunión de la niña y le dije que mejor el domingo la iba a mandar a traer para el desayuno infantil, después de las nueve de la mañana, y bromeando le agregué que no la iba hacer ir a misa a las seis de la mañana. Ella me contestó, también en tono de broma, de que quería hablar con Felipe para confirmarle que a las nueve en punto la fuera a buscar, porque le dijo, "como tu mamá cuando se enreda se olvida de todo y no hay nada que me enoje tanto como que me dejen plantada".

Ángela —mi hija— las niñas y yo, nos fuimos al centro a hacer las compras que necesitábamos y volvimos a casa, después de almorzar en el centro, y a eso de las cinco de la tarde Roberto Sosa llamó a casa preguntándole a mi hijo Felipe qué sabía yo de un accidente que había tenido Clementina. Roberto insistió de que no me dieran la noticia directa, porque los amigos temían que me repitiera un infarto. Sin embargo, Felipe, de pie en el descanso de la escalera, me dijo que Roberto había avisado si yo sabía que Clementina había tenido un accidente.

Para colmo de males, Félix no estaba en la ciudad sino que andaba en la finca en Lajas. Para mí no era extraño que me hablaran de un accidente de Clementina, porque ya nosotros habíamos vivido varias experiencias de ese tipo: una vez que se cayó en el baño se quebró una pierna; otra vez, una mano, que eran el producto consecuente de su placer por la autonomía y la desconsideración a la edad, ya que siempre ella insistía que vivía en plena primavera.

Sobre las siete de la noche, llamó Moncho Oquelí y me repitió lo mismo, que Clementina había tenido un accidente y que iban él y Rina a verla en el Centro Médico de La Granja en Comayagüela.

Yo les pedí que me llevaran y me quedé en el quicio de la puerta de la casa esperándolos. Era una noche húmeda y fría y yo entré en el vehículo de Rina de Oquelí con la idea fija del accidente. Cuando llegamos al hospital estaban los parientes cercanos en dos grupos evidentemente separados: de un lado, Armando Suárez Romero, Leda su hija, Luis H. Padilla y no recuerdo quienes más; y, del otro, Alba Rosa con otras personas.

Me precipité a la habitación donde yacía Clementina y entró en mi alma el horror, la que estaba en la cama no era la Clementina tan querida, era otra cosa. Algo destruido con la cara totalmente amoratada y escuché a alguien que contó que tenía cerca de sesenta lesiones en el rostro. Ella ya no hablaba, sólo se escuchaba en el silencio de la habitación el estertor de un pecho que parecía más bien un sollozo largo e ininterrumpido.

Ramón y Rina de Oquelí conversaban con el doctor Alejandro Villeda Bermúdez y Moncho me dijo que con seguridad que Clementina estaba descerebrada. Regresé con los Oquelí a casa, rezando internamente para que no fuera a sobrevivir, porque sabía con certeza y por experiencia propia que hay una vida después del coma y ella era incapaz de resistir una cosa como esa. Ella, que había luchado tanto por la libertad y su libertad, por las ataduras formales. Recordé con inmenso dolor a aquella Clementina que pintó Salinas en El Salvador y que llamó Clementina la de los Cabellos Ardientes y una mezcla de dolor y de rebelión contra la injusticia me impedía buscar la racionalización del hecho.

Al regresar a casa, media hora después, cerca de las diez de la noche, regresó Félix a casa y antes de que se metiera al baño o que se cambiara de ropa le di la noticia e inmediatamente regresamos al hospital. Félix se preocupó mucho por la situación legal, ya que ni siquiera se había dado cuenta a las autoridades que en ese momento se habían hecho presentes en el hospital para levantar lo que se llama el auto cabeza de proceso. Félix se vino con un Teniente Zavala de vuelta a la casa de Clementina para que se hiciera la inspección de rigor. Antes de llegar a la casita de La Hoya, pasamos por la nuestra llevando a Felipe con nosotros y la cámara de video para tomar el estado en que se encontraba el lugar del crimen.

Según el relato de Félix y de mi hijo, la casa no presentaba violaciones externas, pero el teatro del crimen estaba vivo. La alfombra del salón recogida con evidentes muestras de sangre y, sobre todo, cercano al dormitorio una gran mancha gelatinosa de sangre con evidentes características de lucha y un coágulo gelatinoso que simbolizaba el golpe final. Clementina falleció legalmente al día siguiente, es decir, dos días después de su hospitalización.

Ese día 9 de diciembre fue un día extenuado y como lacio. Desde temprano me acomodé al lado del teléfono para hacer las llamadas consecuentes a los medios de información y a la comunidad literaria. Mi propósito era que la muerte ce Clementina no fuera objeto de la nota roja, de la morbosidad del público, que fuera como debía de ser, la desaparición de una mujer que vivió entregada a la poesía y al arte.

Me extrañó sumamente cuando me comuniqué con Janet Gold, quien me contó que la noche anterior había soñado con Clementina lo que ella interpretó como un aviso premonitorio. Janet me narró que en el sueño se había visto con Clementina en una gran sala, donde Clementina estaba rodeada por enormes cajas blancas, que tomaba y transportaba de un lado a otro y que ella pensó "Clementina ya va a morir", que el sueño era un presagio. Pablo Antonio Cuadra y Jorge Eduardo Arellano le dedicaron el cuadernillo literario de La Prensa de Managua. Ana María Klee escribió un bello obituario para El Imparcial de Guatemala. Rogelio Sinán y Justo Arroyo la lloraron en Panamá de la misma manera que los pintores salvadoreños le rindieron un sentido homenaje en la capital cuscatleca en el que participó el teatrista David Trejos.

Aquí en Tegucigalpa, la comunidad literaria la llevó del Paraninfo Universitario, al Teatro Nacional Manuel Bonilla, irritándose profundamente cuando en la capilla ardiente de la funeraria La Auxiliadora alguien pensó en llevar sus restos a Juticalpa en los momentos precisos que el plan regulador de la ciudad había trazado una carretera de circunvalación que partía en dos el cementerio de la capital olanchana. Razón que hizo necesaria que la misma Sociedad Cultural recogiera las cenizas del Maestro Francisco de Paula y Flores que aún se conservaban en el jardín central de dicha casa con resignada devoción y respeto.

Hacía unos pocos meses Clementina había hecho un contrato con el Club Rotario Tegucigalpa Sur donando gran parte de su colección de retratos y en el que fueron intermediarios sus sobrinos Ángelo y Luis Botazzi Suárez, pactándose a cambio de la entrega la creación por cuenta del Club Rotario de un Galería-Museo que llevara su nombre. Los rotarios de Tegucigalpa Sur tenían en construcción un proyecto en la colonia Altos del Prado que preservaría el segundo piso para la creación del mencionado museo, comprometiéndose además a incorpora la estatuaria y la cerámica de la colección de Clementina, en la que posteriormente se crearía un jardín que además albergaría las cenizas de la escritora para su eterno descanso.

Estando aún su cadáver en capilla ardiente, gracias a la intervención de Bonnie de García y de otros amigos y deudos, el Club Rotario accedió hacerse cargo del funeral, quedando el cuerpo de Clementina provisionalmente en un nicho de Jardines de Paz Suyapa, para ser trasladadas sus cenizas posteriormente cuando el Club

Rotario haya terminado de pagar la construcción e iniciado su proyecto cultural. La colección de retratos cedidos por Clementina para esa fecha, significaban cerca de sesenta y cinco lienzos, de diferentes formatos de pintura centroamericana que parecería que eran la piedra fundacional de un Museo Centroamericanista.

Es probable, que unas de las mejores alocuciones fúnebre fue la de Victoria Buchard de Castellón, su pariente y coterránea y la del poeta Pompeyo del Valle. Aparte del desfile necrófilo en el que desfilaron cientos de jóvenes y antiguos amigos. La frase que flotaba en el ambiente era común para todas las clases sociales y parientes: se nos fue Clementina.

Para mí, personalmente, la muerte de Clementina fue la expresión máxima de espanto y dolor, dolor que aturde e irracionaliza en una parálisis total frente a la muerte.

Recuerdo con estupor, cómo nos turnamos todos los miembros de la familia para poder acompañar a Clementina en su último viaje de tal manera que compartiendo responsabilidades me tocó quedarme con mis nietas sobre las cinco de la tarde en que empiezan los noticieros locales y advertir horrorizada que en uno de ellos el reportero de televisión mostraba al público el cerebro de Clementina en una bolsa plástica, lo que me obligó a apagar el aparato para que los niños que estaban en mi casa no presenciaran el macabro espectáculo, enterándome después que se había dispuesto el embalsamamiento del cadáver para esperar la llegada de unos parientes que vivían fuera del país.

El tiempo fue lentamente limando todas esas huellas del asombro, del espanto y de la ingratitud humana. Como siempre, los seres humanos pasamos del horror a la melancolía, en esos días tristes de vez en cuando se me venía a la cabeza aquella anécdota en que Simone de Beauvoir nos comunica su vivencia sobre la muerte de Paul Nizan, el amigo de ella y de Jean Paul Sartre. Su ida en el tren que lo conducía al campo de concentración de Auschwitz-Birkenau (Unido), el silencio posterior y su muerte, y narra cómo llegó después la primavera y con ella el verano y de repente Jean Paul y ella juegan abrazados en el pasto florido después de volcar sus bicicletas y juntos al unísono piensan y evocan a Nisan y simultáneamente piensan con gratitud que están vivos y que el amigo los mira complacido jugar a hacer el amor. Después del silencio de la transmisión de pensamientos, ambos se ven al fondo de los ojos y gritan, hinchando los pulmones de felicidad, diciendo "estamos vivos".

Era justamente la secuencia que establece ese binomio inseparable amor y muerte. Los amigos se van y nosotros quedamos, nos deprimimos frente a la evocación nostálgica, pero la vida se impone. Posteriormente, como para justificar esa aparente infidelidad, creamos el Grupo de Apoyo Clementina Suárez, buscando hacer una edición en castellano del libro de Janet y así nos involucramos en una tarea dura y penosa, porque la traducción no era nada fácil.

En ella estuvieron presentes María Eugenia Ramos, Ana María Sosa Ferrari, Aída Sabonge, Rosa María Prats y Roberto Reyes Mazzoni, hasta que por fin Janet resolvió sola el problema publicando su libro con el sello de la Editorial Guaymuras, que es el mejor testimonio para perpetuar la memoria de Clementina.

Recuerdo que los tres primeros años, nos reuníamos un grupo para recordarla en la vieja casa de La Hoya donde se dio lectura a interesantes ensayos, como aquella crónica escrita por María Luisa Castellanos de Membreño, en que contaba enlazando los crímenes de esa década —los 70— en que fallecieron una serie de personas mayores y cuyos asesinatos quedaron en el olvido: el de la señorita Laurinda, el de doña Anita Díaz del Arca y otros más que también se quedaron no sólo en el misterio, sino también en la impunidad. El último de ellos había sido el de Clementina, que también parecía se quedaría en ese secreto gavetero del misterio, del "dime que te diré", de la fabulación perniciosa, como una demostración palpable de la ausencia de la justicia humana, y que en el caso de Clementina su muerte violenta era el último de sus poemas, era de nuevo, el grito, el alarido de protesta que reivindicaría a todos esos ancianos muertos.

Eran muchas las preguntas que circulaban en torno a la muerte de Clementina y que posiblemente contribuyeron a sellar ese misterio: ¿Por qué se le trasladó al hospital Centro Médico en vez del Hospital Viera en donde labora su pariente el doctor Plutarco Castellanos, quien la había atendido siempre y por lo tanto tenía su ficha personal? ¿Por qué no se levantó inmediatamente el proceso judicial? ¿Por qué el forense permitió el embalsamamiento antes del dictamen de trámite?, ¿Por qué nunca hubo de verdad un dictamen pericial de los cabellos que quedaron en medio de sus manos? ¿Por qué se sustituyó el poder otorgado a Félix Oyuela, como abogado, en forma sorpresiva?

Todas estas preguntas comenzaron a crear un nuevo mito. Mito que formuló hipótesis absurdas, pero que no contribuyeron absolutamente en nada más que excitar el natural morbo de las conciencias y de los corazones, a crear resentimientos y terribles dudas, y, por ende, a dañar la memoria de una mujer que de una manera u otra presidió con la fuerza de su vida, todo el siglo XX.

Clementina, la coqueta, que en sus horas de hastío se quedaba inmóvil ante la influencia de un tango; Clementina que volvía a sentirse jovencita y vibrar como cualquier doncella, con los ojos que la misma calificaba de "despavoridos" al influjo ya sea de la música de Strauss a las interpretaciones de una buena orquesta; Clementina en un avance generacional inusitado, llegó a sentir a los Beatles en una espectacular cultura generacional; Clementina que en las madrugadas, después de las exposiciones cíclicas de Miguel Ángel Ruiz Matute se quedaba estática y pensativa escuchando un buen mariachi o recordando sus tiempos idos y vividos en la Plaza Garibaldi de México escuchando cantar ya sea a la Tariácuri o el desgano quebrantado de la voz de Chabela Vargas; a la Clementina de fuego pasional que se identificaba en la pasión con Chelito Velásquez y María Griver; Clementina modernísima viviendo con Violeta Parra y los hermanos Jara la crisis de Chile; la dulce Clementina Suárez que se refugiaba en cualquier rincón para escuchar a Joan Manuel Serrat, sintiendo el aliento del maestro Antonio Machado y de Miguel Hernández, solidaria con los Palacagüina, vibrante con Paco Ibáñez.

Así como en la música, en la poesía y en el arte, en las sensaciones olfativas volviendo a ver en el césped cómo crece la hierba. Ella, que vivió bajo la piel el destino de las obreras y en el corazón el golpe del martillo del forjador, aunque sólo fuera el de Confucio Montes de Oca y que sobre esa alfombra gamada en que instaló su vida, Clementina privilegió antes que todo, el respeto, el impulso de una de sus enormes virtudes (o de repente, defecto) su sentido de la amistad.

Nerudiana de corazón, fue amiga indiscriminada de las mujeres de Pablo Neruda. Muchas veces, en medio de algunos silencios gozosos en que se sumía, repetía en alta voz, como forma de pensamiento una frase que ha sido condenatoria para todos sus amigos, para todos, inclusive muchos de sus enemigos: "Como para acercarla mi mirada la busca. Mi mirada la busca, y ella no está conmigo".

CLEMENTINA SUÁREZ *por Alfonso Orantes*

La poesía luce aquí nueva, fresca, como la vida. El dolor tiene una dignidad insospechada y la presencia anticipa realizaciones de un equilibrio fronterizo con la perfección.

Este libro de Clementina Suárez sólo puede estimarse y valorarse como anuncio de la ruta poética americana en la que maestros jóvenes iniciaron ya movimientos perpetuos de actitudes mentales, espirituales y literarias definitivas.

La musa femenina, de trayectoria desorbitada, ponderase en la expresión poética de las poetisas jóvenes. Clementina Suárez entre ellas, logra ese equilibrio turbador que traspone la linde de lo dinámico hacia adentro.

Podría hablarse ya de una poesía interna contemporánea. Hasta hace poco la poesía era sólo exterioridad, expresividad. Creo que de hoy en adelante ha de hablarse de una poesía de interioridad intensiva. En el concepto de poesía va ínsita y vívida la condición de espiritualidad; empero si en el principio creador de la forma poética "era el verbo, y el verbo era con Dios y el verbo era Dios" y luego "el verbo se hizo carne" y como tal habló con voz entrañable con Delmira Agustini, Gabriela Mistral, Juana de Ibarborou, Alfonsina Storni y Rosario Sansores —para no citar sino a los cinco sentidos de la América poética femenina— al discurrir del tiempo y aquietarse los hervores de la sangre del espíritu y el espíritu de la sangre, el verbo se hizo espíritu y, asistimos precisamente a la mutación de la modalidad poética femenina derivando hacia rumbos centrípetos del ser y de la unidad o sea del espíritu, en la expresión del espíritu. Juana de Ibarborou lo ha logrado ya, como la Mistral, en la serenidad fecunda de la madurez y de la plenitud. Ahora una infanta de la poesía, embanderada con lo núbil de la poesía nueva, da la seguridad de un retorno hacia el espíritu.

"Veleros" son una prueba, 30 veleros preñados, rezumantes de milagrosos tesoros enfilan sus proas por los mares sonoros de la poesía americana. Esta consistencia que logra el verso de Clementina Suárez está diciendo a grito desnudo, blanco puro como un niño que, en medio del maquinismo de la época y de las maquinaciones para la derrota de la libertad del espíritu, el mundo ha de salvarse. Ha empezado, gloriosamente, para el destino ulterior de la poesía, el martirologio de los mesías y elegidos. García Lorca ha resucitado en la gloria del espíritu; que, sólo en trance de muerte de la carne, el verbo se hace eterno, ya que descarnado, libre, se transmuta en espíritu.

Clementina Suárez llega de niña, pura, a la poesía y expresa la poesía pura y niña. Sus poemas de hoy han de tener sabor perdurable porque vienen de lo mejor del ser, llegan del espíritu.

Sería ocioso decir cuál de los 30 es mejor. Todos son óptimos porque todos expresan poesía, contienen poesía. Con un sentido recién hecho, rehecho del concepto, Clementina Suárez halla al verbo; y es que la única manera de decir lo de adentro, precisa un lenguaje, éste halla en las palabras la palabra, el verbo, y Clementina Suárez que es el sexo hecho verbo habla por el espíritu y para el espíritu.

CLEMENTINA SUÁREZ *por Carlos Samayoa A.*

Su cuerpo es como una caldera de maravilla en efervescencia que siempre está elaborando vapores espirituales y efluvios ascendentes —dice Alfonso Gravioto—, refiriéndose a Clementina Suárez, en el prólogo de "Veleros", su libro de poemas, el único que conocemos de ella y que a juicio de sus biógrafos y críticos es el que mejor define la personalidad intelectual y espiritual de esta formidable intérprete de la poesía moderna en América.

Efectivamente, esa es la impresión que hemos sentido escuchándola anoche en su recital del Hotel Palace, ante un numeroso grupo de amigos, admiradores suyos, e iniciados o devotos del arte en todas sus formas. Clementina Suárez produce en el espíritu un incendio en marcha. No declama sus composiciones, las vive, las estruja contra su corazón y las arroja lejos de sí en un como delirio de destrozarse ella misma, de regarse en fragmentos impalpables a todos los vientos. No es el numen de Clementina Suárez la lámpara de femeninos fulgores y tibiezas que arde frente a la vida; no es simple ofrenda votiva. El numen de Clementina Suárez es hoguera de sacrificio presta a propagarse en incendio y en rosas de sangre.

Oyéndola, más que leyendo sus poemas, se da uno cuenta exacta de la extraordinaria valentía de esta mujer-poeta sin paralelo en tierras de América; valentía no para escribir o decir cosas inconfesables, ni para poner al desnudo los secretos del alma femenina —que ello equivaldría a audacia o impudor mental intrascendente— sino valentía del espíritu, abnegación, casi sed de martirio, en esa entrega sin precedente al dolor, a la alegría, al amor, a la misericordia, con igual intensidad, sin regateos, sometiendo todos los dones del mundo, buenos y malos, al común denominador de la poesía, de la creación artística en constante efervescencia niveladora.

También nos afirmamos anoche, a través de los poemas, vividos por Clementina Suárez, de cómo es sorprendente y desconocido para la inmensa mayoría de gentes y aún de iniciados el panorama de la poesía nueva valdría más decir de la poesía eterna a través de los nuevos sentidos del poeta nuevo de verdad.

La hoguera o el incendio de que hablábamos hace luminosos y vivos inéditos paisajes de pensamiento; descubre ámbitos desconocidos por donde fluyen en cauces de fuego nuevas expresiones de la belleza; y, por fin, pone de relieve la gracia suprema del sentido mágico del verso nacido en los trasmundos de la realidad que constituye hoy más que nunca la esencia inexplicable de la poesía.

¿Buenos o malos los versos de Clementina Suárez? Nosotros qué vamos a saberlo. ¿Acaso son buenas o malas las piedras, los ríos, las sonrisas de un hijo o los crepúsculos? Y todo esto son los poemas de Clementina Suárez; vida pura, profunda; a ratos cristalina, más tarde encrespada en pasiones de sal y de naufragio; después abatimiento de estepas y al final, leve sonrisa de bruma frente a los soles optimistas de la vida.

EL MUNDO INTERIOR DE CLEMENTINA A TRAVÉS DE LOS ELEMENTOS EXISTENCIALES EN SU POESÍA *por Melissa Merlo*

Cuando Jean Paul Sartre le escribía una de las primeras cartas de amor a Simone de Beauvoir, él en sus 24 y ella en sus 21, entre otras cosas le decía: "Estoy dominando mi amor por ti y tornándolo hacia adentro en un elemento constitutivo de mi ser. Esto sucede mucho más seguido de lo que lo admito ante ti, pero rara vez cuando te escribo. Intenta entenderme: te amo mientras pongo atención a las cosas externas".

Sartre expresaba en estos fragmentos, sus principios existencialistas, que en el lenguaje escrito tomaban forma tangible y cobraban vida, que denotaban el conocimiento de sí mismo y lo expresaban de forma simple y armoniosa, quizá dudando, en ese momento, de la capacidad intelectual de su amada Simone.

No pretendo aquí esbozar un basamento teórico filosófico, sino más bien retomar ciertos elementos del existencialismo expuestos por Sartre, principalmente en su obra El existencialismo es un humanismo (1946), para luego contrastarlos con la poesía de la gran poeta hondureña Clementina Suárez, protagonista de este escrito.

Comenzaré entonces por determinar el concepto sartreano de existencialismo que he utilizado para este estudio: "Entendemos por existencialismo una doctrina que hace posible la vida humana y que, por otra parte, declara que toda verdad y toda acción implica un medio y una subjetividad humana".

Lo que me interesa de ese concepto es que me permite ver las implicaciones existenciales de la vida humana en la subjetividad humana, que es precisamente la dimensión de Clementina Suárez que pretendo contrastar.

En ese sentido decidí tomar los poemas contenidos en su producción: Creciendo con la hierba (1957), ya que la madurez literaria que Suárez manifiesta en esta obra es atrayente, rebosante y de profundo impacto.

Según Navarro (2009)[13], estudioso y practicante de ejercicios literarios existenciales en narrativa y poesía, apunta que dos de los elementos que resalta en los principios de Sartre es lo subjetivo y lo emocional, definidos con un estilo europeo de profundidad de conocimiento manifestado en versos sublimes y complicados en sus metáforas.

En este sentido, que podría ser el más impactante en la poesía de Clementina Suárez, lo subjetivo y lo emocional se muestran con un par de versos a los que yo llamaría introductorios, reflejos de la realidad, seguidos por un conjunto de versos que desnudan su interior. Tal es el caso del poema primero en Creciendo con la hierba que dice:

> Pudo ser.
> Pero estaba la espina,
> eterna enemiga de la rosa.
> Y sola, sin orillas,
> la perdida corola de mi sueño.
>
> Y fue.
> En aquel pliegue triste
> de mi sangre
> donde pálida quedó la sonrisa
> que se hizo hielo
> sobre su pecho ausente.
>
> Obediente la rosa a su destino,
> tuvo que ir mostrando
> el candor de su rostro.
>
> Te quemará el amor los huesos.
> ¡Niña del aire!
> ¡Paloma del amanecer!
> Ya que solo en la sangre despierta
> Estará el germen creador definido.

---

[13] Navarro, A.M. (2009) El existencialismo filosófico como praxis literaria en la obra de Renato Rodríguez. Revista Alpha Número 28.

Pudo ser/Pero estaba la espina,/eterna enemiga de la rosa, son los versos emocionales que introducen lo subjetivo, ya que el binomio rosa–espina, significarán siempre que para alcanzar lo considerado bueno, hay que pasar por las vicisitudes de la vida, o por los problemas que esta presenta. Entonces Suárez pasa de la fuerza real y antagónica de la rosa y la espina, a la fuerza subjetiva del verso. Te quemará el amor los huesos (…) ya que solo en la sangre despierta/ estará el germen creador definido.

En donde la sangre, su sangre, representa la vida misma, la vida que carga su propia fuerza creadora, pero no es solo la sangre que fluye y da vida, es la sangre despierta, la sangre que vibra, que toma decisiones, que transforma, y que con la introducción de la palabra germen cierra el poema dejándolo en el mismo inicio de la vida. Solo en la sangre que vibra, que transforma, solo en ella, estará presente el germen que da vida, el germen como semilla latente de la existencia misma, el germen creador de todo, casi como un dios. Y así se manifiesta en ese poema una preocupación por la existencia humana y que pretende dar respuesta a los problemas que le atañen como ente viviente y razonador.

Otros de los elementos existencialistas sartreanos que cobran vida en la poesía de Clementina Suárez, son la angustia, que en algunos momentos se entrelaza con el de la frustración, y el desamparo. Para Sartre la angustia como sentimiento, si es que acaso podría pertenecer a otro grupo de elementos, es el sentimiento de mayor importancia que inunda el existencialismo, ya que para él la angustia es casi la esencia de la que el ser humano está formado. La angustia se puede convertir en un estado permanente del ser, a diferencia del miedo que aparece en situaciones específicas, ante un peligro, por ejemplo. Sartre define la angustia como el miedo a uno mismo, miedo permanente al producto de nuestras decisiones.

La poesía de Suárez, en su cara más íntima, en su mundo interior poético, que define mucho su mundo interior de mujer, manifiesta la angustia de una forma muy singular, sin dar paso a que el lector común comprenda a primera vista la angustia sumergida en sus versos. Ese es trabajo para el lector escudriñador, ese que se repite el verso casi contando las palabras y que luego se da cuenta que en esas palabras está contenido un mundo de angustia.

La toma de conciencia de que somos seres que podemos procurarnos la libertad, que podemos forjar nuestro destino y no esperarlo, es el principal motivo de angustia. Veamos un fragmento del poema IV de Creciendo con la hierba.

Despacio, que está madurándose
la criatura de espuma
que se queja en mi entraña.
Copo a copo
voy cubriendo
de alta atmósfera
lo que vivirá,
aún detrás de la muerte.
La urgencia de mi paso
es un símbolo
—nada es mío—
una flecha me curva
dentro de tu amor.
¿No sientes deshojarse
pétalos dentro de mis sienes?
¿No sientes que mis manos
te adelantan la rosa,
el aroma y el tacto?
Y que mi sueño
es una arteria abierta
que calcina al gusano.
Y que precisas otro nombre
para encontrarte
con la sonrisa
de tu primera niñez.

…que está madurándose/la criatura de espuma/que se queja en mi entraña… Aquí Suárez hace una referencia emocional y doloroso al surgimiento de una vida, que no necesariamente alude a un embarazo en su vientre, sino a un ser, que puede ser ella misma, o un otro yo de sí misma que puja por crecer, pero con la angustia de no saber si verá la vida, si tendrá un espacio en ese futuro que casi está al alcance de la mano. ...Más adelante en el poema, encontramos: ...La urgencia de mi paso/es un símbolo/—nada es mío—/una flecha me curva/ dentro de tu amor... Se manifiesta aquí la angustia del no ser, del no pertenecer, del no ser parte de otro, o de otra, o de un amor. La angustia vital de pronunciar "nada es mío" hace que el poema de un giro a la muerte, que en versos anteriores lo manifiesta con el deshoje de la rosa, imagen de vida, amor y angustia, recurrente en la poesía de Clementina Suárez. Cuando la poeta enlaza sus versos con la imagen de la rosa, vuelve dulce y tibio lo perverso y lo frío.

Versos impactantes, manifiestos de la angustia de la que hablamos son los que dicen: ...Y que precisas otro nombre/para encontrarte/ con la sonrisa/de tu primera niñez... Estos versos nos permiten entrar en una paradoja que nace tratando de representar lo absoluto del ser y su transición por una vida que lo convierte en otro, que lo hace abandonar lo sublime de la vida en libertad por una vida amarrada a lo cotidiano, a lo que ahora llamamos necesario, que también podría llamarse entre comillas: civilización. La angustia del ser cambiante, esa que acompaña siempre al ser humano, permite ver en estos versos el consejo de la poeta al reconocer el olvido como un puente de vuelta a nuestro ser primario, incontaminado, puro, a nuestro mundo interior en donde se aletargan los recuerdos y los deseos de libertad.

Y en este sentido podríamos pasar de Sartre a Kierkegaard y el planteamiento complejo de la particularidad del individuo frente a lo absoluto, elementos existencialistas que Suárez maneja también en su poesía, pero eso ya sería tema para otro estudio.

En cuanto al desamparo como elemento existencial en la literatura y en la vida misma, Sartre lo define como un sentimiento que es consecuencia de la soledad extrema en la que el ser humano se encuentra en el momento crucial de tomar una decisión. El hecho de elegir, de tener opciones y definir cuál tomaremos, provoca un estado de desamparo tal que hasta se vuelve doloroso. Hasta elegir no elegir, es una elección difícil. No existe excusa alguna para evadir la elección, hasta encontrar una excusa para no elegir, es una elección. El desamparo es un elemento existencialista que podemos encontrar en Suárez, por ejemplo, en este fragmento del poema V de Creciendo con la hierba:

Cuántas veces he estado
de ti separada,
dormida
en tu mejor agua.
Intacta detrás de ti,
contigo en la ausencia.
Y mi voz,
la que nunca antes oyera,
te hablaba
de cosas interpuestas
que mis quebrantados ojos
nunca vieron.
Y desde entonces
estuve segura
de que vendría un día
en que viéndome a los ojos
encontraras en mis pupilas
una flor enloquecida.

Es de hacer destacar que, aunque existen elementos existencialistas que denotan en una medida justa diría yo, el desamparado en la poesía de Suárez, sus poemas que llevan esta carga semántica y existencial, suelen terminar con una halo de esperanza o con una frase de consejo. Aunque de hecho en la poesía temprana de Clementina Suárez se perciben más estos elementos, que en la que nos ocupa en este momento.

Si nos detenemos en los primeros versos del poema recién leído: …Cuántas veces he estado de ti separada, dormida en tu mejor agua./Intacta detrás de ti,/contigo en la ausencia… Estamos frente a una trampa del desamparo, a la que Navarro llamaba "elección" y de la cuál hemos estado hablando. No es una trampa cualquiera, es una trampa producto de las elecciones, y la poeta se asume en un reclamo producto de su elección, cuántas veces dice… Contigo en la ausencia… Esta imagen tan bella como contradictoria, lleva una fuerte carga de desamparo, contigo en la ausencia, remarca la presencia de uno ante la falta del otro, producto de las elecciones hechas.

Paradójicamente la mayor condena y a la vez la mayor absolución del ser humano es la libertad, y precisamente es ella la que provoca tanto angustia como desamparo. Veamos este fragmento del poema VII de Creciendo con la hierba:

Amigo, tal vez digas:
tu corazón, para quererme,
no está en tu sitio.
Es más ancho,
más puerto,
más alba sin frontera.
Oyendo está la queja
de los hombres
y sus urgentes ansias
por ser libres.
Hoy sabe que los hombres,
si sufren y trabajan
estrujados y agónicos,
es por tener su vida
y por amarla.
Todo esto lo comprendo
con más suave cariño,
haciendo más pequeño
mi cuerpo en tu recuerdo.
Pero si no has podido llegar
y el paso de tu estrella
Está indeciso.

El desamparo desde el existencialismo en este poema está definido por la forma en que la poeta coloca los versos, con ritmo un tanto sorjuaniano, en donde la autora pone en boca de su interlocutor, los deseos y pensamientos de su propio corazón en cuanto a la indecisión. En realidad, es un poema de corte existencialista, disfrazado magistralmente como un poema de amor.

La poeta expresa: …Amigo, tal vez digas:/tu corazón, para quererme,/no está en tu sitio… En su afán de exponer que sus ideales van más allá de un amor carnal, de una vida dedicada, o de una vida simple. Y agrega: …Oyendo está la queja/de los hombres/y sus urgentes ansias/por ser libres… Introduce aquí, explícitamente el deseo de libertad del ser humano, precedido por el deseo de buscarla, pero sin llevar a cabo acciones concretas para ello.

Es así que la poeta marca el deseo de libertad, pero también el desamparo de que este deseo, se concreta a las ansias de presentirla, no necesariamente de ir por ella y conquistarla. Seguidamente tira unos versos lapidarios, pero si no has podido llegar (o sea llegar a la libertad) el paso de tu estrella/está indeciso. Dejando así, con estos versos, un marcado desamparo, un vaivén en el mundo de las decisiones, y aún más lejana la conquista de la libertad.

En varios poemas se entrelazan estos elementos existenciales de la angustia y el desamparo, y ellos también surge un tercer elemento existencialista, la desesperación. Cuando escuchamos a la poeta Clementina Suárez en las entrevistas que dejo grabadas y escritas, vemos una mujer muy segura de sí misma, conquistadora de muchos espacios físicos y emocionales, pero soy de la convicción de que los escritores, principalmente en las entrevistas y en las autobiografías, manejan la información a su antojo, modifican fechas, lugares, amores, y es más, se divierten haciéndolo, pensando con una sonrisa entre dientes, en los conflictos que causarán en los investigadores futuros, sobre hechos digamos ligeramente tergiversados, y que los futuros lectores, muchas veces, dan por ciertos. Es así pues que la crítica y los investigadores literarios en nuestra región, deben ser más acuciosos, e ir más allá de lo que la abundante creatividad del que tiene el oficio de escritor, pueda asegurar.

Pero volvamos al elemento de la desesperación, al que Sartre miraba desde la voluntad del ser humano y su capacidad de realización. La desesperación se enlaza con la búsqueda de la realización, que depende en realidad de la voluntad que cada persona tenga, pero que al mismo tiempo está rodeada de imprevistos que detienen el proceso de realización, y es ahí en donde la desesperación encuentra un espacio para gestarse. Veamos este fragmento del poema VII de Creciendo con la hierba:

No puedes esperar
a que te coman
los ojos
las hormigas.

Cómo dormir
en los vacíos lechos
cuando hay una queja
y un abierto costado
que reclama la sangre.

Naciendo estoy,
visiblemente,
y trepándome van criaturas
ángeles y semillas.

Con el verso inicial de este fragmento, vemos que este elemento existencialista que discutimos se hace presente, y la poeta dice no puedes esperar, incitando a actuar, a moverse, a no permitir que la vida nos engulla sin hacer nada.

Es el equivalente a "desespérate", "has algo". Podemos ver que los elementos existencialistas traspasan su mundo interior y se vuelven una especie de consejo, casi una máxima de conducta para los demás.

La fuerza de sus versos es ineludible cuando dice: naciendo estoy (…) y trepándome van criaturas/ángeles y semillas. Y es en esos versos en donde encuentro una total convergencia de los tres elementos que hoy hemos puesto sobre la mesa, la angustia, el desamparo y la desesperación, pero que también encierran la fuerza de la poeta misma, como mujer, como ser humano que se renueva así mismo no importando las condiciones que podrían sentenciarlo a una vida de desesperanza.

En el mundo interior de Clementina Suárez, a través de su poesía, podemos encontrar todos los rostros de la poeta, podemos encontrar la fuerza y el ímpetu denotado de ciertos elementos existencialistas que permearon su vida intensa y que fueron el germen de muchos de sus pensamientos e ideales.

Sin embargo, Clementina Suárez también es una poeta de la libertad, otro elemento existencialista, al que Sartre relacionaba con la idea de Dios y el ateísmo, pero ese será tema para otro estudio, ya que la libertad en Clementina Suárez amerita mucho más que unas cuántas páginas.

CLEMENTINA SUÁREZ, ÁNGEL REBELDE Y LA PERMANENCIA POÉTICA *por Alfonso Orantes*

Al revisar el panorama de la poesía centroamericana contemporánea, tenemos que confesar, no sin tristeza, que hay en ella escasos valores auténticos. Los que mantienen la constante de una expresión poética superada y original son pocos: nombres consagrados que, dentro de la altura y calidad de su obra ya no dan sorpresas porque, desde que aparecieron como legítimos poetas en nuestros medios, han conservado su personalidad e inspiración, revelándonos inequívocamente la poesía. Los poetas jóvenes que se destacan, tienen que dar todavía mucho para consolidar su talento.

A quienes crean poemas, como a los escribidores de versos, se les puede aplicar, para distinguirlos, lo expresado por Thibaudet en su estudio sobre Valery: "Están los poetas que saben hacer versos porque son poetas y están los que son poetas porque saben hacer versos". Los últimos no lo hacen, como los primeros, movidos por aquella incitación natural, ínsita, que arranca de lo más hondo de su ser y de su sentimiento, sino como oficio servil; a juicio del expositor francés, existe "la poesía inspiración y la poesía fabricación".

Nuestros seudo poetas, cuando manejan el lenguaje, resultan simples fabricantes de versos, artesanos poéticos, ignoran que, como dijera Lamenais en el siglo XVIII, "el lenguaje, instrumento de la poesía, no es la poesía misma", a pesar de la sagaz indicación de Herder de que, "el lenguaje es poesía en estado natural". El secreto está en transformar esa POESÍA EN ESTADO NATURAL, sublimándola y eternizándola.

Estas consideraciones las formulamos al encontrarnos con una verdadera expresión poética. ¿Dónde hemos tenido semejante fortuna? En el instante mismo de terminar la lectura de un poema, porque la revelación de su autenticidad aflora inequívocamente.

Si toda poesía es música verbal, no toda música verbal es poesía. Como nos tienen habituados los versificadores a lo verbal, la poesía resulta sobrando. Estas afirmaciones no son absolutas; pero las excepciones sólo confirman la regla.

"Creciendo con la Hierba" es el título de un poema en ocho estancias de Clementina Suárez magníficamente editado por el Departamento Editorial del Ministerio de Cultura, con muy buenas ilustraciones de Luis Ángel Salinas impresas impecablemente en la Litografía de Lud Dreikorn.

Cuando Clementina Suárez publicó "Veleros" el año 1936, tuvimos la sorpresa de que con ella advenía a la lírica centroamericana una nueva y singular expresión, un temperamento apasionado y fino, un auténtico valor en las letras del Istmo. Su personalidad se revelaba entonces como pocas veces suele darse en lo femenino: definida, porque como ella misma ahora lo confirma:

> Obediente la rosa a su destino,
> tuvo que ir mostrando
> el candor de su rostro.

Clementina Suárez ha demostrado, además, a través de una existencia fervorosa y fecunda en realizaciones, clara y heroica, que no nos equivocábamos al anunciar, con su aparecimiento, a un poeta auténtico con fresca inspiración original que ahora, en su madurez, nos ofrece una obra llena de vigor, equilibrio y depuración dentro de las alternativas de la serenidad y la pasión, del frenesí y la euritmia logrados por la precisión de su lenguaje, la sobriedad de las metáforas y la abundancia de bellas imágenes que matiza una riqueza humana legítima al servicio de la más pura creación poética.

Lo que más admiro en este espíritu inquieto, ávido y valeroso, es su carácter de mujer nueva ejemplar y revolucionaria porque nunca se ha equivocado al acoger, estimular y ofrecer cuanto ella logra con su fervor y pasión al legítimo artista que surge en nuestras latitudes. Clementina es de esos corazones e inteligencias que siempre están sincronizados con las modalidades y señales de nuestro tiempo. Por eso es actual, joven, atrevida, pura, sincera y leal con su designio de poeta y su destino de mujer.

"Creciendo con la Hierba" es un poema clave en la obra de Clementina Suárez, no sólo por su contenido universal humano, sino por su realización. A través de cada una de sus estancias, una creciente y original inspiración se desenvuelve dentro de un ritmo seguro y exacto al que confluyen imágenes claras, diáfanas. Característica de la poesía de Clementina ha sido su limpidez y precisión. No hay una sola figura nebulosa, ni una dubitación idiomática. Es que, como todo verdadero artista, trabaja su obra, la rehace, la depura y ofrece, segura de lo que ha creado. Como su consistencia arranca del uso cabal del idioma, no hay ripios en ningún verso, ni aun cuando utiliza términos que podrían parecer antipoéticos o prosaicos, como al hablar de los "esfenoides del cuerpo". En la estancia I se advierte la intensidad que lleva en sí su acento creador lleno de ternura y fuerza. Es una definición del ser que tiene conciencia de su sino:

> Pudo ser.
> Pero estaba la espina,
> eterna enemiga de la rosa.
> Y sola, sin orillas,
> la perdida corola de mi sueño.
>
> Te quemará el amor los huesos.
> ¡Niña del Aire!
> ¡Paloma del Amanecer!
> Ya que sólo en la sangre despierta
> estará el germen creador defendido.

Es inagotable la delicadeza de formas; va de la gama de lo grácil hasta la exaltación:

> Ningún camino aparta al vuelo de su cielo.
> Todo te alza a la altura de tu llaga.
> Conmigo. Contigo. Sola.
> Atada va la sangre
> a raíces que no entiende.

En la II y III estancias el timbre de su voz se hace oscuro para clamar y para mostrarse en plenitud de sensibilidad y amor, y va ascendiendo en claridad de ruego:

Ya ves cómo
mi pecho ilumina
una verdad tremenda
Los ángeles que pasean por mi sangre
son ángeles rebeldes.

A partir de la estancia IV se siente acercarse un crescendo; adviene como reclamo, brota como advertencia:

Despacio,
que está madurándose
la criatura de espuma
que se queja en mi entraña.

¿No sientes que mis manos
te adelantan la rosa
el aroma y el tacto?
Y que mi sueño
es una arteria abierta
que calcina al gusano.

En las estancias V y VI la persuasión y la queja se alternan sucesivas en una especie de contrapunto verbal cuya melodía dominante es de amoroso enternecimiento:

Cuántas veces
he estado
de ti separada,
dormida
en tu mejor agua.
Intacta detrás de tí,
contigo en la ausencia.

Palabras encendidas
nos están despertando.

El alba que va suelta
dentro de la carne
nos está gritando,
qué nuestra médula
arrastra un fulgor nuevo
para la espiga sometida.

Estoy segura del tamaño
de mis sueños
y los agito con alegría.

Juntos ya, sin nieblas,
sin pensar que el amor
es una cruz
y lastima.

Es en la VIII estancia donde el clímax de la pasión y el arrebato erótico se alcanzan para reflejar la comprensión universal del ser humano:

Amigo, tal vez digas:
tu corazón, para quererme
no está en su sitio.
Es más ancho,
más puerto,
más alba sin fronteras.

Hoy sabe que los hombres,
si sufren y trabajan
estrujados y agónicos,
es por tener su vida
y por amarla.
Todo esto lo comprendo
con más suave cariño,
haciendo más pequeño
mi cuerpo en tu recuerdo.

Tienes que despertar.
Levantar a tu esqueleto
del sueño.

Concluye, al revelársele la verdad que acepta sin amargura, con esta convicción:

Antes,
en nuestro día
era yo sólo una.
Ahora,
en nuestra noche,
multiplico en mi carne
adolorida
voces de hembras deshechas,
de madres
con el surco
clavado de puñales
y de niñas que tienen
las manos con espinas.

Hoy,
ya tan cerca del alba,
traigo despiertos ríos
de mujeres que gritan
como yo
con el aire oxidado
por la salvada orilla,
para la azucena,
el yermo y el amor.

Y mantiene la esperanza de que el amado torne el amor de nuevo todavía y deja temblando en el aire su pregunta:

Y tú, dime,
¿estás conmigo
en este círculo de mi sangre,

o me sigues buscando
por la huella
de mis pies hundidos?

Para destacar las bellezas y excelencias del poema es insuficiente el espacio de que disponemos. Lo único que no puede dejar de subrayarse es que, con esta obra suya, Clementina Suárez se consagra como un Ángel Rebelde y con su creación mantiene y supera su recia y pura permanencia poética.

CRECIENDO CON LA HIERBA DE CLEMENTINA
SUÁREZ *por Matilde López*

Desde Safo nunca había vibrado una voz tan altamente lírica como la de Clementina Suárez. Una voz que conlleva gritos universales y resonancias profundamente humanas. Pero si Safo cantó al amor como no se había cantado nunca, como un puro esplendor de ternura que causó admiración a los griegos hasta el punto de considerar a la poetisa de Lesbos como a la décima musa, en la poesía de Clementina Suárez hay algo más: un hondo sentimiento trágico y universal que se eleva en raudales líricos de simple y perfecta armonía. Su poesía se viste con la túnica armoniosa y trágica de Melpómene, y aunque todavía la sacuden turbulencias románticas, logra la medida y el equilibrio en que se conjuga el sentimiento y la intuición que es el gran ideal clásico.

Creciendo con la Hierba es un poema de elevadísima inspiración dramática bien sostenida y de acentos tan intensos como no han sonado jamás ni siquiera en la consagrada lírica de Gabriela Mistral —y con ello no queremos tocar sus laureles perennemente frescos— ni en la intensidad pasional de Delmira Agustini, ni en los jubilosos y sensuales cantos de Juana de Ibarborou, ni en la desolada gravedad de Alfonsina Storni, ni en todos los cantos de las grandes poetisas de América. Clementina Suárez, hay que decirlo, trasciende con su profundo poema Creciendo con la Hierba a la lírica universal de todos los tiempos.

Carlos Wyld Ospina dijo ya proféticamente cuando Clementina Suárez le leyera su poema en Guatemala hace algunos años, que Creciendo con la Hierba bastaría para inmortalizar a su autora. "Ya puedes quemar toda tu obra —sentenció el gran poeta— porque este poema te consagra definitivamente".

Intensa como una sacerdotisa griega, con la alucinada vehemencia de Casandra al pronunciar los oráculos de Apolo, ella dice las profundas verdades humanas en las sencillas palabras de Sófocles. Habla con la sabiduría dolorosa de los coros griegos, con la profundidad terrible y tremante que hay en las imprecaciones de Edipo, y a ratos con la ternura dulcísima de Antígona. Su poesía recoge las universales quejas de Electra en Sófocles, el grito

145

apasionado de Fedra en Eurípides, el desolado pavor de Medea. Y aún es más tremendo, más entrañable y hondo su grito contenido en las elegías a la muerte de su madre. Allí su clamor se desgarra en la garganta y como Edipo enloquecido se salta los ojos con el broche de Yocasta e impreca a los dioses. Clementina también estalla:

> Como cuando se llora porque se tiene que llorar
> porque se tienen los ojos henchidos de lágrimas.
> Como cuando se grita porque se tiene que gritar
> porque se tiene el pecho rebasando de pena.
> Como cuando se calla y el silencio es un río de angustia
> donde la desesperanza es eterna.
>
> ¡Así madre! la pena en mi regazo
> ¡Así madre! el grito en mi boca
> ¡Así madre! la angustia estrujándome por dentro
> ¡Así madre! el dolor quemándome las manos
> ¡Así madre! mi protesta, mi ira, mi desolación.

(Elegías: "Ahora que he Crecido, Madre").

El motivo que vertebra todo su inmenso poema Creciendo con la Hierba, es el amor, tema perenne de la lírica universal, pero no el amor cantado con el sentimiento de los grandes románticos (aunque hay un substrato romántico que aflora en su poesía), no la pasión amorosa de turbulentas aguas eróticas (aunque Eros no oculta su rostro apasionado de dios triunfante), sino el amor eterno e inmortal como esencia y raíz de toda la humanidad.

No es el amor-pasión con sus oscuras aguas el que exalta simplemente en estos cantos trementes, sino el intenso amor elemental de atormentados mares humanos que lucha en las corrientes para lavarse de impurezas. Es como el fuego que purga en su terrible catarsis, como el agua que limpia hasta la raíz de los huesos, como el aire que purifica y abre los horizontes, como la tierra en que todo germina y renace.

Ella busca la plena identificación en el ser amado, la transmutación amorosa en la ternura más espiritual, el amor definitivo, eterno e inmortal que nos funde en el otro hasta que ya no nos hallamos sino en sus aguas profundas y que se expresa en las videntes palabras de Emily Bronte en Cumbres Borrascosas: "Yo soy Heathcliff, tengo miedo". Eterna fuerza que vence a la muerte. Esa clase de amor total, es el que Clementina intuye:

Cuando yo oí me dijeron:
Pequeña: No le niegues al amor tu cara.
Sólo así tu flor tendrá polen
y flotará libre
goteando muchedumbres,
tu cara creciendo con la hierba.

¡Criatura de mi amor!
Sólo cuando el fuego
te lleve hasta mi grito,
recuperarás intacta
la espiga que dentro
de tu piel madura.

Clementina va en busca de ese amor perfecto en el que toda mujer se completa y se realiza. Lo busca a través de tempestades, de rayos, de tormentas desgarradoras y mares borrascosos. Ha crecido en ella como una perla solitaria y pura y le duele al desprenderla; como quien teme que se rompa el milagro que siempre, ella trae el amor en las manos trémulas; su grito desesperado arrastra raíces profundas y angustias:

¡Me oyes!
¿Estás oyendo lo que te digo yo?
La que quisiera detener el canto
y dejar que la muerte decorara
hasta mi desnudo vientre.

Antes de mirarte de tan lejos,
desde donde
hay un planeta que se quiebra
entre mis dedos

Y no pude decirte más.
Me dolían todas mis marcas.
Y sin saberlo, empecé a despedirme,
a despegarme
de los resabios de mis pies,
por tus mismas palabras.

Reemplazar quisiera esta sangre
por otra sangre que te tocara las raíces,
y te dejara desnudo mi ramo de huesos
limpios
de todo lo que no fuera
una inocente corteza
que acatara tu latido.

Puro concepto del amor éste de Clementina; para ella es la fuerza que todo lo redime y aclara, el milagro perfecto, el goce jubiloso que borra toda tristeza, la raíz que nutre la flor de la vida, la luz, la luz hasta cegarnos:

Juntos ya, sin nieblas,
sin pensar que el amor
es una cruz
y lastima.

Estar en tu pasado,
recordar tu presencia
y hasta tu imposible presencia

Andar tus inviernos,
empezando siempre.
Someter el tiempo

a que rompa sus cifras,
hasta que logre entregarnos
un mar sin fatiga.

Sólo así,
a orillas de la vida
que buscan jubilosa
algo duradero.

La felicidad que se busca por un camino humano, la dicha que se comparte "en besos, lecho y pan"' como en Neruda. El amor cabal y redondo que cabe en la corola de un sueño, en la corola de la noche constelada y húmeda de ternuras o que se busca en un planeta que no existe. El amor que se viste de estrellas y luceros para iluminar al hijo que nos llega temblando en las más puras aguas.

El amor que se asoma en el rostro de Narciso y realiza el asombro alborozado de la criatura nacida de nuestra más limpia harina y más claro vellón. Clementina glorifica esa maternidad radiante y estelar en un himno elevado cuyo acento supera a los Cantos de la Madre de Gabriela Mistral. Con la voz del arcángel anunciador, su canto es como un rezo:

Despacio,
que está madurándose
la criatura de espuma
que se queja en mi entraña.

Copo a copo,
voy cubriendo de alta atmósfera
lo que vivirá,
aún detrás de la muerte

¿No sientes deshojarse
pétalos dentro de mis sienes?
¿No sientes que mis manos
te adelantan la rosa,
el aroma y el tacto?

Y que mi sueño
es una arteria abierta
que calcina al gusano.
Y que precisas otro nombre
para encontrarte
con la sonrisa
de tu primer niñez.

Eso era lo que me faltaba decirte,
antes que tu amor
la boca me consuma.
Hablarte
de este doble vivir
en la noche y la trasnoche
de una sollozante bruma.

Nunca esperes que te traiga
una espina en la mano.
Para venir y para buscarte,
ya había dejado
todos los abrojos.

Y luego las inmortales palabras. No es sólo el amor por el goce del amor mismo. No es la pasión con sus rojos corales agotados hasta llegar a la escondida almendra donde ha de madurar el hijo. Es el amor infinito con todos sus minutos y sus horas inagotadas, con lo que es bueno y lo que es malo, con el instante de la suprema dicha y el momento de las pruebas dolorosas.

El amor calcinado y radiante en el tiempo y en el espacio, con todas sus virtudes y todas sus miserias. El encuentro definitivo que nos integra para siempre. "Porque sólo se encuentran los que se compenetran", ha dicho Masferrer. Ese amor es el que intuye Clementina, aquel cuyos ríos y corrientes caudalosas desembocan en el mar de la vida, la que juntos vivimos segundo a segundo y que no se detiene ni cuando el reloj marca la hora solemne, porque hemos de seguir viviendo en el recuerdo con sus perennes flores siemprevivas.

Clementina lo expresa en esta cabal intuición poética:

Y que la vida que te pido,
no es tu vida,
sino que la copiosa,
inagotable.
La inmortal vida.

Eso. La vida eterna y calcinada, la única que tenemos y que nos jugamos en una sola carta. La vida que como un río arrastra piedras y lodo y ramazones desangradas y raíces, pero que se va limpiando con su propia agua, lavándose con lágrimas que todavía nos lloran, por lo que no fuimos, por lo que pudo ser, por las semillas malogradas que se secaron en la sombra y por las luces en que se quemaron las luciérnagas sin alcanzar a ser luceros. Por todo lo que la humanidad aspira y solloza y lucha y despedaza entre sus manos. Por el ángel que se rompió las alas en el primer vuelo y que ahora arrastra sus tristes desgarrones. Por el todo lo aventuró en un solo y audaz juego y lo perdió. Por todo lo que hemos llorado y reído, ganado y perdido. Por esa vida en que todos tropezamos y a veces parece que nos reta y nos derriba, pero que con fuerte impulso podemos dominar y vencer en nuestro propio destino.

Algo terrible gravita sobre la humanidad y Clementina sabe que no se circunscribe al "yo profundo", a nuestro egoísta mundo personal. Es algo que está más allá del amor y de la pasión, que trasciende de nosotros mismos y que nos golpea la cara con sus olas inmensas. Ya no es suficiente el amor con sus eternos anhelos y deseos. Ni el hijo que se prende y se desgarra en nuestra vida. Hay un dolor retorcido que sube por todas partes y que se levanta en los pulsos de la humanidad:

Y desde entonces
estuve segura
de que vendría un día
en que viéndome a los ojos
encontrarás en mis pupilas
una flor enloquecida.

Quítala del espejo,
me dirías.
Transforma tu tamaño,
te ahoga el rostro
y te pierde en su vigilia.

En tal forma desmesurada,
te verás custodiando
olas en mi frente.
¡Echa tu raíz atrás!
¡Ensancha tu mundo!
Percibe la agonía
y la congoja.

No es suficiente el amor para llenar nuestra vida, cuando sufren muchedumbres afuera y claman con voces que llenan el cielo y la tierra. Y aquel amor que empezó mirándose en las aguas de Narciso, y que después buscó azules horizontes infinitos, ya no podía ser suficiente. Era primero la vida como un cielo personal gozando ansiosamente, un paraíso robado y egoísta. Después era la vida entera el latido de toda la humanidad, que se concreta en un hijo. Ahora ha desplegado las alas para abarcar todo el amor universal. Y con esa profunda comprensión de todas las cosas que nos rodean, de todos los seres que sufren y que no podemos salvar con sólo alzar la mano, ella quiere redimir y reivindicar. Ella quiere que todos oigamos ese clamor infinito que estalla en los pulsos del pueblo:

Palabras encendidas
nos están despertando.
No podemos quedar solos,
tardar, estar inmóviles
dentro de esta
porfiada penumbra.

El alba que va suelta
dentro de la carne
nos está gritando

que nuestra médula
arrastra un fulgor nuevo
para la espiga sometida.

Yo sé que no es mía
la pauta que te voy dando
ni es mío el luto,
ni la sal ni la ceniza.

Tal vez
porque he podido llegar a descifrar
que los esfenoides del cuerpo
no son lo más importante.

Que hay una esparcida vida
mordida por agudos puñales
que debemos librar.

Ahora ha ganado la luz, Clementina Suárez ha palpado la verdad por dolorosos caminos tortuosos. Descubre su verdad que le salta "del pecho al cielo y del cielo al pecho". Es todo un proceso en que el artista ha resuelto conflictos internos y se enfrenta a los problemas del mundo. En la orilla de la vida, Clementina Suárez se asoma al dolor universal y sabe que su deber está allí, en esas filas apretadas y anónimas que sufren, que se debaten en angustias indescifrables pero que esperan que al fin amanezca una aurora más pura. Percibe pues, el gran latido universal:

Oyendo está la queja
de los hombres
y sus urgentes ansias
por ser libres.
Hoy sabe que los hombres,
si sufren y trabajan
estrujados y agónicos,
es por tener su vida
y por amarla.

Clementina está ante la marejada humana. Su poesía ha desembocado en el canto de las caudalosas aguas sociales. Como artista, comprende su compromiso con el pueblo y lo acepta como una responsabilidad ineludible. Ahora está en capacidad de ofrecer su mensaje social que no tiene ni puede tener la estridencia de las proclamas y manifiestos. Es la de ella, la voz de las mujeres fuertes de la Biblia, capaces del más grande sacrificio, sin perder por ello la dulzura femenina que los envuelve en un mundo de poesía. Es el convencimiento íntimo pero auténtico, de una verdad que abre caminos nuevos y nos despeja la mirada. La realidad le ha golpeado el rostro y ya no puede retroceder. Descubierto está ya el mundo infinito de todos los seres que crecen y crecen como la hierba, el pueblo eterno e inmortal de sus grandes encrucijadas y en sus estallidos de gran fuerza epopéyica:

> Cómo dormir
> en los vacíos lechos
> cuando hay una queja
> y un abierto costado
> que reclama la sangre.

> Naciendo estoy
> visiblemente,
> y trepándome van criaturas,
> ángeles y semillas.

Ahora su poesía se ha vuelto trascendental. En la esencia misma de su vida ha resonado el amor, la pasión, la soledad y la angustia. Se han agitado todos los anhelos y todas las desesperanzas. Ha cantado a la maternidad triunfante, a la que nos salva el vacío y nos perpetúa en la vida. Su encuentro con el amor que sólo una vez llega le ha dado la fuerza de la fe redentora, y con esa nueva luz ha visto a la pobre humanidad. Su poesía ha recogido coros eternos. A contraluz ha visto al hombre en su grandeza y miseria, así lo ama en todos sus contrastes, en luces radiantes y en sombras tristes. Se ha quemado en el infierno de todas las culpas y ha visto arder las llamas donde las almas purgan dolores ancestrales.

Ha sentido gravitar sobre su frente las más terribles maldiciones antiguas. Pero Clementina ha encontrado por fin el perdido norte, la brújula salvadora que guía a la humanidad:

Antes,
en nuestro día
era yo sólo una.
Ahora en nuestra noche
multiplico mi carne
adolorida.
Voces de hembras deshechas,
de madres
con el surco
clavado de puñales
y de niñas que tienen
las manos con espinas.

Antes,
en nuestra noche,
era un llanto mi voz
y sólo un llanto.
Hoy, ya tan cerca del alba,
traigo despiertos ríos
de mujeres que gritan
como yo.
con el aire oxidado
por la salvada orilla,
para la azucena,
el yermo y el amor.

Mis ruegos se dividen
en vida o muerte jubilosa
Tú puedes apartar mis rosas,
pero no la encendida
corola de mi sueño,
más grande con el ansia
de otros sueños.

Y tú, dime,
estás conmigo
en este círculo de mi sangre,
o me sigues buscando
por la huella de mis pies hundidos?

Ha visto demasiado las profundidades de la vida, se ha hundido con todos sus lirios puros, y sus dalias pecadoras, y sus ángeles rebeldes. Ha padecido y sufrido, y gozado y llorado esa vida intensa e inagotable que buscaba. Conoce como Fausto, sus terribles abismos y aprendió a rescatar la fe en la perla caída en el lodo.

Clementina Suárez trae como Lázaro un mensaje de resurrección de los abismos de la vida y de la muerte. Por eso nutre su poesía de emociones profundamente nuevas, de fe redimida en su propia sangre. Como Fausto estuvo a punto de perder el alma en un pacto diabólico y sediento, parecía que la pasión la quemaría para siempre, pero el amor, el puro amor radiante la ha salvado.

Por eso ahora los coros del pueblo la saludan. Porque su poesía no tiene ningún pacto con la muerte, ni con la angustia atormentada, ni con la tortura del no ser, ni con la soledad egoísta. Su poesía sólo tiene un compromiso con la vida, con la humanidad que desangrándose, cayendo y levantándose, ganará al fin la luz, la alegría de vivir, la harina blanca del pan de cada día y la ternura que refleja el cielo en el mar eternamente verde como todo lo que germina, y azul como todo lo que sueña y florece y busca en el girasol, la brújula salvadora del más radiante lucero del alba.

"LA HISTORIA LE HA HECHO JUSTICIA A CLEMENTINA SUÁREZ": JANET GOLD *por Óscar Estrada*

Janet Gold llegó a Honduras por primera vez en el año 1971. Según nos cuenta en esta entrevista, era recién graduada de la Universidad. "En esos años de hippie y mochileros", cuando vio un cartel que terminó siendo un contrato de un año con la Escuela Americana en Tegucigalpa. Un año antes, Clementina Suárez había recibido el Premio Nacional de Literatura "Ramón Rosa" que otorga el Congreso Nacional en reconocimiento de su labor cultural. Ambas mujeres no se conocían aún, pasarían casi dos décadas para que Gold volviera al país y escribiera El retrato en el espejo (Guaymuras, 2001), la biografía más completa de la poeta Clementina Suárez.

Cuando supe que Janet Gold venía a Honduras para el Festival de Poesía de los Confines, en Gracias, no dudé en aceptar la invitación de Salvador Madrid. Preparé mis maletas y viajé las cinco horas que lleva ir de Tegucigalpa a Gracias. Conocer a Janet valía la pena.

La biografía de Clementina Suárez "El retrato en el espejo", escrita por Janet Gold, es quizás el acercamiento más honesto sobre la vida y obra de la poeta.

Sabía del aporte invaluable a la literatura nacional que nos otorgó Janet Gold con su libro sobre Clementina Suárez. Lo leí para poder entender la magnitud de aquella mujer que sigue siendo un misterio. En 1998 publicó Volver a imaginarlas: relatos de escritoras centroamericanas; en 2009 Culture and Customs of Honduras y recientemente presentó Crónica de una cercanía. Escritos sobre literatura hondureña, Honduras, y la poesía escrita por mujeres, ha estado presente en la carrera de Janet Gold, quien es además profesora de Literatura Latinoamericana en la Universidad de New Hampshire en Durham, Estados Unidos.

"Me mandaron un telegrama que decía ´oferta, quinto grado Escuela Americana, Tegucigalpa Honduras, 4,000 dólares salario anual´", cuenta Janet cuando le pregunto cómo llegó al país en 1971. "Yo feliz claro, voy a mi casa y saco el Atlas para ver dónde está Honduras. Llegué, pasé un año muy feliz, yo vivía en la Leona, en la

157

colonia Walter, alquilé un apartamento con otra maestra de la escuela y la pasamos muy bien".

Janet era muy joven en ese tiempo, en sus veintes enseñaba quinto grado en la Escuela Americana. Fue a su regreso a Estados Unidos que decidió estudiar Literatura, "pero a la hora de querer volver a estudiar y sacar un doctorado para enseñar a nivel universitario y a la hora de tener que seleccionar un tema para la disertación yo ya sabía que quería hacer algo con mujeres escritoras, pero no sabía qué", explica.

"Un día en busca de inspiración estoy pasando en la biblioteca y miro los estantes y veo un libro que dice La mujer en América escribe, lo saco y hojeando el libro veo el índice por país. En Honduras, Clementina Suarez era el único nombre y yo hace años que ni pensaba en Honduras, porque estaba trabajando con niños puertorriqueños en el programa bilingüe. Recordé mi año en Honduras y no sabía quién era Clementina, me di cuenta que yo no sabía nada de la literatura, en aquel tiempo solamente daba clases y viajaba para conocer el paisaje y todo pero no sabía nada de la literatura".

"Me quedé fascinada por la figura de Clementina Suárez, por la semblanza que leí en ese libro, porque eran ensayos cortos, como ensayos medio biográficos sobre diferentes escritoras de América Latina, entonces yo dije ´no pues, a lo mejor aquí hay algo de interés, voy a investigar a ver que aprendo de esta Clementina´. En algún momento yo dije ´a ver si está viva todavía´, porque eso fue en el año 1987 y aprendí que ella había nacido en el año 1902; suponía que ya no estaba viva, pero empecé a escribir cartas y escribí una carta a la Agregada Cultural de la Embajada Americana, Dana Rojinski.

Ella hizo algo de investigación y me dijo "fíjate que sí, la Clementina Suárez todavía está viva" y me mandó su dirección y un recorte de un periódico. "Ay, esa señora todavía está viva y tiene una galería de arte!", me dije. Entonces le escribí una carta a Clementina expresando mi interés en estudiarla y me contestó. Le pregunté si yo podía venir a conocerla en persona y si me permite una entrevista y me dice que "sí, sería un honor que vinieras". Entonces volví a Tegucigalpa".

"Creo que fue en enero de 1988. La conocí, me quedé una o dos semanas y empecé la investigación. La entrevisté varias veces y ahí tome la decisión de que eso iba a ser mi disertación y que quería no solamente estudiar su obra si no también su vida. Ahí nació mi interés en ese género de biografía literaria que me fascina, esa combinación de estudiar la vida y el contexto de la vida y buscar la manera de tejer la obra con la vida".

Además del estudio de la literatura de mujeres en Honduras, Janet Gold ha colaborado también como traductora de poesía.

—Supongo que es imposible que no haya relación entre la vida y la obra, interrumpo en el relato de Janet.

Pero yo estaba haciendo eso en un momento cuando la teoría predominante en las letras era "el texto debe hablar por sí solo, el escritor no importa". Yo me oponía, yo resistía eso porque yo quería mezclarlas, quería integrar la vida y la obra, entonces busque una mentora, una asesora en la universidad en mi departamento que estuviera de acuerdo conmigo, que me apoyara. Pedí una beca Fulbright y me la dieron. Eso me permitió volver a Honduras en aquel año en septiembre del 1988.

Me quedé ocho meses, alquilé un departamento en el barrio San Rafael que quedaba cerca (de la casa de Clementina Suárez) y casi todos los días llegaba caminando para convivir con ella, para platicar, hacerle preguntas. Conseguí toda su obra, me mencionaba amigos y familiares y poco a poco iba entrevistando a todo mundo.

—En Honduras se conoce más el mito sobre la vida de Clementina Suárez, pero no es una persona que ha sido muy estudiada en Honduras, mucho menos su obra. ¿Qué tiene de trascendental la obra de Clementina Suárez?

Te voy a contar que eso fue como uno de los más grandes desafíos al describir la biografía literaria, porque todo el mundo me quería contar anécdotas y separar la leyenda de la realidad y ver, en toda esa leyenda y chismes, todo eso ¿dónde queda la obra? Como la conocí personalmente y pasé tanto tiempo con ella y escuché tantas anécdotas, me fue difícil desconectarme, y yo digo eso explícitamente en el libro, que yo confieso que eso no es puramente objetivo, eso es una mezcla de sentimientos y de amistad y a veces me caía bien y a veces me caía mal, y eso afecta la lectura, eso afecta la recepción del lector, de cualquier lector crítico.

—Porque Clementina era una mujer complicada...

Súper complicada, hace unos meses, porque ahora estoy metida en otro proyecto de literatura de mujeres, yo volví a leer su poesía después de un lapso de mucho tiempo y dije "pues fíjate que eso si es buena poesía", porque a veces dudaba. Es difícil no ser afectada por la opinión ajena y alguna gente especialmente los hombres decían "Ay no, pero no es tan buena poesía". Empecé a entender que la recepción de la poesía es una cosa tan complicada, tan personal y puede diferir tanto entre lector y lectura.

—¿O en el mismo lector dependiendo de épocas también, no?

¡Exacto! Estoy enredándome aquí, pero ahora mismo empecé en Noviembre a trabajar en un proyecto colectivo con mujeres de Centroamérica, estamos trabajando, montando un libro que se va a llamar algo muy simple como Historia de la Literatura de mujeres de Centroamérica, y a cada una nos toca un capítulo. A mí me toca Honduras. Entonces al ir tratando de narrar, buscar una narración para las mujeres de Honduras, Clementina vuelve y vuelve, y vuelve, y era realmente pionera. O sea, ella empezó a escribir cosas cuando las otras mujeres no estaban escribiendo esas cosas, quizás en otros países, quizás Juana de Ibarbourou, quizás Alfonsina…

—Pero Clementina coincide con Lucila Gamero, por ejemplo —le dije.

Pero Lucila era novelista y también poeta, lo que Clementina tiene de importante en el contexto de honduras es que es una mujer que se vio como poeta profesional, se dedicó a la poesía, se identificó como poeta y la mayoría de las otras escritoras contemporáneas escribieron sus poemas, publicaron en revistas quizá, uno que otro poemario, pero muchas de ellas se dedicaban al periodismo o a su activismo político, o a su casa, a sus hijos. Pero para ella la poesía era central en su vida y como era tan consiente de su auto identificación como poeta, fue evolucionando su poesía, no es estática. Clementina, por lo menos en el contexto de Honduras, en mi opinión ,sigue siendo una pieza clave.

—¿Tú crees que Honduras le ha rendido justicia a Clementina Suárez a 25 años de su muerte?

Yo creo que sí, porque cuando yo estaba trabajando y conociendo gente, eso fue hace ¿qué? ¿treinta años? La gente sabía quién era Clementina, pero lo que sabían era las anécdotas, los escándalos de ser madre soltera sin estar casada, de dejar a sus hijas con la vecina, de esas cuestiones hay un montón de anécdotas, no sé cuántas. Ahora la gente ha leído más su obra y yo creo que entre las poetas jóvenes, de otras generaciones, la ven como ejemplo, la ven como pionera, la celebran. Yo he visto muchas referencias a Clementina entre mujeres escritoras actuales, por ejemplo alguien como Anarella Vélez, que hace tanto para celebrar la literatura de mujeres hondureñas, siempre la menciona, escribió un poema sobre ella, le dedican cosas a ella, yo creo que sí y recuerdo que en una investigación que hice hace unos cinco años para una ponencia que di en un congreso, un grupo de jóvenes hicieron algo como poesía en las calles, no sé qué, pero pegaron carteles en las paredes honrando algunas mujeres pioneras, Amanda Castro, Juana Pavón, Clementina…

Quiero aclarar que yo fui la copiladora de este libro, fue mi idea, yo busqué colaboradoras pero les di la libertad de escoger a las escritoras que querían estudiar. Yo no insistí en nada en particular. Eso para mí es la riqueza del libro. De Honduras son tres las que aparecen. Yo creo que todas las mujeres de Honduras o de Centro América han tenido que enfrentar cosas similares, el patriarcado, el machismo, esa idea que la literatura es una actividad masculina, que los hombres formaban los círculos literarios sus tertulias, tuvieron sus editoriales, sus amigos a quienes apoyaban y la mujer era vista, no tanto en su capacidad expresiva o creativa sino por su feminidad. Clementina, en un principio fue aceptada en las tertulias porque fue vista como algo raro. ¡Hay que ver a esta mujer aquí que nos quiere leer sus poemas, que quiere sentarse a tomar un trago con nosotros y hablar de poesía y hablar en nuestras conversaciones!, porque eso era raro.

—¿Cuál es el reto ahora de las mujeres poetas en Honduras?

Algo que se me ocurre cuando me haces esa pregunta es que mi investigación actual, parte de la investigación era que yo quería saber quiénes son las jóvenes que están escribiendo, pero yo no estoy en

Honduras, yo no formo parte del círculo de amigas, entonces yo he tenido que valerme del Internet, de Facebook, de blog, de Google, de todas esa herramientas que todos usamos ahora.

Una joven que no quiere ser mediática, digamos que no quiere entrar, que no quiere publicar sus poemas en su página en Facebook o no quiere hacer un blog, le va a ser más difícil, yo creo.

Y quizás vamos formando dos círculos, dos mundos, las mujeres que se sienten cómodas escribiendo sus poemas y quizás no compartiendo, o que quieren compartir sus poemas sus obras con un grupo de amigos o con un taller donde se siente cómoda porque, eso es difícil para cualquier escritor, encontrar el lugar en donde te sientes cómoda para compartir tu obra y al compartirlo en el mundo del internet te expones a mucha crítica y para mí eso es un reto.

—¿Pero no fue así siempre? Por ejemplo, autoras como Clementina allá por 1920 cuando estaba comenzando su trabajo, tuvo que tomar el reto de sacarlo.

Claro, pero una diferencia es que ahora si te expones en el internet ahí estás y todo el mundo tiene acceso a eso, es más intimidante; por ejemplo, una mujer de principios de siglo que escribe sus versos y que un amigo que tiene su revistita o que trabaja en un periódico en Comayagua le publica su poema, si se expone a un mundo, pero una mujer que decide ahora poner su poema en Facebook se expone al Mundo. Otra cosa que es diferente ahora, como es tan fácil poner tus ideas en los medios, es más fácil que la gente te olvide porque tienes mucha competencia, tu voz no es tan única, esa es otra realidad.

El tiempo voló en aquella agradable conversación con Janet Gold, poco a poco la gente fue llegando al hotel en donde estábamos en Gracias y tomando los asientos para la conferencia que ella daría esa mañana como parte del festival de poesía. Tuve que parar aquí la entrevista, habría seguido de poder hacerlo. Pero hay formas de seguir conversando con su trabajo. El estudio que Janet Gold ha hecho de la Literatura hondureña la mantienen presente en el país, aunque viva a medio planeta de distancia. Siempre será la mediadora de Clementina Suárez, para que podamos comprender su saludo a las generaciones futuras.

COMENTARIOS DE LA SANGRE Y EL MAR *por*
Humberto H. Cobos

Clementina Suárez ha vuelto en espíritu y materia. La siento en espíritu, a la sombra de cerezos, mascando el betel de la vida, en un inasible paisaje ananita. La siento en materia, diluyéndose en morenos ramalazos de canela, e inflando lunas de risa en su cara jovial.

Vino otra vez a Guatemala, su espíritu de pájaro en el balandro "De la desilusión a la esperanza", libro de un horrible color rosado, agredido el rosicler por ásperos verdes y rojos. La lesión tipográfica no interesó, naturalmente, el pulmón que alienta bajo el ropaje de papel: ese pulmón que exhala un ozono azul de pino, enaltecido por voces de pájaros. Y esto es lo que importa. Lo que el cielo encadenado a la tierra (¿no es esto un poeta?), gime en inefable delicia. El mensaje de esta bucanera ardida de humanidad.

En dos direcciones se disuelve el alma de este poemario de Clementina. Una ruta parte de su esencia de mujer, para que por ella viaje su sangre, su estirpe. Es la dirección por la cual empieza a salir de la desilusión. Pero sólo llega a la esperanza, cuando es altruista: cuando se evade en el sueño de la liberación de los demás, cuando oye la pleamar humana creciendo, invadiendo todos los malecones, los diques, amenazando llenar con su agua de lágrimas y salitre las copas de los volcanes, las viejas estructuras.

Dos direcciones, dos destinos en una sola mujer. Por los cantos a las niñas que florecen y frutecerán, siente todo el gozo de su pequeña eternidad. La muerte nada puede contra el río de sangre que irá resonando su recuerdo en el tiempo. ¿Quién podría asesinar un río? Ni don Cantabros Aspas Azules podría degollar ese río que pasa sin pasar, que fluye desde los ojos de Heráclito. Tampoco puede don Cantabro decapitar el mar, porque además de las sirenas eternas, están los hombres hechos ola, maelstroom, tormenta y tifón.

La primera dirección es la humana, que si bien ha roto ligaduras egoístas, aún no llega al altruismo perfecto de llorar y guerrear por los demás. Por la dirección social, Clementina Suárez oye el mar de martillos y galeotes, busca en las bodegas y en las minas a los enterrados vivos, y ofrece la esperanza, anuncia como Gabriel y con meñique fino ayuda al mar ciego a que se levante, ambule y suba a verse a sí mismos.

Tipifica la primera dirección el poema "Dentro de la noche'"; la segunda, ese fuerte, hermoso y musculoso poema con santo olor de overol condecorado: SE LEVANTA EL MAR, el más noble y bello de todo el poemario.

Y nos ha seducido, porque en ese canto no hay demagogia ni cuartel. Es sencillamente arte puro, sin tendencia, ni tesis. Es bello eso es todo.

Saludamos el retorno de Clementina Suárez a Guatemala, con la alegría que causa contemplar la obra de una mujer que ha superado su función. Mientras ella se disuelve en canto, la rosa pasa en perfume, la estrella en luz. Y el río de sangre va al encuentro del mar que asciende.

SEÑALES DE CLEMENTINA SUÁREZ *por José Muñoz Cota*

1.—

Muy cerca de la época de los ayes atolondrados, conocimos a Clementina Suárez. Con Alarcón, Cisneros, Canto, Mirlo, Martínez Mezquida, publicó un libro de versos. Soledades en busca de su voz, dispersadas hoy, ellas también, por la danza de lo que rara vez vuelve.

Aunque no sea, me gusta creer que Clementina, en México, pegada al rito de los indios, enterró el corazón de su sueño.

Después, ya en su sino de viaje, fueron llegando sus libros y sabíamos que en alguna parte de América —ella en todas partes— su aire de misterio maya caminaba.

2.—

Equidistante del límite que tortura, Clementina Suárez ha vuelto, ella lo dice, de la desilusión a la esperanza. De sus siete espinas, con el recuerdo de sus siete espinas.

> ¡Habrá que decirlo!
> Con la sangre
> obscura,
> despavorida sangre.
> Y con la exacta,
> precisa muerte.

Para contarnos su historia, "quita el musgo de su cuerpo":

> Dime. Y te diría
> el paso triste
> del junco dentro de la nieve.
> El daño que en los dedos tiene
> el niño que teje
> su cuna en el viento.

Salvada por la sangre llega:

> Porque sólo el hombre oprimido,
> ahogado de noche y de terror
> alcanzará la apropiada medida
> para revivir en forma exacta
> la desfallecida corteza
> del planeta.

3.—

Así es cómo Clementina Suárez vuelve, viajera con fortuna, de la desilusión a la esperanza, con el goce y evangelio de su maternidad. Son sus dos hijas las que dan, "figuras en el agua", su verdad de "rosa partida en río tierno".

> Desde mi sangre dos niñas me miran
> con ojos que se clavan en mi cuerpo vacío.
> Entran y están de pie como mundos completos
> colgados de su luna, de su sol y su sueño.
> Tapándote la cara quisiera defenderte
> huella leve que andas y desandas mi camino.
> Miedo de madre tengo —sin embargo quiero que saltes—
> que saltes sobre mi sangre sin volver a verme.

Toda madre, por serlo, nace un afán de justicia y con él, ahíncos de supervivencia:

> Irá sola y conmigo
> —Clamor dentro del pecho—
> tomada de la mano
> como la fruta al árbol
> que le dio la vida.

Y ella dirá: alguien detrás de la luna habla
con voz que sale debajo de mi sangre.
Una sombra inclinada llevo dentro del pecho
como cielo que guarda para mí sus estrellas.
La muerte de este modo
no caerá sobre mí.....

Clementina Suárez, por la maternidad, ampliándola, ha llegado a la inteligencia del dolor de los hombres, encendida de rebeldías, en la mayor edad de su fe. De su "boca sin fecha", como en los códices, salen espadas y puñales.

Yo retoñé un hijo, un hijo y otro hijo,
para que tú vinieras sobre mi espalda andando
y entre el agua y la hierba revivieran palomas.
Desde mi sangre triste dos niñas han volado
como arcángeles bélicos con la espada en la mano....

4.—

Entre su soledad y su esperanza con aceros desnudos, está la ternura de Clementina Suárez, su ternura de madre con la vejez y la novedad de todas las madres. Sólo que ella puede —y así lo ha hecho— darnos su canción de cuna —canción con estatura suficiente para cantarle el sueño a los hombres que trabajan y sueñan—, en este libro, "De la desilusión a la esperanza", publicado aquí, en su tierra, en Honduras, donde la vuelvo a encontrar, muy lejos ya de los ayes atolondrados.

UNA POETISA HONDUREÑA: CLEMENTINA
SUÁREZ *por Juanita Soriano*

Nada más acertado al tratar de la poesía hondureña que pensar en Clementina Suárez. Con ella puede decirse, nació la poesía femenina de Honduras, y con ella no sería tampoco aventurado afirmar que termina, por lo menos en lo que va del tiempo. Se sabe, desde luego, que en la línea trazada de Clementina a Clementina se mueven muchos nombres femeninos de alguna importancia y se encuentran voces que se atreven a traspasar, sin lograrlo, el límite marcado por ella. Mujeres con sensibilidad lírica aparecen a menudo, especialmente en una tierra en donde la naturaleza proporciona suficiente pretexto para el canto.

Tomando en cuenta estos factores brindados por un ambiente que ha deprimido tanto a hombres como a mujeres en la lírica hondureña, es digno de particular interés el caso de Clementina Suárez que, aunque no ignora totalmente la vastedad del paisaje que la rodea, sin intentar escaparse de su influencia, aparece dentro de sus motivos como tema secundario o de fondo, pues ella prefiere el paisaje interior, en el cual lo externo apenas roza con algunos colores, su intimidad. Su poesía como expresión de su alma es amorosa y desemboca, no en lo paisajista y descriptivo como generalmente sucede en América sino en lo filosófico, y, en otros de sus poemas, en lo social.

Hablar de Clementina Suárez es hablar de un torrente o de cualquier otra de las fuerzas incontrolables de la naturaleza. Comenzó asustando a su medio ambiente pueblerino con los. primeros poemas que, más que expresión de su alma apasionada, venían siendo la confesión de su cuerpo y sus sentidos, el maravilloso descubrimiento de su ser físico, de sus demandas, su sed, su plenitud en el amor, su felicidad en la entrega sin cálculo ni reserva.

Esta desnudez de sus emociones y sensaciones atrajo sobre su desamparada y valiente cabeza de artista, una tempestad de incomprensión provocada por los prejuicios de quienes se escandalizan ante el nombre de las cosas y no ante las cosas mismas, que, como es humano suponer, han sido vividas por quienes no las aceptan en literatura, esperando que ésta sea más o menos artificial,

169

enunciando temas falsos, tontamente considerados bellos, en fin, anémica y no como un reflejo de la verdad o realidad.

Algunos de estos primeros poemas, considerados audaces, especialmente por haber sido escritos por una mujer, contienen esa ingenua ternura del amor y el despertar de la vida, apreciando, sensual pero juvenilmente, la revelación del amor físico, siendo sin duda, tan fuerte la pureza de su espíritu y tan alta la calidad romántica de su alma, que no encontró en la experiencia nada que no fuera digno de expresar en emocionado canto, llena de gratitud ante el sentido de la vida. Todo en ella se vuelve dulce, tierno, amoroso.

Y sin embargo, fueron tan ciertas y tan sencillas sus palabras de miel clara, que la acusaron de impudor. Para apreciar la dulzura de su canto a través de la crudeza de sus desnudas palabras, es necesario conocer la bondad, bondad de Dios en todo, en el magnífico regalo concedido a los humanos, al igual que a los demás seres vivientes, en la atracción de los cuerpos, el amor espiritual y la creación del hombre y la mujer. Identificándonos con la vida y con el plan de Dios al imaginar su universo, podemos apreciar con mente pura y corazón limpio, la belleza de la pareja humana en el amor, y la grandeza de la amante al encontrar amable todo cuanto se relaciona con su amado, su cuerpo y la descripción del mismo, el sudor, el aliento, el olor y la saliva..., todo esto, indiscutiblemente no puede repeler ni degradar a quien conoce el amor y es romántico al grado de idealizar aspectos del ser humano considerados menos idealizables por aquellos a quienes fue negada la capacidad para una gran pasión.

Contaba mi madre, que conoció a Clementina en los días blancos de su niñez, que era ésta una niña extremadamente silenciosa y tan quieta que se habría podido sentar, sin peligro, al borde de un abismo que allí se la encontraría en igual posición, después de una hora. Se quedaba pensativa mirando a lo lejos, y si alguien se acercaba con esa curiosidad de los mayores que presienten el misterio de un niño, y le preguntaba: ¿Qué te pasa Clementina que estás tan callada? Ella sonreía enigmáticamente, como despreciando las explicaciones.

Seguramente entonces comenzaba a formarse su universo, analizando el aspecto del mundo en el que le tocaba vivir, se daba la medida de cuanto la rodeaba, y comenzaba su alma a delinear las primeras preguntas para las cuales, incesantemente buscaría la respuesta a través de toda su existencia.

Fue sin duda debido a ese quietismo interior y exterior que tuvo capacidad para compenetrarse de profundos aspectos de la vida, sus ojos se volvían internamente claros al contemplar con tanta fijeza el universo, y así descubrió el tremendo y doloroso problema social que agobiaba a su pueblo, observó a la gente campesina, a los humildes quemándose los pies descalzos en el sol de los caminos, a los trabajadores obreros, y en incomprensible contraste, difícil de compaginar dentro de su pequeña cabeza la legisladora social que aspira a la justicia, la fácil existencia de unas cuantas familias, el monopolio del dinero en poder de unos pocos, la dura conciencia del comerciante y la inmensa masa de los desamparados. Esto penetró muy hondo en su sensibilidad y se quedó para siempre en ella, como un dolor inevitable. Digno de estudio también este aspecto de su inquietud porque Clementina proviene de una de las principales familias burguesas de su localidad.

Y ahora me adentraré a sus poemas que parecen significar cierto peligro, algo que nos habla de sus luchas sin mencionarlas pero que se sienten correr a través de sus palabras, en forma más bien subterránea. Sin duda su orgullo y su entereza de mujer se oponen a referirse a sus desgarraduras psíquicas al contrario de lo que sucede en la mayor parte de la poesía femenina hispano americana. Se oye, o mejor dicho, se presiente el paso de esas horas turbulentas, de dolor, pero no se ven las manchas, sólo se es consciente de una espléndida serenidad, de una dignidad en la aceptación de un destino un tanto adverso, de un señorío para conllevar cualquier fracaso y hacer respetar sus actitudes. Un día esta mujer poeta llegó por su propia voluntad a los linderos de la muerte como protesta final de quien sabe qué profundas decepciones de su alma. Rescatada a tiempo por un grupo de amigos y artistas sobrevivió a la prueba con su espíritu indomable y, aparentemente, parece no recordar este drama de su vida.

Para alcanzar una visión de sus ideales poéticos, tanto en el aspecto personal como en aquel otro en que, olvidada de sí misma, habla por y para la humanidad, oigámosla en algunas de sus estrofas:

Despacio,
que está madurándose
la criatura de espuma
que se queja en mi entraña.

Estas pocas líneas traslucen su ternura maternal, en el poema IV de su último libro "Creciendo con la Hierba". Su emoción maternal se vuelve cósmica al expresar el sentimiento universal de toda madre. En el mismo poema se refiere al sentimiento purísimo del amor que se ofrece limpio de dudas y pesares:

Para venir y para buscarte
ya había dejado
todos los abrojos.

Existe, para mí, algo excepcionalmente encantador en este libro, y es la dedicatoria: "Así, de compañera a compañero".

Esa sencilla frase indica mucho respecto a su posición poética y humana, su valeroso compañerismo, igualitario, que la induce a caminar, y luchar, hombro con hombro con su compañero. Actitud nueva en la mujer que ya no se conforma con recibir protección, sino que también puede dar y ayudar al amigo, al compañero. Si es ésta una nueva política literaria dentro del sentir femenino, más consciente de su responsabilidad de lo que fueron las mujeres amantes en el pasado, tal iniciativa irrumpe en la tierra de Honduras, con Clementina Suárez. A través de su vida como persona, y de su obra literaria como poeta, se reconoce esta actitud valerosa y revolucionaria de antiguos moldes burgueses.

La clave en la poesía de Clementina es esa ausencia de lo que en la actualidad se ha dado en llamar evasión lírica, típica, según quienes nos hablan de ella, de aquellos poetas, escritores o artistas, que no ven a su alrededor los problemas vitales, y de interés general que confronta el ser humano, y, en cambio evaden esta cruda realidad, tal vez por temor, cobardía o indiferencia y prefieren sobrenadar levemente por la superficie del planeta, ajenos a sus tremendas luchas y necesidades, para dedicarse a contemplar las nubes y otros temas menos peligrosos y de menor responsabilidad para su arte. Que ignoran, en otras palabras, el conflicto actual.

Clementina en cambio, se definió; y al aceptar su camino ha enfrentado lo que, de por sí, trae consigo todo compromiso:

> Oyendo está la queja
> de los hombres
> y sus urgentes ansias
> de ser libres.

(Creciendo con la hierba).

> Empezaremos
> a ser felices,
> a quererlo ser.

> Asumiendo el deber
> de que sólo
> por el camino humano
> se puede ser feliz.

> Sin lo estéril
> de la desigual
> solitaria felicidad.

Naturalmente, la felicidad debe ser compartida para que lo sea, pues la felicidad solitaria no existe, tendría que ser estéril:

> Hoy sabe que los hombres
> si sufren y trabajan
> estrujados y agónicos,
> es por tener su vida
> y por amarla.

Y en otra parte de su poema, inquieta por la ceguera espiritual, de la que ella ya está libre, exclama:

Tienes que despertar.
Levantar tu esqueleto
del sueño.

Dejarte desnudo,
voluntario,
distinto.

No puedes esperar
a que te coman
los ojos
las hormigas.

Como dormir
en los vacíos lechos,
cuando hay una queja
y un abierto costado
que reclama la sangre.

Naciendo estoy,
visiblemente,
y trepándome van criaturas
ángeles y semillas.

Los pormenores de esta leve poesía al parecer pequeña, al parecer liviana, por encontrarse carente de ciertos recursos literarios como la sonoridad musical, son sin embargo evidentes y característicos de una gran finura de sentimientos, pero, especialmente, tiende a expresar ideas, pues en cada línea se encuentra un pensamiento definido, positivo, absoluto. Son breves líneas, cortas, pero cargadas, literalmente agobiadas de fruto. Ha despreciado la rima, pero conserva el ritmo interno, calidad más difícil de alcanzar, porque se va por dentro, sin vestidura externa que lo denuncie, y que sólo puede lograr un oído esencialmente poético, socorrido por un torrente de sangre poblada de poesía. Células de poesía.

A pesar de no ser exclusivamente sensible como para convertirse en medio a través del cual se conozcan sus sentimientos y emociones, porque no puede decirse de ella que su idiosincrasia en poesía se concrete a ser lo que podría llamarse una sentidora, no puede escaparse totalmente de la expresión espontánea, reveladora de sus experiencias personales, de sus estados de ánimo, mensajera de sus observaciones vividas, de sus resultados finales o conclusión inevitable. Conocimiento o sabiduría recogida a través del existir.

> Pudo ser,
> pero estaba la espina...

Este pequeño, sencillo comentario a su vida, a sus posibilidades, que se convierte por su misma sencillez y aplastante realidad, en símbolo de toda vida y toda posibilidad humana, toca directamente el corazón por enunciar una verdad patética, conocida de todos pues no hay en esta tierra quién, de un modo u otro, no haya perdido su oportunidad, no haya desgarrado la alegría de sus pies confiados, y de sus manos, en la espina...

> Pudo ser,
> pero estaba la espina,
> eterna enemiga de la rosa.
> Y sola, sin orillas,
> la perdida corola de mi sueño.

Esta pequeña cosa que nos cuenta, aparente pequeña cosa; es demasiado triste, demasiado vivida por todos, para no arrastrarnos dentro de su suave nostalgia, donde se adivina la transparencia de unas lágrimas ya olvidadas, de algo... de todo cuanto pudo ser... de todo lo que no fue...

> Obediente la rosa a su destino,
> tuvo que ir mostrando
> el candor de su rostro.

Esta es la otra frase feliz: "Obediente la rosa su destino", bella por su simplicidad indiscutible, y por la enunciación de una ley fácilmente observada por todos, pero difícilmente comprensible. Todos obedecemos a nuestro destino, y la rosa, dentro de su pureza, y su poesía, más que todos, o mejor dicho, es donde mejor representado podemos ver la fuerza de este dramático determinismo.

Y en pocas personas como en Clementina Suárez se puede comprobar la fuerza de este destino inevitable, para cumplir, por ejemplo, con el llamado y las exigencias que representa el aceptar la cruz de la poesía, y, como en su caso, el perseguir la ruta de su inconformismo para con un mundo ya hecho, mal hecho, sobre bases de injusticia, y al que, aunque parezca inútil, se ambiciona mejorar. Esta inconformidad la arrastró, obediente a su destino, a continuar su ruta siempre adelante, como si una voz inexorable le ordenara seguir, no detenerse, no arraigarse, no anclar sus raíces en la tierra sino caminar siempre, nómada, gitana; aprendiendo a renunciar a sus afectos personales, a sus nexos, a todo lo suyo, sin duda para ser empleada por algún propósito vital que la condena a su soledad, para que de ella surja su donación en la que abarca a todos, en el que se desprende de sí misma y de su yo, para observar fijamente e interpretar el canto de todos, es decir, aquel que interese a todos.

> Atada va la sangre
> a raíces que no entiende.

Todo en ella dice algo. No hay una palabra que esté sin sentido, o puesta al acaso para rellenar un hueco; todo en ella es utilizable es asimilado por la mente, es alimento para el espíritu y, en ocasiones un reto a la inteligencia.

> Ya que sólo en la sangre despierta
> estará el germen creador defendido.

Su poesía habla de "ligaduras humanas", y confiesa:

> Los ángeles que pasean por mi sangre
> son ángeles rebeldes.

Habla de la verdad, de la verdad que su pecho ilumina:

Mi pecho ilumina
una verdad tremenda.

Dice:

No le niegues al amor tu cara.
Sólo así tu flor tendrá polen
y flotará libre,
goteando muchedumbres
tu cara creciendo con la hierba.
Distintos son los rumbos de la carne
y sólo el viento salvará
a tu pie, que en la ceniza
quedó extraviado....

Criatura de mi amor!
Sólo cuando el fuego
te lleve hasta mi grito,
recuperarás intacta
la espiga que dentro
de tu piel madura.

Fuera necesario morirme y no quererte.
Golpearme la espalda
y atar mi lengua
para no decirte
que están en ti llorando los brotes
y detenidos los arroyos,
porque le niegas al surco
lo que es del surco.

Sólo este poema basta para demostrar que Clementina Suárez es poeta auténtico, por sus temas, por su forma, por su hondo y trascendental sentido de la vida, por sus experiencias básicas, sin límites, descrita con la serena sangre de sus frases; por su afán de "rescatar el ademán perdido", por todos estos nuevos y singulares modos poéticos, propiedad exclusiva de su autora, ahora que, lo que escribe cualquier escritor, recuerda mucho a lo que ha escrito o escribe, otro escritor, ya sean hombres o mujeres, poetas o no. Las poetisas, sobre todo, son como si una misma, hubiera escrito y afirmado lo de las demás. Hay excepciones, por supuesto.

Prácticamente no hay poetisas en Honduras. Puede decirse que Clementina es La Poetisa, las demás se ensayan, pero no han encontrado su voz, ni se han hecho sentir, ni ha trascendido su nombre. Repito: parecen demasiado románticas, no han superado esa etapa del sentimentalismo y parecen estar literalmente obsesionadas por los pinares. Muchos poetas hondureños también.

La urgencia de mi paso
es un puro símbolo
—nada es mío—
una flecha se curva
dentro de tu amor.

¿No sientes deshojarse
pétalos dentro de mis sienes?
¿No sientes que mis manos
te adelantan la rosa,
el aroma y el tacto?
¿Y que mi sueño
es una arteria abierta
que calcina el gusano?
Y que precisas otro nombre
para encontrarte
con la sonrisa
de tu primer niñez.

Indudablemente tiene frases poéticas, auténticas. A veces no llega a sostener la unidad, o mejor dicho, el clima o altitud poética inicial, pero este quiebre que parece dejar algo trunco en el poema al emprender su lectura continua, es también parte de la vida y personalidad de la autora, y le confiere un sello personal, único.

Este sello lo reconocerá fácilmente quien la siga en su trayectoria poética, en sus enredaderas de inquietud, o, como diría el poeta Ángel Martínez, quien siga su cauce como el de un río hasta el fin.

CLEMENTINA SUÁREZ *por Alfonso Gravioto*

Es una flor de lirismo itinerante. Tiene la inquietud emocional de la fuga y el ímpetu creador de lo inconforme. La grandeza de su alma se desborda en expansión contra todo lo estrecho y no reconoce límite, ni de espacio ni de prejuicio. Dice su reacción ante la vida, más que como una confidencia, como una entrega. Sufre avidez de panoramas materiales y mentales; hurga en almas y en climas, y en realidad sólo busca proyectar su espíritu sobre horizontes cada vez más amplios. Su júbilo de vivir llega hasta el goce sádico del dolor. Recibe los zarpazos del destino como los mordiscos de un amante en celo, y en vez de arrancarle lágrimas sólo sirven para aumentar su electricidad emotiva. Es una reconcentrada y una silenciosa; es decir, una intensa. Su sangre es dionisíaca: tiene la furia genial de los cinco sentidos.

Y su cuerpo es como una caldera de maravilla en efervescencia que siempre está elaborando vapores espirituales y efluvios ascendentes. No conoce el pudor porque ignora qué es pecado. Y así, con audacia de pensamiento y de expresión, ha creado poemas únicos en la literatura castellana, que parecen hechos por una bacante angélica o por una seráfica faunesa.

Ha limpiado el sexo de todas las viscosidades mojigatas y lo ha hecho resplandecer de nuevo, paganamente, con el fulgor sagrado de la creación. Este es su valor moral y uno de sus grandes valores estéticos. Su técnica sólo busca fijar el arabesco de la emoción. Y suele ir desde las delicadezas armónicas hasta la zarabanda sobrecogiente de fuegos fatuos y de reguero de chispas que saltan al azar.

Y siempre hace esplender su categórica personalidad, merced al don peculiar de las imágenes y a su intuición certera de lo expresivo. Por eso la trayectoria de Clementina Suárez es vigorosamente ascensional. Esta mujer de selección es ya una gloria de Honduras y pronto lo será también de América. Así lo espera y se lo desea

CLEMENTINA SUÁREZ *por Alberto Ordóñez Argüello*

1

Clementina Suárez es, indiscutiblemente, la mejor poetisa de vanguardia en Centroamérica. Su alma de mujer rompe con los moldes arcaicos y proclama su libertad a todos los vientos. Por su canción corre un aliento de vida y un temblor a veces apasionado. Y es que ella ha sabido arcoirizar la vida, vivirla plenamente en cada uno de sus estados para transmutar su emoción en verso sincero, en vino de viña, en carne de su carne misma hecha para arder como la llama.

2

Una super sensitiva, Clementina Suárez llega hasta obtener una reversión de los sentidos. Podría ver con las manos, saborear la música con los labios, escuchar los colores de un paisaje y apurar en copas de cocktails los frascos de perfumes. Nunca jamás mujer alguna —que yo sepa— pudo haber dicho a Dios —ese buen Dios nuestro que se desayuna con los más bellos elogios de sus criaturas— palabras tan verso, en una seguridad de mirarlo espiritualmente tan ausente de los sentidos, que yo creo que Clementina Suárez los echó a rotar como los siete colores del disco de Newton hasta obtiene el blanco, que es el color del espíritu, el color sin color.

3

Estas son las palabras, este es el verso que Clementina Suárez hizo a Dios; verso lleno de una sinceridad tan grande y de una simplicidad tan misteriosa que merecería citarse entre las palabras tremendas de los místicos:

> Y sin brazos y sin manos y sin ojos
> yo sé que lo podría ver...
> y sin brazos y sin manos y sin ojos'.

4

Clementina es socialista. Su poesía tiene imprescindiblemente que hacerse eco, más de ura vez, de su inquietud ideológica. Esto insufla a su verso una gran humanidad, como cuando nos dice en "Alma Compleja":

> Me exalta la tristeza,
> soy pobre con los pobres,
> enferma con enfermos,
> cielo, qué se va a hacer.

5

El amor es, sin embargo, el diapasón más frecuente en sus poemas. Una música sensual se expande a través de esos versos en donde la mujer se entrega completamente, en donde ama con toda la fuerza de su vida, con el ardor de la Sulamita del Cantar de los Cantares.

Leyendo a Clementina Suárez no veo más que un corazón que se deshoja- como si fuese una flor - en poemas que el viento de la fama se encarga de dispersar hacia las almas amigas. Valga esta breve glosa de su poesía, hecha bajo el apremio de la hora, cuando su visita al solar nicaragüense prende en nuestras capillas literarias un grato entusiasmo por escucharla.

CLEMENTINA SUÁREZ: MIS ENCUENTROS CON POETAS Y ESCRITORES por *Alfonso Velis Tobar*

Mi encuentro amistoso con la poetisa Clementina Suárez, de la hermana Republica de Honduras, conocida a nivel continental, acaeció en la fresca capital de Tegucigalpa, con motivo de nuestra participación, como delegados, junto con los poetas y escritores Roberto Cea, Joaquín Meza, Miguel Ángel Chinchilla y el pintor Isaías Mata, en representación de la Universidad Nacional de El Salvador, en el Simposio de Literatura Centroamericana "Escritores por la Paz de Centroamérica" celebrado en 1986, donde compartimos la presencia amistosa con otros poetas y escritores, centroamericanos y latinoamericanos. Gentilmente los poetas Hondureños Galel Cárdenas y Roberto Sosa nos acogieron en sus casas.

Clementina Suarez, insigne poetisa y escritora, nació en la bella ciudad de Juticalpa en Olancho, Honduras, el 12 de mayo de 1902 y murió en circunstancias sospechosas y trágicas, no se duda, que por su posición política, algún sicario arrebatara su vida con saña en 1991, a sus 89 años.

Según la profesora Janet N. Gold de la Universidad de New Hampshire, U.S.A. expone que Clementina Suarez "mujer bohemia apasionada de los cafés", que desde joven gustaba ir donde quería, hacer lo que le pareciera en gana, gustaba "frecuentar el estanco de Mamá Llaca en el Barrio la Ronda de Tegucigalpa", gozando de la tertulia literaria, en compañía de intelectuales, poetas y artistas de su tiempo. Según nuestra mentora, gustaba vestir de forma desarrapada cuya actitud no dejaba de causar ciertos comentarios a las mujeres de su tiempo en Tegucigalpa.

Clementina Suarez, surge con su poesía en la generación de 1930, plena época de la vanguardia, movimiento cultural que vino madurando, como consecuencia de los estragos que causa de la guerra mundial, retoñando en poetas y artistas en rompimientos y estilos expresivos, desde los años veinte, haciendo frente a la gran depresión económica de 1929. La expresión vanguardista en Hispanoamérica, surge en contraposición a un "modernismo decadente" (para decirlo así) frente a los imitadores de Rubén Darío, quien había muerto en 1916, pocta dc mérito, es quien lleva al Modernismo a la cumbre, semilla que floreciera desde los poetas Francisco Gavidia (1867-1955) y Rubén Darío (1863-1916), gracias al estímulo de poetas franceses, como Víctor Hugo y otros poetas parnasianos y simbolistas, con la adaptación del alejandrino francés, con un nuevo estilo expresivo de ritmos clásicos y musicales, sucede durante la primera instancia de Darío hacia 1882 en El Salvador, cuyo apogeo estético influyó en las generaciones de 1898 y de 1927 en España.

Tal cual todo movimiento cultural el Modernismo florece y decae, claro, cuando ya no cuajaba estética, ni históricamente con su tiempo, resultaba trillado, decadente ante la reacción imperante de la vanguardia, que surgía en Hispanoamérica desde Europa misma.

Según me contaba en nuestras andanzas y malandanzas, el poeta hermano José Roberto Cea (1939), y que fuera grande amigo de Clementina Suarez, escritora, que convivió hacia 1957 con escritores de su "Generación Comprometida", cuando la poetisa desempeñaba el cargo de Agregada Cultural de Honduras en El Salvador y quien como promotora de actividades culturales, solía animar, conciertos musicales, recitales poéticos y tertulias literarias, me cuenta, que la visitaban poetas, músicos, pintores, pues resaltaba como una voz de vanguardia femenina, que mostraba carácter rebelde, mujer que hacía crítica punzante a los amaneramientos o normas oficiales, dictatoriales y religiosos.

Tenía un sentido de humor característico, de gracia delicada, con esa rebeldía a flor de labio, sin escatimar momento, ni lugar ante quien fuera, cuando se deben decir las cosas coloquialmente, con franqueza moral, con sarcasmo, con valentía, contra aquellos que gustan mantener un estado de cosas injustas, egoístas; en este sentido, su poesía profesaba una expresión vanguardista profundamente humana, de protesta y de reivindicación social por la clase más humilde.

Como una anfitriona, la poeta Clementina Suárez animaba tertulias en el llamado Rancho del Artista, ubicado en la salida a Santa Tecla, frecuentada por poetas y artistas como: Camilo Minero, Luis Ángel Salinas, Orlando Fresedo, Manuel Olsen, Dagoberto Orrego Candray, Eugenio Martínez Orantes, René Arteaga, Roberto Armijo, Tomas Guerra, Otto René Castillo (guatemalteco que vivía su exilio por esa época en El Salvador, después cayó combatiendo ante la dictadura militar del sátrapa coronel Arana Osorio en 1967), Jorge

Arias Gómez, Raúl Edmundo Monzón, René Velasco, Roberto Arturo Menéndez, Eugenio Acosta Rodríguez, Roque Dalton, Manlio Argueta, Tirso Canales, José Napoleón Rodríguez Ruiz y José Roberto Cea, quien con esa jocosidad (de cipote jodión que lo distingue) me cuenta algunas estupendas anécdotas sobre Clementina:

"Para un concierto de Angelita García Peña, Clementina alquiló un piano de cola, nos pidió que ayudáramos en la introducción del artefacto al salón del Rancho, para llegar a éste había una pendiente bastante inclinada, así es que los más fornidos tenían que empujar o sostenerle desde atrás, los más dotados por su altura física eran Roberto Armijo y Manlio Argueta, quienes muy afanados detenían el piano que estaba en la cama del vehículo automotor que lo había trasportado al Rancho; por la concentración y el esfuerzo que esto requería, Armijo y Manlio dejaron al descubierto sus traseros, y Roque, juguetón de siempre, al ver los pantalones de los hermanos caínes pegados a sus nalgas, sus inclinaciones propiciaban un buen espectáculo, se las tocó dándoles un pasón con las palmas de sus manos; Armijo y Manlio se asustaron y al mismo tiempo que decían ¡No jodas cabrón!, levantaron los brazos y soltaron el piano que por su inclinación en la pendiente no lo pudieron sostener, sus rodos lo impulsaron hacia la calle, todos nos desconcertamos y salió disparado hasta que se detuvo en el árbol que está en ese triangulo donde convergen las calles.

Allí mismo dio su concierto aquel piano que se fue en música dodecafónica, la envidia que tuvo Esteban Servellón (1921) compañero de generación. A los ruidos y nuestras exclamaciones que no sé cómo calificarlas llegó Clementina y dijo: ¡Qué han hecho! ¡¿Con qué voy a pagar esto cabrones?! ¡No lo podré hacer ni con los pelos de la pupusa!

Me hace reír el Pichón Cea, a carcajada cruda, mientras brindamos una segunda ronda de Supremas bien heladas con boca de manguitos tiernos y chicharrones en la conchería de la niña Remigia Solórzano, mientas, rio desmesuradamente y sigue contándome con alegría, mientras le saltan los ojos al poeta ante una hermosa camarera de piernas relucientes que le dice: y "¿Cuándo me va escribir el poema que me ofreció don Roberto?"… "Ya lo encontrará en uno de mis libros". Le dice sonriente el poeta Cea, saboreando en día caluroso la fresca cerveza, quien como incansable contador de cuentos en amena conversación, me ilustra con otro pasaje sobre Clementina Suarez, viviendo aquí en El Salvador hacia 1957: "En otra ocasión, quien se llevó lo mejor de la noche fue el embajador franquista: su eminencia llegó con sus ceceos y seseos y zezeos hablando como un colonizador falangista, se había olvidado de la llamada independencia del istmo centroamericano y del resto de nuestra América; entonces Clementina le dijo que se callara, él, le respondió que era Embajador del Generalísimo Franco y tenía que decir lo suyo; como siguiera hablando y Clementina ya se encontraba en la etapa donde podía más la liberada mujer que la diplomática, subió el tono de voz y: "¡A callar, cabrón!". "No estoy acostumbrado a estos tratos". dijo el embajador franquista. "¡Aquí te acostumbrarás, hijueputa!", respondió Clementina. Lo demás fue un pandemónium. Cea dice que Clementina tenía tres etapas de sociabilidad: la primera era de amor, dulzura, comprensión, toda alegría; la segunda conforme llegaban los "nepentes" al gaznate, era la de conquista, colonizadora, y por último, en la tercera: la intolerancia ante la impertinencia o sin ellas; ésta le tocó al franquista embajador".

Clementina Suarez estuvo casada aquí en El Salvador con el pintor de tendencia indigenista José Mejía Vides, quien había sido en México discípulo de loa famoso artistas, Diego Rivera, Siqueiros y Orosco. Luego al enfocar la trayectoria poética de Clementina Suarez, comprendida entre 1930 a 1991 se destacan: "Corazón sangrante"(1930), "Los templos de fuego"(1931), "De mis sábados el ultimo" (México, 1931), "Iniciales" (1930) en coautoría de Lamberto Alarcón, Emilio Cisneros Canto y Martin Paz, "Engranajes, poemitas en prosa y en verso" (Costa Rica, 1935), "Veleros" (Habana, 1937), "De la desilusión a la esperanza" (1944), "Creciendo con la hierba"(1957), "Veleros" (La Habana, 1937), "Canto a la encontrada patria y su héroe"(1958), "El poeta y sus señales" (1969).

El renombrado poeta Roberto Sosa, premio de Poesía Casa de las Américas (1971), en una entrevista a la poetisa antes de morir en manos delincuenciales dice que: "Si hubiera una sola palabra para extraer su dilatada trayectoria vital, yo propondría: intensidad hasta la última gota de luz que fuera posible. Por eso, Clementina Suarez le ha profesado al tiempo la más legítima de las lealtades: la autenticidad, lo cual supone a despecho de lo establecido no dejarse avasallar por aquel, no prestar obediencia a sus varios y variados fueros. Ella ha vivido para crecer".

Como vemos, Clementina fue leal a su poesía, muy consecuente con su manera de pensar y de venerar en colectivo todo cuerpo de mujer en sublimidad delicada con el amor, amor intenso como desborda un rio de pasiones, amor humano, amor social, no amor pasivo, sino amor rebelde con visión de ruptura y tradición, amor en la identidad de nuestro pueblo, con sentido de compromiso.

La ensayista hondureña Helen Umaña ha valorado la poesía de Clementina, con justo merito en zendo ensayo de interpretación critica: "Leer la poesía de Clementina Suárez es una experiencia deslumbrante y conmovedora. Deslumbrante por la riqueza de materiales anudados en torno a un eje de tipo erótico-amoroso. Conmovedora por constituir la apasionada radiografía de una mujer empecinada en conquistar, cada vez más, el sentido de su propia dignidad".

Clementina Suárez recibió honores y desempeñó cargos como: Miembro de la Real Academia de Lengua, Premio Nacional de Literatura "Ramón Rosa" en 1970, fundadora de la prestigiada Revista Prisma. Respectivamente en 1969 y en 1984, en reconocimiento a su labor cultural, se publican dos Antologías poéticas, una por la Universidad Autónoma de Honduras y la segunda patrocinada por la Secretaria de Cultura y Turismo de Honduras. Cerramos con su voz poética este opúsculo con uno de sus bellos poemas: "Mágicamente iluminado como un paraíso":

Me Salí de mi vestido/y fui a dar con mi cuerpo,/y pude comprobar entonces /el valor de mis pies, mis manos, mis piernas,/ mi estómago, mi sexo, mis ojos y mi cara./Supe del deleite que cada uno de ellos me ha dado/y me he dicho de improviso: Qué contorno mágico el de mi costado,/qué antiguos y nuevos ecos en el hielo de mis venas,/qué voz en la garganta,/qué silaba impronunciable en el labio,/y qué sed detenida en la garganta.

CUANDO LA POESÍA SE HACE MUJER EN
HONDURAS *por José Antonio Funes*

Clementina Suárez nació en la ciudad de Juticalpa el 12 de mayo de 1902. Sus padres, Amelia Zelaya Bustillo y Luis Suárez formaban parte de una familia de latifundistas y ganaderos. Juticalpa era para entonces una ciudad donde no había ni hospital, ni agua potable ni electricidad, y el trayecto a la capital (Tegucigalpa) podía durar entre cinco y ocho días a lomo de mula. La sociedad en la que crece Clementina seguía conservando su estructura semifeudal donde la mujer debía dedicarse a los quehaceres domésticos, a criar hijos y, con un poco de tiempo, a bordar o a ejecutar algún instrumento.

A comienzos de la década de 1920 se traslada a la capital hondureña. Desprovista de la ayuda económica de sus padres, por haber hecho lo que ninguna joven de su edad y de su clase social hubiera hecho antes, se ve obligada a realizar trabajos para sobrevivir: empleada de tienda, vendedora de libros, mesera. La libertad tenía un precio y Clementina lo tenía claro. Es con tal entereza que a comienzos de los años 30 irrumpe con su poesía en un contexto dominado por hombres, algunos de ellos tan prominentes como Jacobo Cárcamo, Claudio Barrera y Alfonso Guillén Zelaya. Y no sólo irrumpe, sino que se instala con valor, con dignidad y, lo que es también admirable, con calidad, y logra el reconocimiento de hombres y mujeres.

Otro desafío que enfrentó a Clementina con los valores de su círculo social fue el haber establecido unión libre con el escritor Marco Antonio Rosa hacia 1927. De esa relación nacen dos hijas, Alba y Silvia. El hogar no es el mejor espacio para la poeta, dedicar su vida a un hombre acostumbrado a que se le sirva y se le espere no es lo suyo. Ella se siente una reina, una libélula que ha conquistado sus alas a golpe de viento.

La poeta abandona el hogar en 1930 y se dirige a México, el país que había imaginado en los relatos de su padre, el viaje imprescindible al encuentro de ella misma. El México de la efervescencia cultural impulsada desde el Estado y atizada por la llegada de exiliados de España y del mundo entero. El México del muralismo y las banderas del arte revolucionario; de Diego Rivera y Frida Kahlo amándose escandalosamente, pintando escandalosamente. Rivera retrata a Clementina; no se sabe quién buscó a quien, pero el encuentro fue inevitable. Clementina atesora ese retrato, lo guarda hasta finales de la década de 1960, cuando alguien lo roba de la casa de un amigo junto a más de una treintena de obras.

A su regreso del breve viaje a México, publica Corazón sangrante (1930) en Tegucigalpa, el primer libro de poemas publicado por una mujer en Honduras. En el prólogo, el poeta post-modernista Alfonso Guillén Zelaya, destaca que "el verso de Clementina es un verso sin restricciones, poblado de un dolor hondamente vivido, y en el que fulgura con espontánea limpidez, con rigor legítimo, un numen auténtico...".

Todavía con el peso de la poesía romántica, Clementina reconoce que Corazón sangrante es una obra en la que ha influido mucho la vida familiar, sobre todo el afecto a su madre. Así lo evidencia el poema que precisamente lleva por título "Madre":

> Fui la muñequita de tus sueños.
> La rosa que se abrió una noche temblorosa
> en el rosal que germinó en tu vida.
> Fui también lirio que reventó en la calma
> angustiosa que envolvió tu alma
> cuando esperabas del cielo mi venida.

Pero en estos primeros poemas va a aparecer también la vertiente erótica, unida a su afán de libertad, de fugarse del mundo estrecho contra el que chocan sus alas, de volar lo más alto posible, de ir siempre más allá. En el poema "Ala", expresa:

> Loco deseo de alzarse, florecer,
> de ser perfume que se lo lleve el viento,
> de ser tarde, ser noche, amanecer
> y amplio, como el amplio firmamento (...).
> Ala que suba, que el infinito hienda (...)
> que escale en cada esfuerzo nueva cumbre,
> que se sienta fuerte, que se sienta libre,
> que se haga llama y que el espacio alumbre.

Erotismo, libertad, rebeldía serán los distintivos insoslayables en la poética de Clementina. Ninguna mujer hasta entonces escribía poesía abordando esos temas y mucho menos con ese nivel estético. "El estilo es el hombre", dicen, pero en Clementina el estilo era la mujer, esa mujer que ella fue construyendo desde que abandona el ámbito patriarcal y provinciano del departamento de Olancho y se abre paso a puño firme en el salón masculinista de la poesía de Tegucigalpa.

Ella era una poeta rebelde, combativa, inconforme, que se consideraba a sí misma revolucionaria, aunque no aceptaba etiquetas que la identificaran con una ideología en particular. A ella le costó mucho construir un estilo de vida muy diferente al de la mujer convencional de su época, porque su desafío no fue sólo social en el sentido de asumir un comportamiento irreverente y juzgado muchas veces como "inmoral" por la sociedad hipócrita y mojigata de su tiempo. Su desafío fue también cultural, al incursionar en un espacio reservado entonces al género masculino con una poesía donde habla libremente del amor y del sexo. "Sexo", precisamente, se titula uno de los poemas de su libro Templos de fuego (1931).

Nadie, ni un hombre, ni una mujer, se había atrevido a emplear un título como tal para un poema, solo Clementina, que escribe sin temores, sin pudores, con la voluptuosidad y frescura de sus años:

Sexo,
encarnada rosa,
flor de luxuria
por donde salta mi juventud.

En el contexto nacional, el país venía de recuperarse de las heridas de las guerras civiles, pero seguía siendo vulnerable al caudillismo, al tiempo que ya se anunciaba el arribo de una de las dictaduras más feroces: la de Tiburcio Carías (1932-1949). Durante esos oscuros años la vida de Clementina fue un ir y venir entre muchos países: México, Costa Rica, Estados Unidos, Cuba, El Salvador, Nicaragua y Panamá.

Regresa a México en 1931, donde publica dos poemarios: Iniciales y Templos de Fuego, obras en las que se evidencia el contacto con la corriente vanguardista mexicana; pero ahí también conoce al poeta español León Felipe, de quien guarda la imagen de un poeta visionario, comprometido con la justicia.

En Clementina, la publicación de sus libros y su gestión en el mundo del arte están muy vinculados con su vida itinerante en América, en busca de mundo y de posibilidades que no le eran permitidas en su patria. México fue el país donde ella encontró el ambiente más propicio para desarrollar su obra y para convivir con el mundo del arte y los artistas sin que mediaran los prejuicios de la provinciana Tegucigalpa de donde escapaba.

En 1935 reside en Costa Rica y publica el poemario en prosa Engranajes. Se traslada unos meses a Nueva York, donde no logra adaptarse a la vida de esa ciudad; todo le parece ajeno, deprimente, apenas se relaciona con los habitantes de esa trepidante metrópoli. Fue así que decide trasladarse a Cuba, donde consigue calentar sus alas. En ese país soplaban ya los aires libertarios contra la dictadura de Machado, la poesía se enfilaba contra la opresión, los intelectuales asumían su puesto de combate en la lucha republicana y antiimperialista.

Esa estadía en Cuba estremeció para siempre la poética de Clementina. Su poesía se vuelca al compromiso social, la poeta abandona ese yo, hasta entonces tan presente, para encontrarse con los otros, con el pueblo, esa fuerza que impulsa los engranajes de una nueva conciencia, del único viaje, del rio al mar, que faltaba en la mujer nueva que ya era, como lo proclama en el poema "En los brazos del nuevo viento", del libro Veleros, publicado en la Habana en 1937:

> Las cosas se han dado vuelta
> y es crimen hablar de estrellas
> cuando hay que limar cadenas.
> Ahora, si regresara, no podría reconocerme,
> adelante voy con todos,
> buscando la luz redonda.
> ¡No me duele la carne!
> ¡No me duele mi llanto!
> La gran masa grita y avanza
> terrible y multiplicada,

y yo avanzo, avanzo también
en brazos del nuevo viento.

De regreso a Tegucigalpa, en 1944, publica De la desilusión a la esperanza. Para entonces ya se le reconoce como poeta vanguardista, su poesía encaja perfectamente con las aspiraciones de su pueblo oprimido por una dictadura que dicta los miedos y los silencios. Muchos de los poetas de la "Generación de la Dictadura", como Jacobo Cárcamo y Claudio Barrera, abandonan el país. Clementina decide resistir, se hace más fuerte, más desafiante. Contrae matrimonio con el poeta Guillermo Bustillo Reina (1898-1964), pero tampoco acepta las reglas de esa relación y opta por la libertad de ser ella misma y su poesía.

La mayor parte de los poemas de Clementina Suárez son intimistas, pero es un intimismo que busca también lo colectivo en lo amoroso y en lo social, como puede advertirse en el poema "Lamentos en el espacio", donde hombre y mujer comparten el mismo plano —sin subordinaciones— ante todos los elementos que los reúnen en el universo:

Amor. Tú estás dormido,
sin darte prisa por salir de la noche
mientras yo atajo lamentos
de madres y de niños.

Su visión estaba dirigida a un cambio de la sociedad que consideraba construida sobre las bases de la injusticia. Sin embargo, en el fondo, ella se sentía parte de una colectividad que iba más allá del territorio nacional, su pueblo eran todos los pueblos, su destinatario la humanidad. Por eso, en cualquier parte del mundo donde ella estuviera, nunca se consideraba una extranjera, como lo expresa en el poema "Sin residencia", que merece leerse íntegramente:

Voy,
vengo.
Y luego pienso

que lo mismo
aquí que allá,
no hay
un lugar

conseguido.
Que aquí, como allá,
soy lo que
las gentes llaman
"un extranjero".
Y como un extranjero
iré y vendré.
Hasta que aquí
como allá
ni yo
 ni nadie
 lo sea.

A finales de los años 40 vuelve a México. Ahí funda la Galería de Arte Centroamericano, la primera galería que permite al público mexicano apreciar en conjunto las obras de los mejores artistas centroamericanos de la época. En ese contexto conoció a su tercero y último esposo, el pintor salvadoreño José Mejía Vides (1903-1993), con quien decide trasladarse en 1949 a El Salvador, luego que éste fuera nombrado en su país director de la Escuela Nacional de Artes Gráficas. Ella, por su parte, funda en los años 50 "El Rancho del Artista", desde donde impulsa el arte centroamericano.

Clementina fue también una apasionada por la pintura, una gran coleccionista de arte y una guía imprescindible en el ámbito de escritores y artistas. Su propia casa era una galería donde sobresalían los mejores artistas de América. En 1982, la Universidad Nacional Autónoma de Honduras dio a conocer un libro-homenaje con 100 retratos que pintores de Honduras y del extranjero dedicaron a la poeta.

Entre 1955 y 1957, precisamente durante la breve dictadura de Julio Lozano Díaz (1885-1957), la poeta se desempeñó como Agregada Cultural de la Embajada de Honduras en El Salvador. En el último año de su misión como diplomática obtiene el premio de poesía otorgado por el Ministerio de Cultura salvadoreño, con el poemario Creciendo con la hierba (1957).

En 1958 toma la dolorosa decisión de separarse del pintor Mejía Vides. La devoción que su cónyuge deparaba a la pintura no pudo superar el amor a la poeta. Ese mismo año regresa a Tegucigalpa, motivada por la apertura democrática del gobierno de Ramón Villeda Morales (1908-1971). El país avanza en sus instituciones, se crea una ley de trabajo, una ley de la seguridad social, se construyen puentes, se abren carreteras. Clementina se une al tren del progreso, el gobierno la nombra directora en el Ministerio de Cultura.

La poeta organiza exposiciones de libros, incluyendo su propia biblioteca, funda galerías de arte y clubes de lectura. Además, este retorno le inspira la obra Canto a la encontrada patria y a su héroe (1958), texto que reúne un extenso poema dividido en trece estrofas que poseen también un valor autónomo, donde sale a relucir la figura emblemática de la unión centroamericana: Francisco Morazán (1792-1842):

> Me intriga tu corazón
> hermoseado en la historia.
> ¡Qué inexplorado mundo
> en tu limitada pupila!
> Hay que sobrevivirse
> pero en la espina dorsal de tu cuerpo.
> En tu fabulosa estructura,
> habitante de mar y tierra.
> Un pueblo de erguidos pinos
> te sostiene la cabeza.

Lamentablemente en 1963 sobreviene un golpe de Estado contra Villeda Morales y se implanta el régimen militar de Oswaldo López Arellano (1921-2010). En el continente fracasa el modelo de la "Alianza para el Progreso" propugnado por los Estados Unidos para detener la influencia de la Revolución Cubana. Clementina resiste, no se humilla, no huye, se fortalece, sale al frente, hombro a hombro con los estudiantes y el pueblo indignado, y recita en el Teatro Nacional uno de sus poemas más conocidos, "Combate":

Yo soy un poeta,
un ejército de poetas.
Y hoy quiero escribir un poema,
un poema silbatos
un poema fusiles
Para pegarlos en las puertas,
en las celdas de las prisiones
en los muros de las escuelas.
Hoy quiero construir y destruir,
levantar en andamios la esperanza.
Despertar al niño,
arcángel de las espadas,
ser relámpago, trueno,
con estatura de héroe
para talar, arrasar,
las podridas raíces de mi pueblo.

La poeta es valiente, pero la situación del país se vuelve cada vez más asfixiante. Intentó muchas veces montar en Honduras una versión de El Rancho, tal como lo había logrado en El Salvador, pero le fue imposible. No había en su país una expresión artística que provocara asimismo un mercado del arte y motivara a un público a asistir a exposiciones y comprar obras. Es así que en 1965 decide regresar a El Salvador para revivir El Rancho. En el vecino país contaba con el apoyo del Ministerio de Cultura, de personalidades del mundo del arte y hasta de un amigo empresario, Francisco Núñez Arrué, quien le ofrece un terreno para instalar el proyectado centro cultural.

En una carta fechada en 1965 confiesa a su amigo, el dramaturgo Francisco Salvador, las razones que la obligan a dejar su patria: "Dejo Honduras no por no quererla, sino porque la mejor forma de hacerlo es realizando mi obra y estoy convencida de que esto me es absolutamente imposible aquí. No quiero ser una más de la infinidad de valores hondureños defraudados".

Desgraciadamente, en julio de 1969 acontece una guerra entre Honduras y El Salvador, conocida como "La Guerra del Futbol", ya que un partido entre ambos países para las eliminatorias que conducían al Mundial de 1970 en México fue el detonante del conflicto. Sin embargo, la verdadera causa de la guerra fue la lucha regional de mercados, la incapacidad de ambos gobiernos de resolver los problemas internos de desempleo y la demanda de adjudicación de tierras de parte de los sectores campesinos. Apenas un mes duró esta guerra, pero la exaltación del nacionalismo en ambas partes hizo que el odio, como una peste, causara la muerte y la persecución despiadada de ciudadanos salvadoreños en Honduras y de ciudadanos hondureños en El Salvador.

Años más tarde, el poeta salvadoreño Roque Dalton (1935-1975) se burlaba de esa guerra con un breve poema donde expresa: "Mi verdadero conflicto honduro-salvadoreño fue con una muchacha", incluido en su libro Las historias prohibidas del Pulgarcito (1974).

Clementina se vio obligada a regresar a Honduras, donde sus amigos más queridos le preparan un homenaje en la Universidad Nacional Autónoma de Honduras (UNAH), que incluía presentaciones musicales y lectura de ensayos en su honor, además de la publicación de varios libros, entre ellos El poeta y sus señales (1969). Para entonces ya era una poeta reconocida en Honduras, no para de recibir distinciones y homenajes dentro y fuera del país. No obstante, la distinción más importante le vino de parte del gobierno hondureño: en 1970 recibe el Premio Nacional de Literatura Ramón Rosa.

En su discurso de aceptación, expresó: "...No he de decir que no merezco esta distinción, porque esto sería una falsa modestia; sí la merezco, porque he sido leal a mi vocación y la he mantenido con la más alta dignidad...".

Las décadas de 1970 y de 1980, a pesar de las dictaduras militares, fueron más propicias para el desarrollo de la vida cultural de Honduras, sobre todo en Tegucigalpa donde, teniendo como centro la Escuela Nacional de Bellas Artes, surgen importantes talentos de la pintura que provocan la creación de galerías de arte y el impulso de la compra de piezas artísticas, principalmente de parte de banqueros y empresarios. El gobierno de López Arellano deviene populista y emprende reformas en el sector agrario; sin embargo, en 1975 es expulsado del poder por estar involucrado en un escándalo de sobornos de parte de la transnacional bananera United Brands Company.

En 1975, cuando la poeta compra una casa en el antiguo barrio La Hoya de Tegucigalpa, ya se le considera un mito viviente. Alrededor de ella se congregan escritores, poetas y artistas; los medios de comunicación se desviven por entrevistar a esta mujer que hablaba con franqueza y valentía, que detesta que la llamen "poetisa". A finales de 1970 Centroamérica deviene un territorio bastante convulso. En Nicaragua, el Frente Sandinista de Liberación Nacional derroca la dictadura de Anastasio Somoza (1925-1980). Los movimientos guerrilleros en El Salvador y Guatemala cobran fuerza. En 1981, después de 18 años de dictaduras militares, Honduras recupera la vida democrática a través de un proceso electoral, pero los Estados Unidos convierten al país en una plataforma contrarrevolucionaria de la región. Es la tenebrosa década de 1980. Para entonces Clementina es ya una mujer mayor, pero su voz sigue siendo firme contra la represión y las injusticias, un símbolo de la reivindicación femenina y la defensa de los derechos humanos.

En 1988 publica su último libro en vida: Con mis versos saludo a las generaciones futuras. El editor, Rigoberto Paredes, manifiesta en el prefacio de la obra, refiriéndose a Clementina: "Si hubiera una sola palabra para extraer su dilatada trayectoria vital, yo propondría intensidad. Años y años vividos segundo tras segundo, escanciándoles hasta la última gota de luz que fuere posible".

La poeta parece eterna, sigue guardando el humor de sus años juveniles, la satisfacción de haber vivido más de lo que la vida le ha ofrecido. A menudo se le ve en las recepciones, celebrando la vida con una copa de vino, tomándose fotos con los jóvenes, sonriendo a la prensa. Vive sola en su universo y sus pequeñas cosas. Parece eterna Clementina. Llega a los 89 años, pero no más.

En 1991, alguien, no se sabe quién, nunca se supo qué sombra cobarde irrumpe en la casa donde Clemen soñaba que la muerte tardaba. El asesino se ensaña brutalmente contra la mejor poeta que tuvo, que ha tenido Honduras, roba lo que puede y huye para siempre.

CRECIENDO CON LA HIERBA por *Rafael Paz Paredes*

Clementina Suárez navega por aguas tan profundas, que los ojos no la pueden seguir. Es el tacto, es el corazón en el tacto, el que desciende hasta el fondo de estética purísima que ni los ojos glaucos del delfín pueden encontrarla. Navega con ella mar adentro, hasta el fondo cenagoso de aguas con algas y recuerdos donde la integridad territorial del espíritu verdaderamente poético, está clamando, no barcos, ni buzos, ni luces, sino lanzas desangradas para alcanzar.

Hoy, que en sagrado misterio he escuchado su voz desintegrada, de nuevo llego al clímax violento de su evasión.

Clementina, cuyo nombre suena a vino y a son de amor lejano, trae en las manos un ramo de jacintos tiernos para que los débiles de corazón, los egoístas, los cobardes "VENGAN CON ELLA A APRENDER DEL JUSTO EMPECINAMIENTO DE LA VIDA".

Porque la vida en ella es múltiple, va desde el simple Caimán, hasta el roedor inocente, que con ojos turbios socava mundos ignorados.

En ellos nos metemos a diario, creemos plantar en ellos nuestro zapato sordo, creemos adquirir con ellos la sólida dimensión de la rosa y escupimos abyectos cuando el olor o el perfume no nos llena.

¿Es culpa suya? Es culpa nuestra?

La culpa no tiene jardín ni territorio. Lábranse en ella batallas desiguales. Por ejemplo, la del clavel contra el aire; la de la espiga contra la luz; la del arácnido contra la sombra, y la del poeta contra sí mismo.

Hoy merced a la gracia de la lluvia y a la reiterada reticencia de un cantar he descubierto (perdón señores quise decir he reencontrado), una voz auténtica de mujer que llevando sobre los hombros el equilibrio salvaje de armonía, pudo decir sin embargo su íntima verdad.

El peso aniquila, si por algo los mundos se mueven en eterna rotación que engendra el cotidiano afán es por el peso de las cosas y los seres inertes que se mueven fríamente dentro de tanto mundo (tanto corazón) calcinado.

Sin embargo, el milagro, el verdadero milagro de la creación es resurgir, es ver desde las entrañas disecadas por nuestra propia sangre un mar, o un río desangrándose.

Ayer cuando volvía de una cotidiana fatiga cerca de la colonia proletaria donde habito, vi a una niña de dos años y medio exactos balanceándose en el andén al andar, habíase desprendido de las manos del aya torpe que estaba destinada a conducirla por los caminos metropolitanos y seguros de la ordenada y municipal tristeza.

Vi sus ojos de luz ensancharse como dos faros oceánicos; quise darle la mano, atrapé sus pañales tibios en mis manos frías y expuse el doble insomnio de mis ojos ante su paso inseguro.

Le dije: yo soy el caballero que ha venido a tenderte un tapete de amor y de seguridad. No cruces la calle que es peligroso. Dame tu mano.

Ella se quedó mirándome, como si desde el viento enloquecido de sus pupilas, mil años de experiencia estuviesen brotando de sus pequeñas piernas temblorosas, y la niña siguió avanzando, con un lucero en la voz y un cántaro de aguamiel en la garganta.

Era Clementina Suárez que cruzaba.

CLEMENTINA SUÁREZ O LA PERENNIDAD EN LA POESÍA *por Martín Paz*

Cuando haya de escudriñarse mañana en la vida literaria de Clementina Suárez, habrá que rebuscar en los mil y tantos vericuetos de las frescas tierras olanchanas para encontrar el hielo generador de la efusión que, tiempo después, viniera a convertirse en el torrente lírico de hoy, mensaje suyo legado a las generaciones postreras.

Por ahora renovamos en el presente algunas escenas y pasajes de cierta "golondrina loca'" que pasó por la paz comarcana de la antigua Xelajía, según feliz expresión de Carlos Wyld Ospina.

En nuestro caso particular empezaremos por averiguar dónde quedó la primera piedra blanca en el camino de la vida.

Allá por los inicios del año 35, en México, cierto día el teléfono trajo una voz conocida: "Clementina Suárez quiere verte".

Después vinieron los enlaces en el ambiente mexicano: periodistas, estudiantes, gente de pluma y lápiz, caricaturas, pintores.

¿Pero qué antecedentes encuentro en el recuerdo acerca de Clementina Suárez? —me dije.

¡Sí! Tegucigalpa. El Colegio de las Saravia. Algo vago, incierto. ¿Cómo era? Y recordé: un conjunto infantil de uniforme colegial encerrando un cuerpecito entre clorótico y menudo; en fin, una muchacha sin mayor importancia. No más.

Los años volaron. Las olas me llevaron a playas desconocidas y los trenes en fuga a ciudades, borrosas hasta el punto final de México.

Mientras tanto, allá, en ella, los renglones —crecían con su vida— engrosando cuadernos, pacientemente.

¡Terminados sus estudios, qué sé yo! ¿A viajar? Así parece.

Un día llegó a México. Su tarjeta de visita: un tomito de versos editado en Tegucigalpa: "Corazón Sangrante".(1936)

Tras ese primer brote vienen el desplegar de alas, el ansia de horizontes nuevos y la red de nuevas sensaciones.

De los nativos pinares hondureños su itinerario toca en Washington, de Washington a México.

Ya en la capital tenochca: veladas, paseos, tertulias, reuniones, agasajos, fotos, entrevistas, elogios, simpatías llenan buena parte de este capítulo de su vida. Si esto es lo que llaman la gloria, no lo sabemos; pero lo sospechamos.

Un día alguien sugirió un "souvenir" para los amigos y apareció "Iniciales", seguido por "De mis Sábados el Ultimo". ¿Título profético? No hay duda, aquella frase de Wyld Ospina encerraba una gran verdad. Y es que nuestra heroína, de México emprendió un vuelo quién sabe hacia qué remotas regiones. El tiempo, ese mensajero de todos los rumbos y de todas las épocas, nos fue dando noticias de sus altos en el camino: Estados Unidos primero, México después; luego Colombia, Panamá, Cuba, Santo Domingo, Haití, Costa Rica, Puerto Rico, Honduras, y, otra vez, México vieron llegar y detenerse su sombra.

Algo debía caer de las mieses de su personal predio, a lo largo del camino y fueron quedando: "Veleros" en La Habana, 1938; "Templos de Fuego", 1939 en México, y "De la Desilusión a la Esperanza", en Tegucigalpa, 1944, para venir, nuevamente en México, "Creciendo con la Hierba".

"Creciendo con la Hierba", este es su más reciente esfuerzo cristalizado ya en versos de factura reciente, de técnica madura, y de contenido en que fermentan, alternando, el sinsabor de la vida, las reconditeces del destino y los recodos del amor y de la muerte.

Es un continuo mirar hacia adentro, en donde aún quedan reminiscencias que recuerdan el viaje de la desilusión a la esperanza. La desilusión venía con ella. No se la puede encontrar en parte alguna. La esperanza es siempre una sorpresa del amanecer, del recodo en el camino o del encuentro repentino con la claridad. Y el poema comienza, partiendo de la desilusión, al rumor de la hierba que crece: "Pudo ser, pero estaba la espina".

Mas la espina no detiene el impulso, porque la esperanza está allí, en el fondo de lo inesperado, acechando, lista para encender su lámpara de ensueño y luego se dice, como para consolarse, presintiendo el cambio de la penumbra en radiaciones: "Y fue. En aquel pliegue triste de mi sangre donde, pálida, quedó tu sonrisa que se hizo hielo sobre tu pecho ausente". Y luego: "Obediente la rosa a su destino, tuvo que ir mostrando el candor de su rostro".

De pronto hay un exabrupto en el soliloquio: "Te quemará el amor los huesos, ¡Niña del Aire! ¡Paloma del amanecer!", para reafirmarse, definitiva, más adelante. "No caería por eso la estrella de tu mano!".

¿Pero a quién va dirigido este dolor hecho grito de temor, de duda, tierna y maternalmente desgarrador? ¿A la hija innombrada? ¿Al alba que no llega? ¿A la angustia que insensibiliza?

¡Quién sabe! Los poetas se expresan así. Hablan por los que callan. Lloran por aquellos a quienes la intensidad del drama aherrojó el lamento. Siempre hay un secreto que asoma, por instantes, dejando apenas entrever, entre línea y línea, el fantasma querido que no se deja tocar, que no se deja ver, que no se deja nombrar.

Así viene al libro y se va con él, en él, ese misterio que es el alma de toda creación humana, paralela de la creación cósmica en el sin por qué de las interrogaciones que la vida pone de trecho en trecho, en toda vida.

EL TIPO DE MUJER QUE MAS SATISFACE por
Gabry Rivas

Hace pocos días, la peregrina poetisa Clementina Suárez, mujer de Centro América que nació en Honduras, reapareció en Managua para hacer un alto como estación de tránsito sobre su camino. (Los caminos no son largos ni son cortos: su kilometraje depende del humor, de la paciencia y del tiempo de que dispone el viajero).

Como quien se prepara para seguir trabajando y para descansar en el trabajo, Clementina Suárez sostuvo hace pocos días una charla frente a los micrófonos de Radio Mil, nuestra plataforma de trabajo. La poetisa nicaragüense Carmencita Centeno Gómez y yo la invitamos a un programa sabatino que con el nombre de Fases de la Cultura, lo dedicamos a cultivar el verso y a comentar la vida: es la música romántica y la charla desaliñada, el estilo de los pájaros que vuelan cuando cantan.

Clementina Suárez se detuvo en la rama, es decir, en la antena, frente al nido del micrófono. Como yo la conozco desde hace muchos años —la encontré en Nueva York, como en México, como en El Salvador, y como en Costa Rica y Honduras, en todas partes—, de antemano sabía lo que nos iba a decir.

Pues no acertamos. Clementina Suárez nos dijo algo nuevo, renovado: como conocedora de una misma tierra parcelada, se ha convertido con fe de sacerdotisa, al unionismo: Centro América debe ser para todos los centroamericanos lo que es para ella misma: una sola Patria, con la herencia de Morazán y de Mendieta y con la promesa del millonario y filántropo Paco Núñez Arrué de cuya generosidad de manos abiertas nos habla la historia y lo confirman los hombres y las banderas.

Este es el tipo de mujer que me satisface: como la luna siempre brillante cuando crece y cuando mengua; porque su menguante es tan facético como el total de su fisonomía redonda, como una moneda de plata. Además, describe la trayectoria de su pasado luminoso y promete nacer nuevamente, resucitar en la misma pompa plateada de su capacidad de luna nueva.

Esto es Clementina Suárez que ahora está organizando una Exposición de Pinturas de Centro América y Panamá. Nos hace entrega de su libro CRECIENDO CON LA HIERBA. Nos lo dedica: "Para Gabry Rivas, con el cariño de ayer y de hoy". Nos deja entre otras, la emoción de su estampa, la música de sus canciones, la nota palpitante de su voz y la evocación de su recuerdo.

Y un deseo de ser, más de lo que ha sido siempre, una mujer original en el servicio, en el afán de superarse, de ser más de lo que ha sido, más de lo que es; de entrar a la historia coronada con los cinco laureles de las cinco repúblicas, de las seis, como para tener salida al mar profundo y ancho de los horizontes, más que hacia los astros del espacio infinito, al lecho amable de la Madre Tierra donde reposan los restos de la superación bajo la cruz del tributo inmortal.

A mí me satisface del todo la mujer que se supera por la superación del espíritu.

"Mis ruegos se dividen en vida o muerte jubilosa", exclama Clementina Suárez mientras se siente que a su paso va CRECIENDO CON LA HIERBA.

DIÁLOGO CON CLEMENTINA SUÁREZ *por*
Roberto Sosa

En un lugar de Tegucigalpa, hemos sostenido una corta entrevista con Clementina Suárez. Autora de ocho poemarios, entre los cuales se destaca "Creciendo con la Hierba", Clementina Suárez es la solitaria representante de la actual poesía hondureña femenina; resultante final de su entrega total a las cosas del espíritu. Remitimos a nuestros lectores los términos del diálogo:

—**¿Qué es la poesía para ti?**
La poesía es la única auténtica expresión de todo mi ser; además me ha servido para revelarme, para dar mi limpio testimonio de la época que estoy viviendo. Para tener un mundo interior que constituye mi mayor fortaleza.

—**¿Qué piensas de tu obra poética de los últimos años?**
Cada día el poeta encuentra nuevas formas de expresión. El lenguaje poético de nada sirve si no se tiene qué decir. La poesía es una magia que puede huir si no se utiliza. Creo que mi poesía se ha humanizado cada día más, y siento como propio el drama de mi pueblo, de los pueblos.

—**¿Sufre el país una crisis de valores morales?**
No es propiamente que haya crisis, sino que los que se quedan intramuros no son vistos más que como hijos del vecino, que se mueven entre cuatro paredes, densas de silencio y de incomprensión; otros se van fuera y dentro les falta difusión. Pero sí hay valores en Honduras, pero se necesita verdadera valorización de ellos.

—**¿Está realmente vigente la discutida "Generación del 35? De este grupo, quiénes a tu entender, sobrevivirán después de transcurridos 50 años?**
No creo en generaciones de ningún año; creo en valores esporádicos de cualquier tiempo, a los que solamente el tiempo y su actuación dirán si sobrevivirán después de los cincuenta años. Pero creo que nadie puede dudar que la obra de Jacobo Cárcamo

sobrevivirá como valor poético, moral y de testimonio de su época, suplantado por otros que a veces no tienen ningún valor.

—¿A qué se debe la ausencia casi total de valores literarios femeninos dentro de la creación artística hondureña? ¿Quiénes son las mujeres de Honduras que seriamente se les puede llamar intelectuales?

Es raro ver a una mujer que le interese siquiera la lectura. Hay un mundo aparte para ella en el que se ahoga toda vocación, cuando alguna vez la tiene. Además la literatura como vocación es disciplina, renunciamiento a muchas cosas y sobre todo a comodidades. No es una carrera que se puede tomar como distracción. Pero sí hay algunas y ya surgirán otras, su valor se los dará el tiempo.

—¿Nos estancamos?

¿Pero cómo crees que no nos vayamos a estancar, sin un movimiento cultural, sin difusión, sin libros; sin la editorial, sin apoyo para los valores que luchan desesperadamente apenas para sobrevivir? Sin un estímulo, en fin, en un ambiente desolado, en que el intelectual no tiene ningún valor?

—¿Qué debe hacer el Teatro Nacional para aumentar la calidad de sus espectáculos?

No estoy muy enterada de cómo trabaja el Teatro Nacional, pero tengo un gran respeto por el trabajo realizado por Francisco Salvador. No soy ajena a su lucha y su afán por imponer las técnicas de los mejores maestros del mundo.

—¿Qué concepto tienes de nuestro periodismo?

El periodismo es el puerto de escape de muchos. Unos aciertan, otros no, pero sí debe haber una seria censura por adecentar la prensa nacional.

—¿Cómo supones tí, ve el Estado de Honduras al escritor?

El Estado no ve al escritor. Lo único que ve el Estado es al que puede utilizar en sus fines: olvidando que la grandeza de una patria está en sus valores intelectuales.

—¿Ha hecho daño a nuestras letras la falta de crítica? ¿Hasta qué grado?

La falta de crítica es fatal. Pues no hay una distinción de lo que es bueno y lo que es malo y el pueblo se confunde y no sabe diferenciar. Pero con el tiempo lo que no vale desaparece, se hunde. El tiempo es el gran censor.

—¿Qué importancia tiene para Centro América el Premio Nobel concedido a Miguel Ángel Asturias?

La importancia de que Miguel Ángel Asturias haya obtenido el Premio Nobel es trascendental, porque nos hemos incorporado a la literatura universal, y se estima el testimonio de estos pueblos por la boca de uno de los más veraces relatores.

—¿Cuál es la diferencia esencial entre la gente de letras de ayer y de hoy?

La importancia de ser gente de letras de hoy es el habernos tocado vivir esta época de lucha a muerte, y vivencia por los nuevos ideales en que no hay nada más importante que el hombre. Pero en el ayer también los hubo, pero muy pocos; estaban más atados al convencionalismo de la época.

A MANERA DE PRÓLOGO *por Hernán Robleto*

Se significa la labor poética de Clementina Suárez, especialmente en este tomo de "LOS TEMPLOS DE FUEGO", por una audacia que podría ser considerada por los mojigatas como una perversidad. Esta perversidad privará en aquellos que, como el Alcalde de marras, mandó a cubrir las estatuas desnudas de los paseos públicos, porque ofendían al pudor municipal.

Pero hay que mirar con ojos de arte los versos de este volumen; con los ojos que no se inmutan ante la divina curva, palpable o ideal, y que tienen una santificación para las coas sensibles.

El atrevimiento de Clementina jamás podrá calificarse como perversidad. Hay que conocerla para apreciar su alma. Hay que tratarla para ver su dolor y convencerse de que no hay poses extremas en sus actitudes.

Es una muchacha que no habla de literatura. Es una poetisa sincera y cándida. Cándida como esas mariposas que se posan sobre el lodo y lo adornan con su delicadeza.

No entra con malicia a los escabrosos asuntos de su poesía. Vuela libremente, con el formidable poder de su sinceridad, la potencia de que hablaba el poeta, sin seleccionar sin aquilatar las florecillas del manojo formado en sus interiores vergeles.

En "LOS TEMPLOS DE FUEGO" se mezcla un misticismo panteísta al ardor tropical. Y, sobre todo, palpita la honradez, que es la característica descollante en el numen de Clementina Suárez.

Esta sinceridad y no se nos califique de monótonos es la misma que obliga a la poetisa a no detenerse en cañamazos femeninos para bordar preciosismos; no es de las que buscan la formación de molduras churriguerescas, ni de las que elaboran rositas de papel de china para adornar su estancia.

Es fuerte en su desnudez y delicada al mismo tiempo, nerviosa como un élitro. Ella misma lo dice en su bella poesía "EL RUEGO": Yo en un segundo vibro cien mil veces/Abrazada a los muslos de Dios/eleva sus ojos sin pecado/en la honda plegaria que pide que el cielo sea blanco y el sol se vuelva azul.

Clementina Suárez tiene ya una producción considerable y en esto precisamente está el error, porque no selecciona, porque avienta sus

213

versos frescos y todavía con el rocío del amanecer. No se preocupa de métricas y lanza el trino en todas las oportunidades.

Su profundidad está en razón directa con la espontaneidad en que desperdicia sus versos.

Algunos de éstos debería cubrirlos por razones de estética, esperando la mayoría de edad; pero no hace caso de estos consejos, por aquello de que es muy sincera.

Además, ¿a qué madre se le debe exigir que no saque a todos sus hijos en el paseo matinal, tirando de sus manecitas por los prados del jardín?

EL LEGADO POÉTICO DE CLEMENTINA
SUÁREZ *por Helen Umaña*

Clementina Suárez (Juticalpa, Olancho, 1902-Tegucigalpa, 1991) es de los nombres fundacionales de la poesía hondureña de vanguardia. Su trabajo —en progresiva decantación— comprende los siguientes títulos: Corazón sangrante (1930); Los templos de fuego (1931); De mis sábados el último (1931); Iniciales (1931), en coautoría con los mexicanos Lamberto Alarcón y Emilio Cisneros Canto y el hondureño Martín Paz; Engranajes, poemitas en prosa y verso (1935); Veleros (1937); De la desilusión a la esperanza (1944); Creciendo con la hierba (1957); Canto a la encontrada patria y su héroe (1958) y EI poeta y sus señales (1969).

CORAZÓN SANGRANTE

Libro de romántico título que hace honor a su nombre y cuyo tema central es el amor en su vertiente más dolorosa y desconsoladora: en contraste con la pasión exacerbada del yo poético, el desamor del sujeto que centraliza la existencia. Con pocas excepciones, los casi cincuenta textos destilan sentimientos concomitantes a esa Intima verdad. Rebosan de dolor. En "Por los viejos caminos", la metáfora traduce el angustioso existir:

Largos caminos, blancos, negros, duros/cubiertos de espinas y de hiedras/de arenas blancas y de finas piedras/Qué camino tan largo el que voy recorriendo/ y como cada noche que me sorprende/tiene para mí un presente de dolor.

La intensidad del sufrimiento, por reflejo, despliega las carencias que lo originan. La avasallante necesidad del otro. El deseo y sus lacerantes dardos. La ternura desbordándose. El clamor que no encuentra resonancia. "Vano sacrificio", "Al pie de tu ventana", "Me envolvió tu ternura", transparentan esa dimensión. En "Mi luminosa soledad", la acumulación de adjetivos subraya la desolación:

Va cayendo gota a gota sobre el hondo silencio de mi vida, la tristeza/y mi alma, rota, sangrante y moribunda/va esfumándose en la profunda neblina del silencio.../Si los gritos de mi corazón pudieran/ con su fragor estremecer la noche/¡Cuántas flores de ternura florecieran!/Qué riqueza de luces, qué derroche/de risas brotará de sus sombras!

La insatisfacción —el encontrarse con las manos vacías del bien anhelado— es tema recurrente. "Ruego", "Alma lejana", "Plegaria", "Luz", advierten sobre la pérdida de asideros espirituales. Con frecuencia, la desesperación obliga a que los ojos se dirijan hacia el mundo natural. Su belleza o esplendor contrasta con las tormentas interiores ("Quietud crepuscular", "Tarde"...); es un espejo de la propia desolación ("Cuando la lluvia cae") o se torna en lenitivo para el alma lacerada: Dame tu ternura fuente/para saciar mi sed y refrescar mi frente./Dame tu fuerza, caudaloso río/para matar este negro y doloroso hastío./(...) Dame tu sombra… ¡Oh árbol soñoliento!/Para abogar bajo ella mi lamento./Lirios, dadme vuestras fragancias/para ahuyentar mis sueños y aquietar mis ansias.

En rara oportunidad, en contra de la evidencia (que dice todo lo contrario), en el alma alienta —débil— la ilusión. Tercamente, confía en la posibilidad de desandar senderos y remontar el punto de la separación. En "Los dos", porfía en restaurar el entendimiento amoroso:

Dame tu mano fuerte y emprendamos/el largo camino de la vida/ quizás en la peregrinación nos encontremos/con un dolor, una risa o una herida./Yo sé que tú darás a mis dolores/la miel de tu palabra, y el camino/en vez de espinas, se cubrirá de flores/y habrá de tarde en tarde un suave trino/La tierra, santa en ternura nos abrirá sus brazos/ y olvidaremos por fin nuestras querellas/se acabarán las noches los ocasos/ con los besos de luz de las estrellas.

El ruego quedó en el vacío. La mano anhelada no extendió su ternura. Otras ilusiones tampoco se concretaron. "Ansias" descubre un desencanto que no sólo se refiere a la relación masculina. Hay, en la existencia, un signo trágico implicado en el vivir mismo:

He soñado tanto que a veces he querido/soplar sobre esos sueños y hacerlos florecer/fundirme en sus fragancias, perderme entre tu olvido/y diluirme entre las ondas de un suave atardecer/Que sea esta mi vida como un dulce latido/de nota melodiosa que se apagó al nacer/ como un suave suspiro, como un tenue quejido/de ilusión que quiso haber sido y nunca logró ser.

Además, surge un tema que Suárez profundizará posteriormente: el de la incapacidad del hombre para dimensionar la riqueza femenina. En "Me envolvió tu ternura", después de evocar momentos de amor, surge la devastadora realidad: pero vino la noche/te asustaste/y me dejaste.

En "Al pie de tu ventana", polariza las dos situaciones: amor-indiferencia. La reconvención presagia destinos diferentes. El saldo de soledad para uno y la búsqueda de cumbres de elevado vuelo en el caso del yo. El tópico de la dignidad femenina empieza a formularse:

Llamé toda la noche y la luz de la mañana/me sorprendió frente a ella, cansada, de rodillas/(...) Te quedaste solo, porque jamás quisiste/ descifrar lo que en el alma de la mujer existe/ y yo seguí mi camino, tras la estrella lejana/que enfila mi existencia por caminos floridos.../ ya no oirás más lamentos, ya no oirás más quejidos/ni súplicas, ni llantos al pie de tu ventana.

Pero esa decisión no es sinónimo de calma. La idea del bien perdido provoca sentimientos de nostalgia. Como ya lo habíamos visto en Juan Ramón Molina, en Froylán Turcios y en José Antonio Domínguez, también, en Clementina Suárez, la melancolía —de agazapados filos— es un estado de alma al cual se propende. Sin embargo, Clementina no rinde banderas; insiste en cambiar el signo negativo. Empleando vocativos familiares, se dirige a la melancolía:

Madre o hermana mía, taciturna y huraña/que has hecho luminosa tu pobre soledad/que suavizaste el quejido y acallaste la sana/ y ofreces a los tristes tu sombra de piedad.// (...) Abre tus brazos... ¡Oh gran melancolía!/y deja que mi vida se envuelva en tus saudades/así tu gran tristeza del brazo con la mía/puede ser que den vida a nuevas claridades/(...) Enséñame la senda melancólica hermana/que va hacia los silencios y las renunciaciones/que nos lleva a esa tierra misteriosa y lejana/do ballan paz y sosiego los tristes corazones.

("Melancolía").

Como manifestación de su angustia, el yo anhela la paz, la serenidad, la tranquilidad. En "Mi vida era como", se añora la niñez y la juventud, remansos sin el peligro de la sierpe o el arañazo de la espina. Por esta razón, en tanto refugio y consuelo, a la madre —cuya invocación abre el libro—, le dedica cinco sonetos ("Madre").

Asimismo, como máximo refugio, implora la ayuda divina para vencer el desaliento ("De rodillas", "Plegaria" y "Ruego").

Por otra parte, en Corazón sangrante, apuntan dos motivos que luego alcanzarán mejores formulaciones: la preocupación social ("El mendigo", "El anciano") y el acendrado amor materno ("Alba y Silvia").

Si reparamos en los rasgos formales del poemario, resalta, inmediatamente, el espíritu neorromántico que anima a la autora. Este rasgo fue propio de la estética posmodernista. Asimismo, los versos, aunque muy bien elaborados —no desmerecen frente a los de sus coetáneos—, carecen de novedades estilísticas. Reiteran enfoques y formas al uso. No es por este rumbo en donde se ubica su importancia.

Al respecto, en la nota introductoria, Suárez indica cuál es la razón que la llevó a escribir: "Estos versos son a manera de gritos del alma lanzados a las hondas soledades de mis noches: floraciones tristes que reventaron bajo el calor de los crepúsculos, fuga de alondras de cristal sacudiendo sus alas en las sombras o pájaros que cansados de volar se quedaron contemplando con melancolía el cielo". El sustrato de tales palabras apunta hacia un valor extraliterario que, en ese momento, no podía percibirse, pero que la distancia dada por los años objetiva con nitidez: estriba en la decisión de Clementina Suárez de escribir y divulgar sus vivencias. En asumir su voz y proyectarla con dignidad. Por primera vez, en Honduras, una mujer se atreve a publicar un libro desde la desnudez emocional que implica el género lírico. Sin el ropaje que propicia la ficción, Corazón sangrante posee, pues, un valor historiográfico muy cercano al que, para el mundo de ficción, tuvo Lucila Gamero de Medina.

DE MIS SÁBADOS EL ÚLTIMO

En Honduras, la lección ya la habían dado Juan Ramón Molina y Froylán Turcios. Y, antes que ellos, Rubén Darío: la prosa puede revestirse de calidad poética. Con un ritmo bien manejado y mediante la orfebrería del vocablo, la poesía no tiene por qué esclavizarse a los dictados de la métrica y de la rima. Hallazgo que, como todos sabemos, transformó la mecánica de escribir la prosa en lengua española.

Siguiendo esos ejemplos ilustres, De mis sábados el último prescinde del verso como medio expresivo. Sus quince textos —de brevedad extrema— esbozan una historia cuyo tema o sustrato es el amor: un fragmento de vida atrapado entre modulaciones de una voz que no sólo está en deuda con la estética posmodernista. Evidencia una mirada que vislumbra nuevos derroteros formales.

En la composición que da título al libro, la voz narrativa, en primera persona del singular, rememora el fin de una relación amorosa, Con desencanto —pero imbuida de respeto hacia sí misma— percibe que él y ella actuaron desde parámetros diversos. Aunque el descubrimiento es demoledor, le da la medida de la debilidad en la estructura afectiva del hombre. A partir de ese momento, con el equivalente de una amputación emocional, haciendo oídos sordos al dolor, clausura su puerta, sin posible retorno:

> Y de un solo golpe me di cuenta, por primera vez,
> de que mi amor inmenso no había sido
> comprendido nunca.
> A la pasión maravillosa de que le había rodeado,
> correspondía con un afecto vanal, apenas
> coloreado de un matiz de ternura. Nunca me
> había devuelto ardor por ardor, delirio por delirio,
> locura por locura.
> Un rapto de desesperación me arrojó de rodillas
> ante el lecho, y plegué mis labios secos de dolor.
> (...) Desde entonces ha regresado muchas veces,
> pero ya nunca lo espero, pues de mis sábados
> aquel fue el último.

(Suárez, De mis sábados el último, 1931).

Las piezas restantes ofrecen instantáneas en el mundo de la pareja. La exaltación y el desborde afectivo colorean la expresión. En "La Venganza", la mujer, visualizada como ofidio, clava sus colmillos e inyecta veneno en el cuerpo del hombre, pero éste —con el consiguiente efecto destructivo— le transmite uno más poderoso. En "ÉI era bello", como elemento que separa, contrasta la diferente visión del mundo: él, comerciante; ella, constructora de sueños. En

"Boca", la descripción del amado es el pretexto para demandar un beso. De paso, recuérdese que, en la tradición literaria universal, la boca es fuente y aliento vital. Además, dentro de nuestra cultura, es el punto de arranque del escarceo amoroso. "Dime espejo" traduce el enamoramiento, la ingenuidad adolescente acicalándose para el amado. Se siente —se procura— la belleza para ofrecerla: el regalo de sí como máximo presente. Lo transcribimos en forma completa:

> Dime, espejo, ¿cómo me queda este vestido de
> Fiesta.? Mira que quiero entrar en sus ojos
> como un rayito de sol... Mira que estoy en la
> ventana esperándole y dentro de un minuto mi
> cara ha de estar frente a su cara. Dime si me quedan
> bien estos rizos que caen sobre mis hombros,
> y estas ojeras amoratadas y mis labios
> carmesíes... Dime, espejo, si estoy tan hermosa
> como para esperarle a él.

En "El diamante" —trabajo de aparente intención didáctica— la pasión va por dentro. Quizá, por ello, conlleva un efecto incisivo y fríamente demoledor. Un hombre se ufana de un gran diamante. Cuando lo tallan, revela su imperfección: oculta veta de carbón y lo deprecia totalmente. Pareciera sin relación con el contexto literario. Sin embargo, en dimensión simbólica, encaja a la perfección. La rutilante piedra: el hombre de prístina belleza. ("Él era bello", afirma en otro momento) está carcomido internamente. Nulo es su valor. En su ficticia objetividad, el texto es implacable. El desencanto y el rencor criban la percepción del hombre que una vez se amó. O que, tal vez, según indicios, se ama todavía.

En "Días rojos", Clementina obvia la racionalidad. Cuando sus coetáneos aún escriben al modo romántico o modernista (que, en esencia, sigue un patrón realista), ella proporciona al entorno la coloración que conjuga con su estado de ánimo. El paisaje y el color como expresión, no como mimesis, según proponen corrientes artísticas de la época:

(...)Hay días en que basta el verde de las praderas
forma un lienzo rojo. Yo quisiera en estos días
cubrirme con este lienzo, que debe ser de pétalos
muy rojos o de labios que sangran...
(...) Hay días en que hasta el viento es rojo,
como tibia y roja está la hierba...
Yo quisiera en esos días que el viento me envolviera
en su caricia y que la hierba me prestara
su caliente lecho para entregarme...
(...) Hay días en que la luz sobre el abrupto declive
de los montes es una llama roja que fulmina,
que nos quema, que destruye nuestras vísceras.
(...) En estos días en que todo es rojo, como los
potros cuando van a la querencia, voy a los brazos
de mi Amado... y tirándole de las riendas a la
fantasía roja de la ilusión florida, quisiera consumirlo...

Interesante —en cierta forma explica la relación de Clementina con el mundo pictórico— es "Píntame pintor". El ruego conlleva una inevitable sensación de espejo. Pero de espejo en el otro. Mirarme en tu mirada. Verme como tú me ves. Pero ese sentirse absorbida por la personalidad del otro, conlleva, indisoluble, el sentido de apropiación. El yo anhela revestirse con lo que el amante es. Tierna y sensitiva, casi como en susurro de íntima calidez, demanda:

Pinta mis ojos con el agua de todas tus charcas,
con la profundidad de tus mares y con la negrura
de todas tus noches...
Y píntame sobre todo esta mirada que del corazón
me sube llena de ternura... Me dices que soy fea,
que soy fea para ti. No lo creo, no lo puedo creer,
pues cuando tus ojos están en mis ojos, yo me siento
hermosa de la cabeza a los pies. Y menuda y breve
—figurita de miel— pienso, que si me tocaras me
desharía como gota de rocío que se evapora
cuando calienta el sol.

De mis sábados el último no es un libro extraordinario. Si recordamos lo que habían publicado Molina y Turcios, no implica ninguna labor de ruptura. Pero hay calidad en la expresión del sentimiento amoroso. Además, comporta la inicial formulación de la autora con relación a la dignidad femenina.

INICIALES

Incluye varios poemas ya publicados. Como novedades tenemos: "Interrogando", "En pos de tus huellas", "No ansíes corazón" y "Mi poema al mar". En este último establece una identificación entre el mar y el hombre que ama. En la primera sección, el aparente destinatario de su deseo y de su ruego es la inmensa masa líquida: ¡Bésame!.../¡Bésame toda!/con ideal.../con poesía.../con ardor tropical/con alma bravía.../con delicia inmortal...

En las estrofas finales, la exhortación la recibe el amado: Acaríciame sublime/¡Bésame!/¡Bésame toda!/Ruge, ruge en mí..../ palidece de amor../ruge y ama (...)/Bésame, bésame toda que me hechizas/ que me encantas/que tus besos son tan dulces/ tan sonoros, que me cantas/con voces inmortales/que duermen los pesares.

(Suárez, Iniciales,1931).

El empleo de una terminología similar implica la equivalencia. Uno es el otro.

En el soneto "Interrogando" las dudas que se esgrimen giran en torno al sempiterno problema de la vida y de la muerte: el imperturbable silencio de la Esfinge conduce a un túnel sin salida. El misterio es la única respuesta. "No ansíes corazón" elucubra sobre Las frágiles alas de la ilusión que son cual las de Ícaro, del sol leña.

"En pos de tus huellas", frente al dominio de los fuertes y orgullosos, Suárez contrapone la superioridad de los poetas trashumantes y, sin suficiente justificación intratextual, le pide a Dios la luz de tus consuelos. Hay, pues, una cierta incongruencia en el planteamiento central, con varias ideas sin suficiente amarre entre sí.

Como advertimos en los fragmentos citados, el lenguaje-molde que a la vez es el contenido-carece de mayor elaboración. "En mi poema al mar", inclusive, parece extraído de una mala novela sentimental. A nuestro parecer, uno de los trabajos más débiles de la autora.

LOS TEMPLOS DE FUEGO

Los templos de fuego conjuga tres líneas de fuerza: la admiración exaltada del hombre; el desgarramiento interior por su desamor y la voluntad de sobrevivencia espiritual que la conduce a la ratificación de su propio valer.

El hombre —físicamente considerado— es bello. En "Yo fui Leda", es elevado, inclusive, a la categoría de Dios. En "El hombre montaña" prevalece la delectación al contemplar o recordar sus atributos físicos, su capacidad amatoria. Con detallismo insinuante y perturbador, apenas velando el referente físico, la nitidez analógica de los elementos seleccionados tornan transparente la recreación del juego erótico y su plena realización: Yo sé del beso olímpico de Zeus/su pico sonrosado lo he sentido/idealmente subiendo por mis muslos/por mi vientre de alburas cuyo ombligo/parece un ojo ciego, por mis senos/en demasía rígidos y blancos/He sentido sus alas envolviéndome/y sus suaves y tibias poluciones/germinar en mi entraña hecha de fuego./Después de Zeus es inicuo un hombre/Su cuerpo moreno y duro, está por el sol bruñido/Para domar atletas parece haber nacido/Como el árabe indómito en su veloz corcel/ capturar las amadas es su mejor laurel. ("Hombre montaña").

Por el contexto (lo precede "Príncipe triste", poema de corte laudatorio al amado y le sigue "Loca", en el cual proclama su delirio amoroso), creemos que "A Dios" está dedicado, no a la divinidad, sino al hombre al que se ha elevado hasta ese pedestal señero. El poema posee un novedoso sentido circular: serpiente que se muerde la cola en perpetuo recomenzar. Un mundo cerrado del cual no se puede ni se quiere salir. Sólo consta de tres versos: Y sin brazos y sin manos y sin ojos/yo sé que te podría ver.../y sin brazos y sin manos y sin ojos.

Pero el dios —ídolo de pies endebles— reveló sus fisuras internas. Cayó del sitial amorosamente construido. "Mis templos", "Ruinas", "Intento", "Supremo esfuerzo", revelan la magnitud del desencanto: En mis templos de fuego/se quemaron los dioses, se quemaron los dioses,/ya no puedo creer...

Sobreviene el desengaño, el dolor, la desesperanza: Todas mis ansias en el azul quedaron/y los sueños (...)/Los marchitó/la racha del dolor y la cruel y devorante/canción del mal, los dispersó. ("Sueños dispersos"); Los sueños se van como las hojas ("No ansíes corazón"). "Ruinas", "Intento", "Supremo esfuerzo" aluden a ese ramalazo del dolor.

Pero Clementina nunca renunció a la esperanza. En "No ansíes corazón", traduce esa búsqueda de tablas de salvación:

Pero la vida a la ilusión se aferra/silencia sus dolores y sus males, ansía el cielo y va sobre la tierra.

"Supremo esfuerzo" anuncia la decisión renovadora: ¡He de olvidarte, amante!/¡He de olvidarte!/No seré página blanca/ni tendré mi alma en renuevo/pero seré una fuerza viva/que se internará muy bondo en la corriente que llevó.

En "El ruego", Suárez pregona la conciencia que tiene de sí (Yo no soy como la ramal de la encina, que siempre está tranquila); menciona a mujeres a las cuales admira (Teresa, Curie, Ida Rubinstein...) y plantea la idea de la sacralización del cuerpo: Ya quiero ir por la ruta (...) desvistiendo mi cuerpo ante los hombres/ para infundir un credo diferente.

"Explicaciones" ratifica la autovaloración de su identidad femenina:

Animal sidéreo/bello amado mío,/hunde tus esplines/ entre mis jazmines./Escúchame, escúchame/como otras yo no ansío/ser hombre ni un momento/El mundo es Los Mil y un Misterios/etéreos/ sutiles/ divinos/ que requieren ojos femeninos/Yo soy Scherezadal que lo sabe todo/ tú el rey tremendo/que no sabe nada.

"Compréndeme" avanza un paso más en la ponderación de sí. Apoyándose en el plano mítico —se remonta a las sustancias primeras de la filosofía clásica—, se considera ungida, integrada al fuego, el agua, el viento y la tierra. Además, visualiza al hombre en un plano de inferioridad:

Comprende, comprende/pobre hombre que juzgas/conforme a tus leyes humanas/Mírame: soy de pétalos/Óyeme, soy de ritmos/Mi carne es tu deseo/Donde mi fuerza y tu miseria veo/(...)Alrededor de mi cuerpo/las Substancias Primeras/son boas estelares/ regando sus caricias/terriblemente eléctricas.

Como si de partenogénesis se tratara, generalmente, en la percepción del mundo que se relaciona con los hijos, se tiende un velo para diluir el acto que los engendra. La poeta —en visión sublimizada del Eros— de nuevo se sale por la tangente y tira por la borda el absurdo prejuicio. En otras palabras, posee una visión sexualizada del amor maternal. En "Sexo", cuando habla del propio, lo califica de encarnada rosa/flor de lujuria por donde salta mi juventud; afirma que fue Desgarrada(...) por su loca furia [del amante].

Sin embargo, remata: Pero yo te bendigo/gruta maravillosa (...) porque en esa flor estropeada/una nueva vida/yo también di...

Asimismo, empieza a tomar forma la poesía que se vuelca hacia los demás. En "A Madero", despunta su amor a Centroamérica considerada como unidad: donde pone el quetzal/ su nota de esmeralda, la tierra de Molina/la tierra del preclaro Francisco Morazán.

En este caso los versos no brillan por su enjundia. Sin embargo, importa señalar el surgimiento de notas diferentes a las de la poesía amatoria.

ENGRANAJES

Este título incluye textos versificados y prosas poéticas, combinación que ya habíamos visto en libros de Froylán Turcios. En Engranajes predomina la prosa y, tanto en ésta como en el verso, el estilo se acomoda a la estética posmodernista. La pasión amorosa; la desilusión o la vaga tristeza por lo endeble de los sentimientos del varón y el amor materno son temas dominantes. A continuación, dos composiciones transcritas en forma íntegra. La ilusión dicta la primera; en la otra, a un desengaño, se acumula otro:

Atada a las raíces de sus manos no me arrebatará la muerte; retenida en el viento de su memoria, seré la luz de un paisaje en el escenario de la vida.

Mi sangre brotaba del eje de mi ser como las buganvilias. Era una bandada de pájaros rojos que entonaban la oración de la vida en puntos suspensivos, que eran un sueño de muerte. Y más allá... el corazón quieto, de regreso del camino por donde llegué a ti. Un despojo ya en la vida, y una miseria que no quiso la muerte. Como a los niños, me venció el sueño en los subterráneos del Misterio.

Tenía el borrador de muchos poemas, oraciones como corales rojos, para enredarlos a tu cuello. Pero estoy desmemoriada. A mi regreso de ultratumba, he olvidado el camino para llegar a ti. ("Sangre").

Al modo tradicional (es decir, explicitados o sugeridos los dos términos de la comparación), los símiles y las metáforas constituyen el principal soporte expresivo:

En mala hora —me dices a cada rato— llegó a detenerse el pájaro de tu inquietud en el pararrayos de mi alma. Tenía el borrador de muchos poemas, oraciones como corales rojes, para enredarlos a tu cuello.

Tal como ocurre con los trabajos prosificados, las composiciones versificadas extreman la brevedad. Son instantáneas que fijan un momento o una impresión. Completos, transcribimos dos textos que evidencian la capacidad de la autora en traducir un estado de ánimo con escasos recursos expresivos:

Tu cuerpo sobre mi cuerpo/De pronto, me siento florecer/. ("Conjugación").

Te conocí vestida de rojo/Y ahora/¡Que lustroso amanecer!/Estoy toda vestida de alba./ ("Lavada").

De nuevo, por el amor maternal, Suárez vibra de gozo. Afirma su condición de mujer, florecida dentro de sí. Prolongada en el hijo por nacer. El poema "La grávida" es una lograda síntesis de ternura en la cual la perspectiva hacia el futuro, implícita en la maternidad, está cargada de connotaciones de sensualismo y vitalidad:

Le oculté en mi entrañal con tanto placer/que cómo; ¡Dios mío!/ no iba a florecer/Le oculté en mi carne/con bondo temblor/ que me ha traspasado/ya todo su olor/Le oculté en mi vida/con tanto fervor/que cómo no iba/a brotar su flor/Y dentro del alma/Oh, amor que crepita/presiento la vida/que se precipita. ("La grávida").

Verso de arte menor, propio para traducir estados de ánimo de alegría y exaltación anímica. En este aspecto, algunas de la composiciones de Engranajes, aunque breves, muestran el progresivo afinamiento en el estilo de la autora.

VELEROS

Veleros es un conjunto de poemas en los cuales persiste la lírica amorosa, especialmente en lo que se refiere al desgarramiento interior por la ausencia del amado. En "Fuga de pájaros", la desolación se abate inclemente y la imagen lo gráfica:

De mi han huido los pájaros/ya no sobrevivirán sobre las mustias ramas/los pájaros se han fugado/para no volver nunca.

En "Duda", la queja está empapada de tristeza:

Me dejaste en un rincón/como a una flor olvidada/Rodaba la noche/y tu silueta de hombre/no desembocó/en la ancha puerta de mis brazos.

En "Penumbra amarga" reinciden las imágenes de temple doloroso:

Crótalos negros me crecen hasta en la carne/me despeñaría sin ruido hasta en la muerte/A sales amargas tienen sabor mis labios/olas negras, van y vienen/cosechando algas marchitas

Son versos de elaborado diseño. Construidos con imágenes fuertes y sugestivas. Un trabajo estilístico que no va a la zaga del que, por esos años, realizaban otros nombres que, en Latinoamérica, cerraban filas en torno a las grandes poetas sudamericanas.

Pero Clementina Suárez empieza a pulsar una cuerda distinta: poseída de una sensibilidad recién encontrada, se detiene a contemplar a los demás. Capta los problemas sociales y se rebela contra la injusticia. "Multiplicada" sintetiza la diferente perspectiva:

Antes quería ser/quería ser/yo/Ahora quiero ser/quiero ser/ todos.

El título de "En brazos del nuevo viento", marca la escisión ideológica:

¡Qué trabajo me cuesta/romper tanto espejo inútil!/Sombras, sombras no más/pero sombras de mí misma/Las cosas se han dado vuelta/y es crimen hablar de estrellas/cuando hay que limar cadenas/ Ahora, si regresara/no podría reconocerme/Adelante voy con todos/ buscando la luz redonda/¡No me duele la carne!/No me duele mi llanto!/La gran masa grita y avanza//terrible y multiplicada/y yo avanzo, avanzo también/en brazos del nuevo viento.

No duelen la carne ni el llanto. Pero su enunciación misma indica que existen. Son presencia viva. De fuerza latente siempre a punto de soltarse. Aún con la perspectiva del nuevo viento, las sombras persisten. Es decir, las ataduras y los condicionamientos siempre saltan por sus fueros. "En pan", implora alimento para tanto ser con hambre. La solidaridad con los obreros es tema central en "de eslabón en eslabón".

En "Burdel", como gran pecado compartido, desenmascara la explotación sexual femenina:

En la casa de todos/mil mujeres esperan/Con el barro de su sexo/ hacen vasijas de cobre/Sus cuerpos caracolean/en las almas muertas.

En "El grito", especifica cuál es la nueva atalaya en la cual se ha colocado:

Yo era/una desesperada mariposa/aprisionada en las paredes/de las horas inútiles/Pero el nuevo grito/llegó por fin a mis oídos/y yo le he abierto los brazos/como a un horizonte de luz/que me señalara/el único puerto de esperanza/¡Alegría! De los niños apiñados/ ¡Alegría! Del dolor que florece/Alegría! De mis brazos tendidos/al nuevo grito del mundo.

Certeza del dolor repartido a manos llenas. Pero no hay amargura sino confianza en el nuevo grito y en el afán que se comparte. Versos que corroboran el progresivo afinamiento que va experimentando el estilo de Clementina Suárez, a las puertas, ya, de sus obras señeras.

DE LA DESILUSIÓN A LA ESPERANZA

De la desilusión a la esperanza marca la entrada de Clementina Suárez a la madurez poética. Los versos ganan en ambigüedad. Polivalentes, se cargan de significaciones. Se enriquecen en su capacidad de decir. La imagen se aparta del camino excesivamente transitado y busca derroteros personales. En el poemario se percibe una voz fuerte y distinta.

Sin caer en los tópicos usuales, el amor materno esplende en "contigo crece el mar", "dentro de la noche", "canción de cuna para una hija", "canción para dos niñas pobres" y "poema del paso detenido". De esta lúcida composición —con relación a las hijas, una mezcla de incertidumbre, temor y fe—, un fragmento:

Desde mi sangre dos niñas me miran/con ojos que se clavan en mi cuerpo vacío./ Entran y están de pie como mundos completos/ colgados de su luna, de su sol y su sueño/Tapándote la cara quisiera defenderte/huella leve que andas y desandas mi camino/Miedo de madre tengo —sin embargo quiero que saltes—/que saltes sobre mi sangre sin volver a verme.

El amor de madre no implica sometimiento a la servidumbre tradicional que se infringe a la mujer. Ya no escuchamos el lamento de la jovencita atribulada, de corazón sangrante, a merced de la fluctuante voluntad masculina. El yo transparenta seguridad y plenitud. El amor de pareja se carga de tonalidades renovadas. Ha entendido que, en el amor, el papel que socialmente legitima la relación no es la garantía del sentimiento. Acorde con esa nueva manera de sentir, en la formulación del mensaje estético, predomina lo sustantivo; ya no hay adjetivación inútil de gastada floritura.

Diríamos: el estilo es la mujer, para trasponer la vieja frase. Dos textos avalan la paráfrasis:

Tú —brazo de una máquina— polea de sangre/Yo —obrera sin destino— con mi canto amargo/Yo y tú. Yo y tú —sin ningún epitalamio/tú, árbol sin tierra, mano encarcelada/Tú y yo, en una misma sombra.../Yo con mi cara libre infundiéndote aliento./Tú y yo. Tú y yo, con los pies en el barro./Tú con tu paso firme inmutable en el silencio./Tú, dolor de mi dolor, el mismo llanto/carne que se desgarra por ir venciendo/Nunca más cerca estuvimos que hoy/tu cuerpo junto a mi cuerpo, arrastra el viento/Tú y yo. Tú y yo/¡Qué lejos del ayer/A un paso de la muerte el amor es eterno./Tú y yo, tú y yo. En un éxtasis sin palabras/exaltado, como la fuerza, que nos hará vencer. ("Poema del amor fuerte").

Afuera ruge el viento. Tu cabeza está en mis piernas/La noche se entretiene en ronda de fantasmas/Aguas desbarrancadas cortan narcisos y nieblas/ para adornar la tumba de tanto pájaro muerto/ Tú peinas y despeinas mi cabello/mientras el mar arrastra sangre y lodo/ La sombra parece que esculpiera cadáveres. ¿Quién llora y se desespera en el aire?/Amor. Tú estás dormido/sin darte prisa por salir de la noche/mientras yo atajo lamentos de madres y de niños. ("Lamentos en el espacio").

Imágenes de gran enjundia y calidad. Eficaces porque han sido extraídas de una confrontación directa con la realidad. Al margen del decir ajeno, reiterativo y predecible. Brotadas de una imaginación poderosa. Con ellas se ratifica la idea del compromiso literario, tal como, por la época, lo entendían los intelectuales de América Latina.

En el caso de Clementina Suárez, la preocupación social —como tema poético— se desarrolló en forma paulatina hasta alcanzar una precisa formulación:

Porque sólo el hombre oprimido/ahogado de noche y de terror/ alcanzará la apropiada medida/para revivir en forma exacta/la desfallecida corteza del planeta. ("Elegía de la sangre heroica").

Cómo detener el pecho/ante el crujir de los caminos/y el trizar de las espigas/Cómo no saltar ola por ola/escribiendo en el aire/con dedos de fuego/ en letras separadas/un alfabeto nuevo./No hay que olvidar/que no vamos solos al asalto:/caimanes, espumas y fieras/ están con nosotros/ En remolinos bajo el viento/que nos ayuda frente a frente. ("Se levanta el mar").

La preocupación por el destino colectivo condujo a la amorosa valoración de Francisco Morazán. En "canto de la espada y del combate", el acercamiento a la figura del patricio centroamericano se tiñe con matices de cercanía afectiva. La utilización de un término familiar y la calidad de metáforas e imágenes matizan la transmisión del concepto:

Qué nueva tu palabra/y después de un largo viaje.../Diáfana y querenciosa/tu voz no se concluye/¡Claro caballero!/ Hecho junco de pelea/Como ayer estás hoy con las manos abiertas/paseándote en los ojos un sueño que se alarga/Nada apaga el tumulto de tu boca enamorada/ni el clamor extendido/del tambor en tu pecho/Por tus mismos caminos hoy ondean las flechas/y crecen como espigas las manos desatadas/Tus mares avanzan con un gesto hacia arriba/ cabalgando hacia el alba como tú lo querías.

El ideal morazánico no está congelado en el pasado. La autora lo conecta con el presente de lucha. Morazán va contra corriente. Mira más allá del horizonte. Con perspicacia, Suárez le asigna una cualidad pasional (boca enamorada) sintetizadora del impulso que lo hizo marcar su huella en las tierras de Centroamérica. Morazán es héroe rebelde y el yo se identifica con él.

En "Una obrera muerta", se amalgama lo personal y lo social, El señalamiento de la hostilidad que percibió en torno a sí. La certeza de saberse —en ideales— compañera del sector mayoritario de la población. Resplandecen el orgullo, el sentido de dignidad y la ratificación de un propósito de lucha que, inclusive, sobrevive a la muerte:

Yo no bajaré a la tumba convertida en harapo/mi un solo diente de mi boca se ha caí do./Las carnes en mi cuerpo tienen su forma intacta/ y ágil en su tallo se yergue la cabeza/No quiero que ya muerta peinen mi cabello/ni que las manos juntas pongan en mi pecho/quiero que me dejen así como me quede/ y así en la tierra abierta me vayan a dejar/No quiero que me vistan, ni que me ultrajen muerta/estando conmigo los que nunca estuvieron/Compañeros sinceros, los que siempre tuve/sólo esos que se encarguen de irme a enterar/Tampoco quiero seña, ni que una cruz me pongan/no quiero para mi nada que los pobres no tengan/Pues aun después de muera, mi puño estará cerrado/y en el viento mi nombre será como bandera.

Clementina Suárez desarrolló una conciencia muy clara del puesto que ocupaba en la historia hondureña. Se supo signo de contradicción y no evadió ni disimuló ese papel. Sin falsa modestia, percibió su labor de pionera, especialmente en lo que se refiere a la ruptura de rígidos y arbitrarios códigos aplicados a la mujer. Se adivinó bandera y lo proclamó sin ambages. En "Se levanta el mar", su airada voz establece el derecho a dar batalla sin mediar términos medios. Tomada una opción, luchar con cada partícula del ser:

¿Quién hay ahora que no se rebele/y no tenga en el alma una voz incendiada?/Luchando estamos por el sitio del cuerpo/y basta por la inicial del nombre/Estamos de pie/con uñas, dientes y relámpagos/si alguno cae otro se levanta/con raíces que crecen/debajo del azufre.

Aunque sin circunscribirse a sus estrechos límites —ella entendió las raíces estructurales de la degradación social—, Suárez se convirtió en portavoz del sentir feminista, entendido como orgullo de ser mujer, conciencia que se gana, a pulso, a través de las acciones en tanto entrañen un ejercicio de la libertad. Un feminismo que depende, no de la militancia en un grupo de mirada estrecha, sino de la manera de encarar la vida. Que no se basa en la confrontación ni en la ciega actitud de competencia sino en el ejercicio de la propia capacidad creadora. Con relación a Clementina, lo mejor de su poesía es un clamor del hombre del cual se sabe complemento. Entiende y la complace la mutua necesidad. Comprende que el amor es un regalo de dos vías y dos vidas. Por ello, con reminiscencias de Alfonsina

Storni, se compadece del hombre que fue incapaz de ver los dones que, por amor, ella le ofrecía:

Yo siempre tuve pena/del que no supo amarme/Nací en estrellas altas/y al alba estuve sola/. Nada pueden mis alas/en orillas de tierra/ Eres hombre pequeño/y no alcanzas mi vuelo.

En este poemario tampoco falta el verso reflexivo. En "Sin residencia", evidencia su calidad de extranjería, tanto en su patria como en cualquier parte del mundo. Pese a su brevedad, se percibe una alusión a la desubicación existencial cuyas raíces probablemente radiquen en la especial forma de captar el mundo. Pero, en ningún momento, detectamos una actitud derrotista: el puño cerrado es su mejor símbolo.

CRECIENDO CON LA HIERBA

Breve pero denso es Creciendo con la hierba, considerado, unánimemente, como la culminación del estro poético de Clementina Suárez. Está dividido en ocho partes que pueden leerse como poemas aislados o como facetas interrelacionadas de un discurso único. Con cualquiera de las dos perspectivas, un texto de refinada elaboración.

El punto focal es el amor con las implicaciones conceptuales inherentes al sentir de la escritora y las cuales despuntan a lo largo de toda su obra. Pero el viraje en el tratamiento formal —que ya se anunciaba en De la desilusión a la esperanza— es completo. Brilla el poder de síntesis. Suárez llevó al máximo la capacidad connotativa de la palabra y el verso dice más de lo que enuncia. La poeta trabaja al margen de la racionalidad tradicional que limita el significado del vocablo. Se libera del corsé semántico que impone el uso (el que se constriñe en el diccionario o se atiene a una codificación cultural forjada en el transcurso del devenir histórico) y crea sus propias acepciones.

En otras palabras, refuncionaliza el signo verbal que, transformado en signo estético, opera únicamente al interior del discurso concreto que se ha formulado. Gracias a esta perspectiva poética renovada, Clementina Suárez es de las voces fundacionales de la poesía hondureña contemporánea. En el texto I, leemos:

Pudo ser/Pero estaba la espina/eterna enemiga de la rosa./Y sola, sin orillas/la perdida corola de mi sueño/Y fue/En aquel pliegue triste/ de mi sangre/donde, pálida quedó la sonrisa/ que se hizo hielo/sobre su pecho ausente./Obediente la rosa a su destino/tuvo que ir mostrando/el candor de su rostro./Te quemará el amor los huesos/¡Niña del aire!/Paloma del amanecer!/ Ya que sólo en la sangre despierta/estará el germen creador defendido/Ningún camino aparta al cielo de su cielo./Todo te alza a la altura de tu llaga/Conmigo. Contigo. Sola/Atada va la sangre a raíces que no entiende.

Conjuntados, amor y dolor. La rebeldía personal. La aceptación gozosa de un destino o mandato de amor. La automutilación implícita en el negarse a la realización amorosa. Autenticidad raigal —alimentada en la sangre— del trabajo creador. Voluntad indoblegable tras la meta fijada. Éstas podrían ser algunas ideas contenidas en el texto anterior y las cuales (complementadas con otras, especialmente la alusión a la pusilanimidad del varón y la percepción del amor como sentimiento que involucra lo colectivo) se advierten, también, en el texto II:

Ya ves cómo/mi pecho ilumina/una verdad tremenda/Los ángeles que pasean per mi sangre/son ángeles rebeldes/Y me humilla tu rostro atado/y tu corazón cerrado/por un mandato de siervos/Cuando yo oí que me dijeren/Pequeña: No le niegues al amor tu cara/Sólo así tu flor tendrá polen/y flotará libre/goteando muchedumbres/tu cara creciendo con la hierba/¡Criatura de mi amor! Sólo cuando el fuego/ te lleve hasta mi grito/recuperarás intacta/la espiga que dentro de tu piel madura/están llorando en ti los brotes/y detenidos los arroyos/ porque le niegas al surco lo que es del surco.

El texto IV, con delicadeza, retoma el tema de la maternidad:

Despacio/que está madurándose/la criatura de espuma/ que se queja en mi entraña. (El amor equivale a entrega de lo mejor de sí): Nunca esperes que te traiga una espina en la mano/Para venir y buscarte,/ya había dejado/todes los abrojos. (Nunca, el amor es aniquilamiento del otro sino persistente entrega del yo, en busca del mejor tú): Buscando/voy dentro de tu fondo/al árbol que te viste/y te abraza y te estrecha.

Para Clementina, el amor fue gozo:

De tu lecho tibio/me incorporo/cantando/Con un sentido radiante del Universo/y del amor. (Por esta razón vital entendió que la clave no descansa en la confrontación sino en la complementación): Hay una conexa ternura/en mi grácil tallo/que busca en ti su equilibrio/para encontrase.

Pero, dentro de una visión ética de la existencia, la persona no puede ser sorda al clamor social. La poeta, al definirse, externa su capacidad abarcadora de amplio abrazo solidario. No diluido en abstractas entelequias sino encarnado en hombres y mujeres concretos que sufren cualquier tipo de opresión:

Es (su corazón) más ancho/más puerto/más alba sin frontera/ Oyendo está la queja/de los hombres/y sus urgentes ansias/por ser libres./Hoy sabe que los hombres/si sufren y trabajan/estrujados y agónicos/ es por tener su vida/y por amarla/Ahora/en nuestra noche/multiplico en mi carne/dolorida/voces de hembras deshechas/ de madres/ con el surco/ clavado de puñales/y de niñas que tienen/ las manos con espinas/Antes/en nuestra noche/era un llanto mi voz/y sólo un llanto/Hoy/ya tan cerca del alba/traigo despiertos ríos/de mujeres que gritan como yo.

Para completar el lúcido esquema, en la estrofa final, coloca al amado en una disyuntiva:

Y tú, dime/estás conmigo/en este círculo de mi sangre/¿o me sigues buscando/por la huella/de mis pies cansados?

En el texto VI, Suárez concibe que la felicidad personal necesariamente pasa por la de los demás. La apertura al mundo de los otros ha sido, pues, completa:

Empezaremos/A ser felices/a quererlo ser/Asumiendo el deber/de que sólo/por un camino humano/se puede ser feliz/Sin lo estéril/de la desigual/ solitaria felicidad.

Creciendo con la hierba es un canto de amor. Sin obliterar la irrenunciable realización personal e íntima, contempla al Universo. En esta forma —en versos de tonalidades propias, con el sello de un estilo pesado letra a letra— Clementina Suárez trenza —y hace— una toda la capacidad amatoria del ser humano. A mi juicio, un poema fundamental de la lírica latinoamericana.

CANTO A LA ENCONTRADA PATRIA Y SU HÉROE

Canto a la encontrada patria y su héroe consta de trece estrofas. De estructuración y factura impecables, constituye uno de los poemas más cálidos consagrados a Francisco Morazán. La gradación temática desarrolla los siguientes aspectos: explayamiento afectivo sobre el concepto de patria e identificación con ella; correspondencia entre la patria y el héroe; confesión de fe morazanista por parte del yo poético; unión simbiótica: patria-héroe-yo-amado y alabanza-apoteosis de Morazán.

Como en cualquier tema que aborde, raigal y telúrica, es Clementina al referirse a Honduras. De entrada, alucina el desborde emocional:

No puedo llegar.../Porque jamás me he ido./Eres una Patria construida/en lo interior/Caminas dentro de mil como un abierto rio/Vienes desde muy atrás/rebelde y vegetal/ todo en ti es nuevo y viejo/tierra para la infancia/y para inmortalizar el tiempo/¡Qué ternura me inunda/con cada hierbecilla tuya!/ Desde ahí, te veo crecer/basta el pino alto y rumoroso/Desde ahí, nazco y me pueblo/con tu cálida sangre/que anima la esperanza/¡Avidez de un gran destino/que lúcido avanza por dentro!/Ilusión que jamás declina/presencia que no se antepone/verdad que se ha poseído/dolor que se ha conquistado/¡Eso es para mí la Patria!

Sueltas las amarras de la emotividad, las fronteras se esfuman. Todos los puntos se tocan. La absorción-fusión del yo, el amado y la patria es indivisible. Y algo insólito en el tratamiento poético de la patria y de Francisco Morazán: la autora introduce, de refilón, la referencia amorosa y sensual:

Te quiero como cuando en la arena/besaba el amor primero/¡Qué olor a tierra tenía/la boca que me besaba!/Eras tú misma Patria/en su pasión desbordada/Mejilla de carne tuya/misterio del amor intacto/ la que en tu piel caminaba/¡Vestida con carne tuya/qué transparencia tenía/era como ver mi alma/en tus aguas reflejada!

¿A quién se dirige Clementina? ¿A la patria? ¿Al amado? La ambigüedad del verso apunta hacia ese doble destino. Pero, al formidable triángulo, se une la figura del héroe que se visualiza con un sentido cósmico:

Hay que sobrevivirse/pero en la espina dorsal de tu cuerpo/En tu fabulosa estructura/habitante de mar y tierra/Un pueblo de erguidos pinos/te sostiene la cabeza/Eras como la tierral con impulso vital indestructible.../Esto es Morazán desde el aire/desde donde lo veo extendido/Esto es Morazán desde su espada/desde su sangre/desde su sueño sin prisa/desde sus caminos, sus edificios/Esto es Morazán desde sus pájaros/esto es Morazán desde su Patria.

La patria y Morazán se han transfundido. Indivisibles, se han apoderado de todo. A tal patria, tal héroe, tal canto.

EL POETA Y SUS SEÑALES

El poeta y sus señales es una antología. En su mayoría, los textos pertenecen a los libros anteriores. Sin embargo, incluye otros entre los cuales están algunos de los mejores poemas de la autora. Intensos y profundos. De lenguaje personal manejado con dominio pleno. "Mágicamente iluminado como en un paraíso", "Rebeldía", "Poema del amor, amor", "Poema del hombre y su esperanza", "El regalo", "Poema de su presencia" y "Con mis versos saludo a las generaciones futuras" son equiparables a lo mejor que, en el campo lírico, se ha producido en Latinoamérica.

Conceptualmente, Suárez continúa la línea de pensamiento que manejó en los libros precedentes. Con un nivel estético similar al de Creciendo con la hierba, la formulación es brillante. Un borbotón de vida —apoteosis de los sentidos— ansioso de manifestarse:

He absorbido, he olfateado, he gritado/vivir, vivir, vivir/Como si despertara una y otra vez/y fuera abeja laboriosa/que libara su miel astral.

Esa miel astral se concentró en su propia piel: puente, camino, punto de intersección con otra piel. La concepción del amor alcanza un nivel de vértigo. Desde versos de impetuosa sensualidad, se formula una auténtica teoría del amor. El punto de partida radica en el descubrimiento y aceptación del propio cuerpo. En reconocer y admitir el derecho al goce. Clementina se negó a dejarse aherrojar por el prejuicio. Rompió las cadenas que ancestrales y patriarcales imposiciones forjaron sobre la mujer. No aceptó las mutilaciones sociales en razón de género. De ahí nacieron versos que proclaman su libertad y que reivindican la condición femenina:

Me salí de mi vestido/y fui a dar con mi cuerpo/y pude comprobar entonces/ el valor de mis pies, mis manos, mis piernas/ mi estómago, mi sexo, mis ojos y mi cara/Supe del deleite que cada uno de ellos me ha dado/y me he dicho de improviso:/Qué contorno mágico el de mi costado/qué antiguos y nuevos ecos en el hilo de mis venas/ qué voz en la garganta/qué sílaba impronunciable en el labio/y qué sed detenida en la garganta!

Estremecedora celebración de sí misma. Autocontemplación que redime. Percepción de la belleza y dignidad del cuerpo. Clementina, en la prístina pureza anterior al pecado. Sin el infierno mental de la culpa y la vergüenza. Desatadas las ataduras de siglos. Un impulso de vida que no se arredra frente a la realidad. Además, proclama la supremacía de la inteligencia para amoldarla a la propia circunstancia. De esa convicción nace el papel que asigna a la palabra. Hay tal poder en ésta que, al pronunciarla, se crea la entidad evocada. Surge, entonces, una nueva realidad de consistencia poética insospechada:

Pude decir encendida de amor "Te quiero"/y la palabra era río, metáfora/verso, arrullo..../Nacía la palabra y te enmielaba/era mía la palabra, y la tenía/en la punta de los dedos, de los ojos/Te palpaba la palabra, te inundaba/exquisitamente tierna/era tuya la palabra.../quiero decir te dije: en sosegadas noches/palabras uvas, palabras manzanas/palabras pájaros, palabras versos/palabras amor.

Poéticamente, en el signo está el objeto. Se crea el universo cuando se es capaz de formularlo. El fiat lux genésico arranca con la palabra pronunciada. La única verdad es la que se reviste de lenguaje. Esta es la filosofía del creador. La de la poesía. Clementina lo establece con absoluta certeza.

Para Suárez, el amor no admite condicionamientos:

Amor sólo es amor/cuando es amor, amor, amor.(...) Amor, sólo es amor, por amor, amor, amor.

El Eros lo invade todo:

Abro los ojos y vengo de ti/cierro los ojos y voy a ti/Y tu prodigiosa fuerza me atrae/me recoge en capullos silvestres/ y estoy en tu tacto, tu beso/dispersa, tendida/corola de amor/(...) absoluto en tu cuerpo/parasol, cielo, ciudad mía/tierra dulce, paraíso tibio.

Sobre el amado, acumulación de atributos. Punto de partida y de llegada. Paraíso reencontrado día a día. El universo concentrado en un único absoluto. Por esas razones —las del corazón—, cuando se trata de obsequiarle, el mejor regalo radica en el derroche del propio cuerpo, de la integridad total del yo. En "El regalo" —cincuentitrés dísticos—, todo es poco para su deleite:

Quisiera regalarte un pedazo de mi falda/hoy florecida como la primavera/Un relámpago de color que detuviera tus ojos en mi talle/brazo de mar de olas inasibles/La caballera que brota del aire/en liquidas miniaturas irrompibles/para que tus manos indemnes hagan nido/como en el sexo mismo de una rosa estremecida./La entraña donde te sumerges como buscando estrellas enterradas/o el sabor a polvo que hará fértiles nuestros huesos/La intemporal casa/que mi polvo amoroso te va ofreciendo/Mi muerte/con su pequeña eternidad.

Cada dístico entraña una faceta del supremo obsequio. La elipsis de la forma verbal (regalarte) es un acierto estilístico. Subraya la precipitación emotiva. El vendaval pasional. Cada poro del yo, en clamor unánime del otro. Inclusive, no importa su ausencia. Lo construye la mágica palabra, el trazo sobre el papel:

Mi mano dibuja tu rostro/y digo: estás aquí/intemporalmente construido/con ropas de ángel, manzana y flor/Voy sin interrupción diciendo:/amor, amor, amor/y flagelarme podrías hora por hora/yo diría siempre: amor, amor, amor/¿Qué no estás presente?/No es necesario/ La palabra irá y vendrá/siempre en el viento.

Vive, el amor, cada vez que se pronuncie. Cada vez que se formule el signo que lo atrapa. El amor sin condicionamientos. Vivenciado no como condena o cadena que esclaviza. Voluntaria cesión del yo que, paradójicamente, lo potencializa. Factor detonante en la realización de la energía creativa. Ningún amor —asumido con la responsabilidad del compromiso— cae en el vacío. Deviene en peldaño hacia la conquista de sí. Que no es egoísta y se abre a la contemplación y transformación del Universo. Esas son las señales a las que alude el título del libro y ése quizá sea el metamensaje fundamental de la obra de Clementina. No es gratuito que su antología lleve tal nombre.

Pero llegar a la altura espiritual implícita en los textos comentados, implicó desgarraduras en las entretelas anímicas más recónditas. Fue una madurez construida a partir del sufrimiento:

Pero en la vida mía, la de tu hija,/ el cielo no se alcanza tan fácil./La verdad del mundo le fue taladrando el pecho/hasta convertir su dolor pequeño/en un dolor universal.

La clave la ofrecen los dos últimos versos. La poeta no alimentó masoquistamente su dolor. Lo conjuró y le dio proyección universal mediante el verso. El resultado: haberse creado a sí misma. Accedió a la conciencia de su individualidad. Conquistó su nombre; es decir, su identidad. Ahora bien, llegar a ese nivel de comprensión de sí y de los demás fue producto de un aprendizaje que implicó un morir y un nacer de nuevo:

Ahora me miro por dentro/y estoy tan lejana/brotándome en lo escondido/sin raíces, ni lágrimas, ni grito/Intacta en mí misma/en las manos mías/en el mundo de ternura/ creado por mi forma/ Me he visto nacer, crecer, sin ruido/sin ramas que duelan como brazos/ sutil, callada, sin palabra para herir/Creadora de lo eterno/ dentro de mi fuera de mi/para encontrar mi universo/Aprendí, llegué, entré/con adquirida plena conciencia/de que el poeta que va solo/no es más que un muerto, un desterrado/un Arcángel arrodillado que oculta su rostro/la mano que deja caer su estrella(...) De esta ciega y absurda muerte o vida/ha nacido mi mundo/mi poema y mi nombre./Por eso hablo del hombre sin descanso,/del hombre y su esperanza.

Indoblegable el espíritu de lucha y la determinación de oponerse a límites arbitrariamente asignados. Nunca, la auto conmiseración o el desgastante regodeo en el dolor. Jamás, la degradación del yo. Que nadie imponga derroteros que sellen los caminos de la propia conciencia. Sí, al ejercicio de la libertad consciente. Todo un programa de vida en versos contundentes:

No he venido al mundo/para llorar. No es con lágrimas/que se obtiene la alta dimensión del hombre/ No es a que me maltraten/ ni a que me humillen/No me arredra la lucha/ por más encarnizada que ella sea/Afianzada tengo el alma/a un rojo encendido de fuerza/que puede maldecir/pero jamás humillarse/(...)Mi pecho abierto a los cuatro costados/se viste, se desviste, anda y desanda los caminos/ y jamás se protege del desamparo/Sabe que vivir es seguir viviendo/ buscarse minuto a minuto/basta encontrar la voz servidora/que nos permita dar el mensaje/de lo verdaderamente eterno./Yo sé que atrás se quedará mi rostro/pero que mi voz estará siempre en el alba/que no hay tumba para la férvida palabra/y mucho menos para el canto que va de boca en boca.

En la Clementina de la madurez intelectual y poética siempre asoma la raíz colectiva. Pregona que no se está solo. Que se camina a la par de los demás. Concomitante, despunta, otra vez, el mesianismo con el cual aborda la tarea de escribir. Confía en el poder de la férvida palabra, capaz de persistir a la desintegración física. Y, como motor impulsor del trabajo, la necesidad de un permanente buscarse internamente hasta encontrar y dar el mensaje de lo verdaderamente eterno.

La obra de Clementina presupone que nada es estático. Lo corroboramos con su concepto de patria. Esta no es algo dado por un nacimiento fortuito. Se aprende a tenerla, a apropiarse de ella:

La patria se va recorriendo despacio/descubriendo con cuidado, y una vez adquirida/ya no está jamás lejana.

Un celeste lenguaje es mi canto, Patria/para conquistar tu nombre.

Ella construyó una de andadura a través de los caminos de su sangre. Pero, como la dialéctica también opera en el terreno de los sentimientos, la patria construyó su propia imagen de Clementina.

Y, con esa percepción, ella conjuró la soledad. Con capacidad visionaria, lo expresa en forma nítida:

Sola/por dejar un camino/y amojonar otros caminos/con terrones de pueblo construí mi país/Detrás de mi quizá quedarán muchas lágrimas vertidas pero con ellas fue que alimenté la esperanza./ Las puertas para mí estuvieron herméticamente cerradas/pero la sabiduría de mi dolor supo andar y andar/basta encontrar el auténtico sendero/ Cuesta vislumbrar la verdad/y el camino recto de la justicia/Ahora/a cualquier lugar que llegue/ya nunca puedo estar sola/ porque no comienzo en la sangre de mis descendientes/sino que termino en ella/¡Qué lejana la soledad de mi Patria y mi sangre!/Hoy mi pequeñísimo cuerpo empuja las estrellas/y con mis versos saludo a las generaciones futuras.

Del dolor nació el canto de esperanza. De la soledad inicial pasó a saberse en compañía de los demás. Con tanta convicción, que empuja a las estrellas. Por esa certitud, no tuvo ningún reparo en proclamar la perennidad de sus versos. Supo que, al desdibujarse el rostro físico, quedaría lo más valioso: su legado poético. Gracias a éste, la comunicación jamás se perdería. Seguiría hablando con las generaciones por venir.

Una seguridad interior que apabulla. A ella, Clementina —en una especie de leit motiv presente desde De mis sábados el último— opone la pusilanimidad, la estrechez de miras del hombre que se deja atrapar por lo cotidiano, por ideas de consistencia fantasmal:

Alta te esperé a la hora de la rosal y el fuego sideral/Pero tú, mi huésped/has buido atemorizado, despavorido/Mi ángel sin orillas te ha causado miedo/y huyes, mi dueño, atado/a fantasmas cotidianos/donde tus pies únicamente serán tus pies/y tus manos tus manos/en un eterno ademán frustrado.

Versos que implican un ataque a la cautelosa racionalidad, a la cuadratura mental incapaz de alzar el vuelo hacia estratos o dimensiones en los que opera otra realidad. Mediante la creación de un lenguaje poético solvente, Clementina demostró que su ángel no conoció fronteras. O que sólo admitió las de la exigencia formal. De ahí su bien ganado puesto en nuestras letras.

CONSIDERACIONES GENERALES

Adentrarse en la obra de Clementina Suárez es una experiencia estética de alto vuelo lírico. Equivale a un asomarse a la evolución ideológica de un espíritu singular. Un recorrer el itinerario espiritual en la conquista de su identidad de mujer y asistir también a la progresiva decantación de su personalidad literaria. Desde el aplastamiento emocional revelado por Corazón sangrante, a la serena y, paradójicamente, apasionada madurez de Creciendo con la hierba.

Quizá, para el feminismo radical, Clementina Suarez abdicó de sí misma al absolutizar la relación amorosa en textos como "El regalo". Sin embargo, mirando hacia adentro, poniendo el espíritu contra pared, en las horas límite, ninguna persona tocada por el amor —ardiendo en la llama doble como dictaminó Octavio Paz— puede sustraerse a su mundo de exigencias compartidas. Y la palabra del equilibrio radica, justamente, en esta última condición. "Es el cúbrome toda de sudor helado que, ante el amado", profiere Safo, la delirante. "Es el se ven desnudos y lo saben todo" de Jaime Sabines. "El rendirse a la evidencia de que otro ser, fuera de mí, me está viviendo", de Pedro Salinas. O, mejor, aquella remota y siempre válida pregunta "de qué mejor sabana para tu desnudez que yo desnudo" de John Donne. Sin olvidar "el polvo enamorado" de Francisco de Quevedo. Hasta caer en el vértigo verbal de la famosa definición de Lope de Vega de sentencia inapelable:" quien lo probó lo sabe".

Permítasenos la digresión para subrayar que Clementina no se equivoca. Estéticamente, el tratamiento del tema amoroso sólo reconoce un límite: el de la calidad al formularse. En este punto, más de un verso de la escritora hondureña podría integrarse —sin rubor— en cualquier lista que involucre sólo voces mayores, de exigencia al máximo.

Y ya que volvimos al terreno expresivo, es conveniente recordar que el camino que la autora recorrió fue arduo. Balbuceos muy cercanos a la línea romántica en sus inicios. Luego, la visión posmodernista de rasgos semejantes a los de tantas voces desperdigadas a lo largo del mapa literario de América Latina. Finalmente, la asimilación de prospectos novedosos en el tratamiento formal y estilístico del lenguaje. Paciente trabajo de búsqueda y de lucha con la remisa palabra, siempre a punto de evadirse. Ejercicio diario del verso que hizo de ella un eslabón fundamental de la poesía hondureña y centroamericana del siglo XX.

Un destino poético que corrió parejo con los derroteros de su enfrentamiento cotidiano con una realidad emocional y social hostil y adversa. Escupitajos al rostro que se devolvieron en airados versos que encaran y reclaman pero que nunca niegan lo vivido. Que, sobre todo, aprendieron a extraer las mieles áureas regadas a lo largo del sendero. Además, como si eso no bastara, adicionaron el complemento de una postura ética frente a las desgarraduras existentes en el entretejido social.

Todo —bueno o malo— convertido en peldaños para acceder a los altos predios de la poesía, finalmente conquistada. Transmutado en versos-señales hacia un camino de irrenunciable voluntad de existencia consciente. La que, sin negarse a mirar de frente a la realidad, fue capaz de construir —precisamente porque no lo ve por ningún lado— un horizonte de esperanzas y utopías posibles.

CLEMENTINA SUÁREZ CON LA HIERBA *por*
Alejandro Bermúdez h.

Clementina Suárez eleva sus brazos a coger frutas, no hacia un cielo definitivamente sordo, sino para golpear los oídos y el alma de las multitudes americanas. Mujer que ha tomado absolutamente en serio su tarea de poeta, superó hace tiempo la posición romántica o angustiadamente amorosa y se encara lealmente con la vida, frente a frente. La vida es ahora, la muerte.

Se encara esta mujer delicada a los grandes problemas de la vida y de la muerte bajo el determinante de la época. La justicia para las masas desposeídas de la tierra.

El advenimiento de una sociedad más limpia, más pura, más bella, con más adecuada distribución de la riqueza, con acceso a la cultura, donde los niños crezcan libres de temor, donde las muchachas jueguen con sus libros y sus sueños, donde los hombres tengan la seguridad del trabajo adecuadamente remunerado, donde las mujeres no se vean atormentadas por la angustia de la escasez sórdida ni de la esclavitud infamante, ninguna clase de esclavitud; donde todos tengan el derecho de practicar su religión y creer en su Dios, o no practicar religión alguna ni creer en ningún Dios.

Estos son temas de la poesía de nuestros tiempos. El enigma de ser, el abismo del pensamiento humano y su trayectoria y proyección desembocando en mares desconocidos, abiertos a la libre investigación por el impulso ascensional del hombre, y el amor trascendental, son los nuevos temas poéticos —que Clementina Suárez encara— sin influencia alguna, estableciendo un precedente en la poesía femenina de nuestro tiempo.

Al decir femenina, no quiero significar blancura ni melosidad. Quiero tan sólo aludir a la poesía manejada por mujeres. Clementina está formando ella sola una brigada de choque. Hay otras mujeres ilustres en nuestra América, entregadas a la tarea parecida, en diferentes meridianos.

Ninguna como ella, de apariencia externamente delicada, pero con una fuerza interior envidiable, con decidida dirección, con hermosa lealtad a sí misma, y a su tiempo, sin negarse a ninguna de las solicitudes de la época.

Nada de fosforescencias verbales. Nada de dulzuras engañosas. Nada de falsas pedrerías. Nada de ilusionismo de prestímano. En ella la metáfora deviene, carbón encendido de verdad, hermosura desnuda y constructiva. Su literatura es anti literaria. Su poesía pura, no pura poesía. Circula dentro de sus poemas una savia nueva. La sangre de una humanidad que viene de una humanidad cuya finalidad suprema será realización de la belleza sobre anchos y sólidos pilares de justicia.

He aquí, la nueva voz que viene a nosotros. Leámosla con atención, solamente con atención: su potencia avasalladora se apoderará de nuestras comprensiones y nuestro cariño. Comprendiéndola, sabremos amar a esta mujer singular que, para nosotros, tiene tantas excelencias por su talento magnífico, por su gran calidad poética, y además la de ser americana. He aquí a Clementina nuestra hermana suave, que de repente se cree con sus brazos en alto para golpear nuestros oídos y nuestras almas y para enseñarnos la ruta de las estrellas. Vamos con ella a recoger polvo luminoso.

A TRAVÉS DE MI CÁMARA EN EL CUMPLEAÑOS
DE CLEMENTINA *por José Muñoz Cota*

Clementina Suárez no es ninguna figura importante en Honduras. Pero sí lo sería en cualquier país de América. Los hondureños, quizá por vivir tan tete á tete con ella, solamente tienen ojos para escandalizarse de sus movimientos, pasmarse ante sus audacias y cruzarse de brazos con sus gestos.

Pero después de todo… ¿Qué le importa a ella, si con su eterna laxitud pasa por la muchedumbre que la señala, como quien pasara por el desierto de Sahara?

Mujer de cuerpo de marfil y de movimientos de cítara, con mimos de gata y flexiones de serpiente. A veces tiene actitudes de Eva y a veces sutilezas de ave.

¿Cómo definirla, si a veces es algo inconsútil, etéreo, cósmico? ¿Y a veces perversa, cínica, cruel, diabólica?

Aplasta y fulmina con sus palabras firmes como balas. Toma la revancha con la presteza de un relámpago.

¿Buena o mala? Lo uno y lo otro. Es buena hasta la transparencia y mala hasta la crueldad. Enclavada en la tierra dura de la vida, ha aprendido a defenderse.

No es una mujer bonita. Es más bien una mujer fea. Tiene los ojos grandes y desmesurados y del color de las almendras. La boca grande, de labios gruesos, desata tempestades y desenvuelve arrullos. Orgullosa y temperamental, a la menor cosa zapatea llena de furia, protesta como una loca. Yo la he visto con los ojos electrizados y la boca humeante y la he visto con voz dormida acariciar a sus muñecas.

Habla cuando nos dice algo y habla cuando no nos dice nada. Es interesante en detalles. Audaz, moderna, avanzada, tiene recogimientos y cosas contradictorias. Cree en el amor que llega hasta el sacrificio y no perdona la infidelidad. Sport con sus anchas y luminosas payamas, por sus uñas bermejas, por su traje de muchacho marinero, por su trato franco y explícito con sus compañeros. Porque no tiene remilgos ni protestas para tratarlos como si fueran sus iguales. Sport porque fuma cigarrillos de gemenol, porque no resiste el tabaco, porque toma mentas por el color verde y llama a cada muchacho por su nombre y no se ruboriza de pronunciar ninguna palabra que le haya enseñado la vida.

—¿Partidaria del amor?

—Sí, claro.

—¿Del amor libre? —le preguntamos una vez.

A lo que ella nos contestó:

—No hay tal. Soy partidaria del amor. En el matrimonio o fuera del matrimonio. Eso es cuestión de circunstancias eventuales. Lo que sí es cierto es que no creo ni en familiares, ni en deberes, ni en obstáculos. Me doy el lujo de escogerlos en el amplio escenario de la vida.

¿Opinar, para qué?

El lector se hará su propia opinión.

PARENTESIS DE POESÍA *por Hostilio Lobo*

En misión cultural que auspicia el Gobierno de El Salvador, se encuentra en Honduras Clementina Suárez, espíritu sensitivo que ha logrado la realización de auténticos valores estéticos, habiendo triunfado la fuerza irresistible de su vocación poética-sino, fatalidad y condenación - de los erizados obstáculos del medio.

Muy joven, nuestra poetisa llamó la atención por la sinceridad de sus estrofas, en las que cegaba el brillo estelar de su alma desnuda. Entre la pacata murmuración que nunca sabe lo que dice, erguíase una mujer, sin amarras, liberada por la gracia de la poesía a cuyas mágicas liturgias se había acercado con pureza y humildad, es decir, sin soberbia.

La más autorizada crítica centroamericana se ha volcado en elogios para la poetisa hondureña.

Dice Carlos Wild Ospina:

"De primera impresión, se advierte cómo ella encuentra el signo de su canto en la sangre, en el agua terrestre y en el agua marina, en el jugo salobre delos ojos abiertos a la contemplación; todo ello zumos y licores de excelencia. Dijérase que padece la obsesión de la sangre trasmutada en alma; y que ahí está por natural derivación su símbolo y su mito. ¿Por qué? Acaso porque su numen en fresca madurez de carne y en limpia madurez de espíritu, es fruto de dolor y sabedora experiencia; y de aquí nace su anhelo de libertad y redención para todos los instintos y para todos los altos sueños de los hombres. Porque sólo la sangre libera desde la cruz, la lira y el ara del holocausto....",

Y Alfonso Orantes:

"Lo único que no puede dejar de subrayarse es que, con esta obra suya (Creciendo con la Hierba), Clementina Suárez se consagra como un Ángel Rebelde y con su creación mantiene y supera su recia y pura permanencia poética".

Refiriéndonos nosotros a sus Poemas del Amor, Amor en los que el recuerdo de las palabras amadas se iluminan con la célica luz de su numen, exclama:

No las recuerdo, las repito,
las sigo repitiendo, enhebrando en listones azules.
Y las tomo maduras, las exprimo
En la forma más deseable, más mía,
más tuya, más amor.

La magia del poeta trasmuta el pasado en presente, pues aquél desplaza a éste, haciendo que la sacerdotisa de la poesía, victoriosa contra el tiempo, vuelva a vivir el minuto fugaz en la eternidad del canto.

"No las recuerdo, las repito", afirma con plena convicción. No hay duda de que es sincera. Ya Proust, y posteriormente Bergson, con pleno y definitivo esclarecimiento filosófico nos han enterado de cierta virtud de los poetas que se parece al recuerdo, pero que es más, mucho más que el recuerdo. No se trata de la memoria puramente mental o intelectual. Diríamos, en ausencia de otra denominación, una memoria de la sensibilidad.

El alma estriada en vivencia, en el momento de la creación artística, se proyecta hacia las cosas actuales o pretéritas, bañándose con la luz de su propia emoción, cuyo espectro se colora, en grama maravillosa, con el instinto y el ensueño, el pensamiento y la ilusión, el dolor y la esperanza, aprisionando para siempre una palabra, un perfume, un paisaje que de otro modo serían efímeros. La gracia inefable del poeta incorpora a su vida, con carácter permanente —perdurable e inmutable— lo huidizo y fugaz de las cosas de este mundo. De ahí debe de seguir —suponemos— ese sentimiento de hermandad con todo lo creado que parece vivir en los artistas, particularmente en los poetas, pues la función de la metáfora o de la imagen no es otra que la de evidenciar las misteriosas relaciones que ligan a todos las cosas animadas e inanimadas; al gusano y a la estrella, al insecto y a la flor. La poesía (religión porque realiza) realiza el milagro de restituir a su prístina unidad la plural diversidad del mundo.

CLEMENTINA SUÁREZ, ZELIÉ LARDÉ Y LOS MUÑECOS *por Tania Primavera*

Honduras es un país al que conocí y visité muy seguido cuando mi hermana logró estudiar agricultura en la prestigiosa universidad llamada Escuela El Zamorano, ubicada entre abundancia de recursos, entre bosques, agua, suelos. Después, ella se quedó viviendo un tiempo ahí, en el campo.

Cuando íbamos a la ciudad Tegucigalpa, me gustaba recorrer sus callejones, la curva de la Leona, catedral, el parque central, ver salir agua como de manantial de una callecita inclinada, comer en unos lugares antiguos del centro histórico en el segundo piso, o escuchar sus historias.

Me gustaba conversar con Rodrigo Acosta, un bohemio y culto, hijo del célebre poeta y diplomático Óscar Acosta. Ahí, en una azotea frente al restaurante Don Quijote, con un poco de vista a la ciudad, se podía conversar muchas cosas de Honduras.

El nombre de Clementina Suárez sonó en mi oído, alguna vez pasando cerca de un puente en la ciudad llamada Comayagüela, caminábamos no recuerdo con quién, alguien que sabía, y cerca de ahí dijo, "por ahí vivió la poeta Clementina, a la que mataron en su casa, en un atentado siendo ya una mujer adulta mayor".

Tenía una gran colección de autorretratos, fue muy pintada, solicitaba ser pintada. Ella procedía de Olancho, nació el 12 de mayo de 1902. Y viajó, vivió, conoció mundo, bohemia, madre soltera, se casó y divorció. Vivía sola esos últimos días.

En 2003, cuando revisé y transcribí cartas de Zelié Lardé (1901-1974), que envió a Nueva York entre los años 1946-1958, a su esposo Salvador Salazar Arrué "Salarrué", en varias de ellas, recuerdo sus quejas, le decía: "Clementina, nos pidió obra, pinturas de Mayita (María Teresa Maya), o mías y mis muñecos de barro, no me los regresa, por eso no me gusta darle nada".

Eran algunas de las cosas que Zelié le decía en cartas a Salarrué, Maya, su hija producía pinturas naifs o primitivas, como su madre. Cartas constantes, contándole hasta los últimos detalles de su vida cotidiana en El Salvador, la falta de zapatos, la falta de un refrigerador o detalles de la vida del arte, viajes a hacer mandados al centro de la ciudad.

En esos años, leí la biografía de Clementina, escrita por Janet Gold.

Zelié, modelaba esculturas de barro que describe como sus "indios" u otras figuras, desconozco donde se encontrarán, ni quién las compró, recuerdo a María Rosenthal. Zelié, las trataba de vender, para poder ganar "unos centavos". Porque para ella, la vida no era tan holgada económicamente. Maya y Zelié vivían solas en la Colonia América, mientras Salarrué trabajaba en Nueva York. La pintura y el arte les dio de comer, por el estilo. Maya pintaba primitivo, un estilo casi folclorista, que gustaba, para poder tener algo de dinero también, y vender su obra, necesitaban ese dinero.

En las exposiciones de su Rancho del Artista, que la poeta y promotora cultural hondureña, Clementina Suárez realizaba en El Salvador, promovía a diversos artistas. Es así, como también, se quedó con pinturas y esculturas, según las cartas de Zelié Lardé. Porque coleccionaba arte.

Su mundo y el mundo del ensueño de quien fue su esposo unos años, a finales de los años cuarenta, y principios de los cincuentas, el magnífico pintor José Mejía Vides, parecía que de alguna manera en algún tiempo congenió, pero después ya no, y terminó separándose. Lo que sí es verdad, es la ardua labor que se empeñó en realizar en El Salvador, su recuerdo pervive en poemas, memorias, y en el tabú de su muerte el 9 de diciembre de 1991.

CLEMENTINA SUÁREZ: MUJER ANTICONVENCIONAL *por Arsenio Escolar*

Poeta, mujer, hondureña. Hoy os traigo a Clementina Suárez, una creadora centroamericana del siglo pasado que bien merece un tiempo en este espacio. Está considerada "la matriarca de la poesía hondureña", ahora veréis por qué.

Clementina fue una lectora precoz y voraz, escritora desde muy niña, introvertida de pequeña. Dice esto sobre sí misma, comentando sus primeros años: "Siempre estaba como ensimismada, interesada en otras cosas. Tenía más interés en lo que decían los mayores que en lo que mis compañeros decían".

Nació en 1902 y murió en 1991. Su obra y su vida son interesantísimas. Fue dependienta en una tienda y camarera en un restaurante. Dio recitales de poesía por toda Centroamérica. Viajó muchísimo y casi siempre sola. Residió en Tegucigalpa, en México, en Nueva York, en Cuba, en Costa Rica.

Fue una mujer nada convencional o incluso anticonvencional. Desafió las convenciones sociales: frecuentaba amistades masculinas cuando ninguna mujer lo hacía; vestía a su aire, con pantalones cortos y blusas entalladas, a veces con transparencias o casi desnuda, como hizo en el escenario del Teatro Nacional en uno de sus recitales; tuvo sin casarse dos hijas con el escritor Marco Antonio Rosa. Cuenta su biógrafa Janet N. Gold: "Sola frente a la sociedad, como obedeciendo a un impulso interno".

Promotora de las artes, especialmente de la pintura, la retrataron tantos artistas —hasta el mexicano Diego Rivera— que se dijo de ella que era "la mujer más retratada de Honduras". Su casa en México fue al mismo tiempo galería de exposiciones de principiantes, salón bohemio y lugar de acogida de expatriados. Poetas activistas nicaragüenses negociaban allí la compra de armas para luchar contra el dictador de su país. Y en la mesa de su cocina, según se cuenta, el guatemalteco Miguel Ángel Asturias, que luego fue Premio Nobel, trabajó los primeros textos de su célebre El señor Presidente, una de las principales de las llamadas "novela de dictador". Este, el género de las novelas de dictador, es muy fecundo en español, con títulos tan excelsos como Tirano Banderas, de Valle-Inclán; Yo, el Supremo, de

Roa Bastos; El recurso del método, de Alejo Carpentier; El otoño del patriarca, de Gabriel García Márquez o La fiesta del Chivo, de Mario Vargas Llosa.

Como poeta, Clementina Suárez comenzó en las vanguardias, pasó por la poesía erótica y desembocó en el compromiso social. Habló del dolor, de la ternura, del amor, de los afectos… y también del compromiso, de la denuncia.

En una entrevista dijo que la poesía ha de ser "en primer lugar auténtica, honrada, sincera. Utilizarla como lenguaje de los pueblos, como bandera de lucha, identificarse con las causas justas, esa y no otra debe ser la función de la poesía".

Un poema suyo, Combate, dice así:

> Yo soy un poeta,
> un ejército de poetas.
> Y hoy quiero escribir un poema,
> un poema silbatos,
> un poema fusiles
> para pegarlos en las puertas,
> en la celda de las prisiones,
> en los muros de las escuelas.
> Hoy quiero construir y destruir,
> levantar en andamios la esperanza.
> Despertar al niño
> arcángel de las espadas,
> ser relámpago, trueno,
> con estatura de héroe
> para talar, arrasar
> las podridas raíces de mi pueblo.

Vamos ahora con otro tipo de poema, con otro registro. Más personal, más íntimo. Se titula Lamentos en el espacio, y dice así:

> Afuera ruge el viento. Tu cabeza está
> en mis piernas,
> la noche se entretiene en ronda de fantasmas.
> Aguas desbarrancadas cortan narcisos y nieblas,

para adornar la tumba de tanto pájaro muerto.

Tú peinas y despeinas mi cabello
mientras el mar arrastra sangre y lodo.

La sombra parece que esculpiera cadáveres.
¿Quién llora y se desespera en el aire?
Amor. Tú estás dormido,
—sin darte prisa por salir de la noche—
mientras yo atajo lamentos
de madres y de niños.

Y ahora vamos con otro poema no menos sugerente, no menos pasional. Se titula Amor salvaje, y dice así:

Amor salvaje.
¡Qué bien estás,
desgarrándome toda!

Amor salvaje.
¡Qué bien estás,
amenazando mi vida!

Amor salvaje.
Qué bien estás,
contenido en lo inexplicable.

Hasta aquí, como veis, versos libres y blancos. Sin estrofa convencional, sin rima. Vamos a acabar con un poema muy distinto en la forma. Son seis serventesios en versos alejandrinos. Estrofas clásicas en versos tradicionales.

Déjame que te cuente antes cómo murió Clementina Suárez, matriarca de la poesía hondureña, mujer fuerte.

El sábado 7 de diciembre de 1991 fue encontrada en su casa de Tegucigalpa, golpeada e inconsciente. Falleció dos días después en un centro asistencial, sin haber recobrado el conocimiento. El crimen nunca fue aclarado.

Vamos, ahora sí, con ese último poema en serventesios, alguno de ellos irregular. Se titula Melancolía y habla de despedidas, de muerte. Dice así:

Madre o hermana mía taciturna y huraña
que has hecho luminosa tu pobre soledad,
que suavizaste el quejido y acallaste la saña
y ofreces a los tristes tu sombra de piedad.

Quiero que me lleves en tu barca sombría
por los mares ignotos donde todo es inerte,
donde reina la noche y muere la alegría,
a los vastos dominios donde impera la muerte.

Abre tus brazos! Oh gran melancolía!
y deja que mi vida se envuelva en tus saudades,
así tu gran tristeza del brazo con la mía
puede ser que den vida a nuevas claridades.

Deja que recueste mi cabeza cansada
sobre tu regazo de paz y santidad,
que me olvide de todo, que me absorba la nada,
que se esfume mi vida en tu gran soledad.

Deja que me abrace a tus sombras tranquilas,
que me pierda en tu seno y explore tus arcanos,
que me sacien de silencio mis hambrientas pupilas
y de suavidades mis temblorosas manos.

Enséñame la senda melancólica hermana
que va hacia los silencios y las renunciaciones
que nos lleva a esa tierra misteriosa y lejana
donde hallan paz y sosiego los tristes corazones.

CLEMENTINA SUÁREZ, POETISA CENTROAMERICANA EN NICARAGUA *por*
Carmen Centeno Gómez

En repetidas ocasiones, el nombre de Clementina Suárez llegó a mis oídos en la voz de Nicaragüenses conocedores de su labor cultural y de su poesía.

No fue sino hasta hace pocos días que yo tuve la suerte de encontrármela.

En el momento concertamos una cita. Entonces charlamos como dos viejas amigas de todo lo que fueron los años idos, los que tomaron forma y color en esos instantes de recuerdo: conversamos de la cultura centroamericana de la actualidad, de libros, escritores y artistas en general, y además de todo lo que se puede hacer en el futuro por la cultura centroamericana.

Lo principal de nuestra conversación giró alrededor de la razón de su presencia en Nicaragua. Ella viene a hacer una exposición de pintura centroamericana en nuestro país, pero de todo es mejor que ella personalmente nos lo diga.

—¿**Cuánto tiempo piensas permanecer en Nicaragua, Clementina?**

Estaré el tiempo necesario para preparar la exposición de pintura centroamericana y el período que la misma esté en exhibiciones.

—¿**Cuántas veces has hecho estas exposiciones, en qué países y con qué fin?**

Unas veinte veces se ha hecho esta exposición centroamericana, en diferentes países de América, con el objeto de dar a conocer los valores artísticos nuestros y establecer un comercio de pinturas entre unos y otros países, porque al venderse las obras, se estimula a los artistas.

—¿**Ya tienes pinturas nicaragüenses?**

Tengo algunas, pero estoy recogiendo unas cuantas más para esta exposición y las del futuro.

—¿Después de tus recorridos, después de las exposiciones, qué pasa con estas pinturas?

Algunas son adquiridas, las otras vuelven a San Salvador, ésta es la sede; por el momento ya me las he ingeniado para organizar un local que hemos llamado "Rancho del Artista", porque eso es en realidad para todos los amantes del arte y sus creadores.

Al hablar de su poesía, Clementina, me dice que ayer, en sus años mozos, escribía despreocupadamente, libre, rebosaba la juventud en todos los alrededores e instantes, todo era esplendoroso y bello; los seres y las cosas tenían la importancia que ella quería que tuvieran. Ahora —dice Clementina, — soy más cuidadosa para escribir, nada más.

Pero Clementina no es solamente cuidadosa para escribir su poesía, sino que a través del tiempo, su experiencia, sus conocimientos han madurado hasta lograr entregarnos pureza en sus ritmos como en su poemario "Creciendo con la Hierba2. Editado recientemente y presentado con exquisito gusto artístico.

Clementina es susceptible, así la descubrimos en sus poemas:

> Es tan fácil herirme
> que un pequeño ruido de cristal
> lo logra.

Dice en uno de sus poemas y nos introduce a su mundo de ruidos en silencio.

Fue una tarde rica de todo lo que produce entusiasmo y nos despedimos con el propósito de encontrarnos nuevamente y conversar más ampliamente, sobre el desarrollo de sus actividades culturales en nuestro país.

CLEMENTINA SUÁREZ *por José Ángel Buesa*

"Es la muchacha más loca, más buena y más lírica de Honduras". Con estas palabras se inicia el prólogo de José Rodríguez Cerna, para esta muchacha de ojos un poco tristes que está frente a mí. Y yo no sé hasta qué punto pueda determinar su bondad o su locura, pero sé bien hasta qué extremo la destaca su lirismo entre las poetisas americanas del momento.

Porque esta muchacha, que insisto en que tiene los ojos demasiado un poco tristes, es una presencia de sinceridad y de vigor, de espontaneidad, y de transparencia, en ese turbio histerismo versificador que se agolpa en las páginas de las revistas y los diarios del Continente. Y esa actitud que la coloca al margen de la promiscuidad, se debe al hecho simple y al propio tiempo complicadísimo, de que Clementina Suárez nunca ha pretendido ser otra cosa que Clementina Suárez. Y por eso, por no querer ser nada más que ella misma, es nada menos que ella por sí, en sí y fuera de sí.

Y por eso es Clementina Suárez. Ese es su secreto y esa es su más alta virtud.

Porque en el verso de Clementina Suárez, de esta mujercita hondureña tan mujer, no se encuentra ese superficial afán retórico de dejar sin decir las cosas con tal que parezcan bien dichas, sino que las dice con esa innegable rotundidad física del árbol que ofrece su fruto maduro, consciente de lo que da, aunque tal vez ignore porque lo da. Y así con una erudita sencillez, con una fragante simplicidad arcádica, nos deja entre las manos, como el temblor de una paloma, un verso suyo, tan suyo, que a veces llega a parecernos un poco nuestro.

UNAS CUANTAS PALABRAS *por Hernán Robleto*

La tierra de donde procede Clementina Suárez tiene los cambiantes tropicales; pero más marcada que otras condiciones, posee la del aroma de los pinos.

Su ciudad capital tiene la fragancia tan cantada por Chocano. Porque para mí todas las ciudades tienen su peculiar olor: México, La Habana, New Orleans, Guatemala, Puebla, San José de Costa Rica. Por lo que hace a mi capital, a pesar de estar enclavada lejos del océano, huele a yodo del mar junto a su lago inmóvil que vigila un volcán.

¿Influye el aspecto, la fuerza de la Naturaleza, en la psiquis de los poetas? Claro que sí. Tegucigalpa imprime en el alma de Clementina Suárez el aroma y la canción perenne de los pinos. Y a la par de esta cualidad, hay un poder agreste en las explosiones de su temperamento, como consecuencia de lo que revelan los escuetos picachos que rodean a la ciudad natal, desnudos picachos que reciben el dardo solar y que encierran en su seno, condiciones de los siglos, un venoso sistema de plata pura.

Arde en los versos y en la prosa de Clementina ese sol del trópico; revientan rosas fuertes y, entre la luz, predomina su canto de juventud, el divino tesoro de que hablaba Rubén. Su juventud es explosiva con una luminosidad criolla. Tiene la fuerza de una flecha hacia el sol y su aspiración es una sed encendida, una embriaguez múltiple, como todo producto de la tierra.

En las prosas de "De Mis Sábado El Ultimo", se observa esta núbil franqueza. No la detiene el monjil escrúpulo de la educación colonial en nuestras viejas urbes. Aquellos centros están situados, puede decirse, a cubierto de las influencias móviles, y evolucionadas, de las modas de audacia moderna. Pero ese en cuanto corresponde únicamente al ropaje visible, a la modalidad exterior, a las cosas materiales o frívolas.

Que en lo que respecta al espíritu, antes de los enciclopedistas, ha volado con entera libertad, como causa del enorme marco —y muchas veces sin marco, sin horizonte— que son los campos ilímites, las montañas inmensas, los gritos de la naturaleza. Clementina responde a esta impresión con una audacia inexplicable cuando dice: "Hay días

259

en que hasta el verde de las praderas forma un lienzo rojo. Yo quisiera en esos días cubrirme con este lienzo, que debe ser de pétalos muy rojos o de labios que sangran.....".

No se trata de un daltonismo físico, sino de algo tan sutilmente entrevisto, que se comprende fácilmente, desapareciendo la hipérbole. Y de ahí como la púrpura prende en la roja visión de los crepúsculos el fuego abrazador de esta poetisa adolescente, menudita, frágil, como un haz de nervios.

Pero no se crea que toda la producción tiene ese tono. En un poemita evocador, al referirse a las noches llenas de ternura, dice que "hay un loco deseo de agacharse y de ir recogiendo de rodillas, con nuestras manos sangrantes, puñados de dulzura, para acercárnoslo al corazón".

Yo no sirvo para prologar libros, para tomar escalpelos, ni para analizar con sentido miope, caladas las gafas tradicionales, estos tesoros de emoción juvenil. Muchachilla audaz y con talento, muchachilla de veinte años que tiene ojeras moradas, cabellera a la bob y labios carmesíes: eres una poetisa sentimental, aunque viajes sola por el mundo, con petaca en donde van revueltas las cuartillas del cuaderno confidente, con las chucherías de la señorita actual: rouge para los labios, lápices para los ojos y una motita que aviva el
calor tropical de las mejillas

CLEMENTINA SUÁREZ EN CENTRO AMÉRICA
por Otto René Castillo

Es incalculable lo que Centro América le debe a Clementina Suárez no solamente por su cariño, que lo ha brindado siempre con diáfana solicitud, sino que por su batallar perenne por la cultura, por su esfuerzo continuado y eficaz en ese sentido.

Por ese ir y venir con su ancha sonrisa uniendo a los diversos seres de estas patrias —que todas debieran amarla como suya— porque en cada una de sus parcelas amaneció su verso y derramó su miel. Con actividad poética sorprendente, con vocación definida e ininterrumpida, en lucha permanente, no pierde jamás su vigor ni su indeclinable optimismo.

Ave viajera, va de un lado al otro buscando horizontes para sus inquietudes. Pero, ¡qué inhóspitas estas patrias! Mas ella no se acobarda, más bien se agiganta cuando con estatura increíble nos da su mensaje en que plantea y se duele de los grandes problemas humanos, cuando denuncia las heridas de su pueblo.

Por eso, y por todo, tengo que decir una y otra vez, quizá hasta hacerme oír, que estamos en deuda con Clementina Suárez, que es incalculable lo que Centro América le debe a Clementina Suárez.

Traición sería no reconocerlo, no amar su siempre vertical figura. Pero claro, hay que entender que para los mezquinos hay una razón: para que el aplauso sea renuente para ella, su voluntad insobornable para hacer de su canto un habilidoso instrumento de halago, su desdén por los que quieren truncar su vida, su libertad para llamar las cosas por su nombre.

Son ciegos y no ven, son sordos y no oyen, que ella no sabe adornar con simulada alegría lo que no lleva en la sangre y los huesos. Espíritu rebelde con los convencionalismos sociales, más de una vez los pacatos atascados sintieron el fino dardo de sus estocadas.

Clementina conoce a todos sus contemporáneos que valen algo porque ella tiene un nivel humano en que lo más importante es el hombre, ya sea en el arte como en la vida.

Por eso ataca con violencia cierto nacionalismo, que no es más que mero estancamiento, lo limitado no es adecuado a su naturaleza en ningún momento, ella entrevé el porvenir como una unidad ambientada para la esperanza.

Con cariño desbordante va de pueblo en pueblo, no buscando renombre sino que dando su comprensión y aliento.

Fue Miguel Ángel Asturias el que nos la presentara con palabras que no hemos podido olvidar:

"Clementina es todo un poeta, jamás una poetisa...".

Después ella nos abrió sus puertas para que en su casa, en San Salvador, dijéramos nuestros versos; era el grupo LAMATEPEC, Orlando Frasedo, Mercedes Durand, Arqueles Morales y otros tantos que sería largo enumerar.

Tenemos que aprender a darle importancia a lo que tiene importancia, y no seguir inflando globos con los que luego no nos quedamos ni con el aire en las manos. Tenemos

que aprender a enaltecer y amar lo nuestro, a distinguir lo que vale de lo que no vale, y a lo que vale darle su justo valor. Empecemos por querer, por amar y apreciar a Clementina Suárez con quien no hay centroamericano que no esté en deuda.

FRAGUA INTERIOR DE CLEMENTINA SUÁREZ
por Segisfredo Infante

Janet Gold ha escrito los detalles más llamativos sobre la vida y la obra de Clementina Suárez Zelaya Bustillo (1902-1991). Después de su minucioso volumen de cuatrocientas veinticinco páginas, publicado en inglés durante el año de 1995, y en español en el año 2001, es muy poco lo que cualquier autor podría descubrir o añadir.

Lógicamente lo "muy poco" podría incluir el concepto de lo "infinitesimal". Exceptuando, quizás, en este orden de ideas, el interesantísimo capítulo de veintidós o veintitrés páginas que Helen Umaña le dedica al análisis muy específico de su poesía en el voluminoso texto "La Palabra Iluminada".

Porque antes de esos escritos (de Gold y de Umaña), casi todo se había reseñado, positiva y negativamente, en la semblanza comprimida de la escritora cubana Julieta Carrera; en las críticas o censuras contenidas en el "Itinerario" del señor José Rodríguez Cerna, y en un artículo publicado, a propósito de su fallecimiento trágico, por el historiador Ramón Oquelí Garay en el desaparecido "Boletín Literario-Informativo 18-Conejo" que dirigíamos, a finales del siglo pasado, Juan Ramón Martínez y el autor de estas homenajeantes palabras.

Sospecho, con la posibilidad de equivocarme, que todo lo demás que se ha escrito, publicado o conversado sobre "Doña Clemen" es, hasta cierto punto, un conjunto inarticulado de lugares comunes repetidos *ad perpetuam*, ya sea en bien, en ambigüedad o en mal, sobre una de las personalidades más coloridas de la poesía y de la promoción cultural que ha parido Honduras. Eso incluye algún artículo que yo mismo he publicado, en favor de "Doña Clemen", en las páginas del diario "La Tribuna".

Así que, a riesgo de caer en los tópicos de siempre, o en los conceptos manidos, suavizados o vacíos de contenido, la "Fundación Clementina Suárez" me ha encomendado la tarea de dirigir algunas palabras "magistrales" sobre la controversial poetisa olanchana ante un distinguido auditorio de Comayagua, antigua capital colonial de la provincia de Honduras, y tierra de poetas extraordinarios del siglo veinte, como Ramón Ortega, Antonio José Rivas y Edilberto Cardona

Bulnes. Igualmente tierra del historiador colonial, que dejó marca respetable en la historiografía hondureña, don Mario Felipe Martínez Castillo. Todos los mencionados, exceptuando a "Orteguita" (como cariñosamente le decía Froylán Turcios), fueron amigos personales míos, entre ellos uno de los decanos de la crónica periodística comayagüense, el chispeante don Leonardo Letona, recientemente fallecido.

Aclarado lo anterior mis palabras seguirán una especie de recorrido mental de recuerdos nebulosos y precisos, relacionados con la obra, y con algunas imágenes aisladas de la autora homenajeada, ligadas a unas conversaciones ocasionales con Medardo Mejía, Manuel Salinas Paguada y con el mencionado Ramón Oquelí; todos amigos personales míos, y de "Doña Clemen", igualmente fallecidos. A eso habría que añadir las conversaciones ambiguas, ocasionales, con algunos pintores hondureños que la conocieron y trataron de cerca. Como en mi caso individual pertenezco al grupo disperso de los escritores que, según Janet N. Gold, evitan, en lo posible, hablar mal de sus paisanos, especialmente si ya remontaron los umbrales de ultratumba, mi conferencia será fundamentalmente, en un noventa por ciento, laudatoria-impresionista. Esto significa que hablaré —lo poco que pueda hablar—, de esas imágenes aisladas, interiorizadas en mis recuerdos, y de mis apreciaciones del entorno y de las impresiones que recibí de su obra poética cuando todavía era un adolescente, estudiante del Instituto Central "Vicente Cáceres".

Ese enjambre de recuerdos melíficos, o agridulces, apareció una mañana cuando Óscar Soriano y el autor de estas palabras retornábamos de un viaje intelectual por San José de Costa Rica, en tanto que al solo salir del aeropuerto Toncontín, en Tegucigalpa, el taxista encendió la radio para tropezar con la grave noticia que la escritora nacional había muerto, trágicamente, durante esa misma mañana o el día anterior, como resultado de un ataque criminal en su propia residencia del barrio La Hoya en la ciudad capital.

Creo que era un lunes nueve, o un martes diez, del mes de diciembre del año 1991. Quedamos paralizados ante lo terrible de aquel acontecimiento, escenificado contra la humanidad de una anciana indefensa, cuya sola existencia compendiaba toda una vida de trajinares culturales por Juticalpa, Trujillo, Tegucigalpa, Nueva

York, La Habana, México, Guatemala y San Salvador, en donde la poetisa había pernoctado, residido, habitado, trabajado, amado y luchado, durante tantas décadas de desconocimientos, triunfos, desdenes, reconocimientos y adversidades.

Pensé en Juticalpa, su ciudad natal, en el departamento de Olancho. Es extraño que mientras trabajé, durante unos tres meses, entre 1971 y 1972, en esa capital de provincia como jefe de la "Imprenta Alba", nadie me mencionó el nombre de Clementina Suárez. Ni siquiera la mencionó el profesor y poeta olanchano don Miguel Ángel Osorio, su paisano inmediato, que era el dueño de la imprenta. O quizás nunca se presentó la ocasión de mencionarla. El caso es que, según se desprende del libro de Janet Gold, ni siquiera en Juticalpa la poetisa era reconocida como una mujer de dimensión nacional, por lo menos hasta poco después que el Estado la condecorara, en 1970, por presión de sus amigos cercanos, con el Premio Nacional de Literatura "Ramón Rosa", que en la sociedad juticalpense comenzaron a medio-aceptarla, si pudiéramos utilizar esta frase compuesta.

Desde luego que había excepciones de la regla, como el escritor Medardo Mejía, que la estimaba en grado sumo. Y quizás el abogado Guillermo Emilio Ayes. Dos olanchanos, de pura cepa, que a la sazón vivían en Tegucigalpa. Y es que de acuerdo con una versión, recientísima, del doctor Óscar Montes Rosales, su señora madre (oriunda de San Francisco de la Paz), le narraba que Clementina había escandalizado a las niñas y muchachas de Juticalpa con algunos poemas eróticos (nunca publicados) allá por la segunda y tercera décadas del siglo veinte, en la todavía aislada y recatada provincia olanchana.

Así que desde que era una mozuela Clementina se había entregado a la ardua tarea de fraguar su propia personalidad, condimentada con delicias, contrariedades y sinsabores, con un sentido de libertad e independencia individual pocas veces visto en la historia femenina de Honduras, excepto en la ciudad colonial de Danlí, con la recia y hermosa figura de doña Lucila Gamero Moncada, quien comenzó a leer, escribir y publicar sus primeros cuentos y novelas durante las últimas décadas del siglo diecinueve y comienzos del veinte, con el auxilio de Froylán Turcios y sus revistas, y bajo la influencia bienhechora, directa e indirecta, del pedagogo guatemalteco don Pedro Nufio, radicado, en aquel entonces, en el oriente hondureño. (El profesor Nufio mantuvo una estrecha relación con los varones de la familia Gamero, en donde de alguna manera figuraba la inteligente señorita Lucila, quien más tarde sería conocida con el apellido "de Medina").

Mi primer contacto con la obra escritural de Clementina Suárez (ya lo he narrado en un pequeño artículo publicado en diario "La Tribuna") ocurrió en los comienzos del año 1972, después de un reñido concurso de oratoria colegial en que, como premio, me regalaron un excelente lote de libros de autores hondureños. Ahí venía un libro-homenaje publicado por la Universidad Nacional Autónoma de Honduras, dedicado a la vida y la obra de "Doña Clemen", en que según mi *corto circuito de memoria* (así me ha quedado después de los padecimientos de un "dengue tipo tres"), se destacaban, principalmente, los versos del poemario "Corazón Sangrante", lo mismo que las pinturas y caricaturas del llamativo rostro de la poetisa, elaboradas por diversos artistas "mesoamericanos" y del trasmundo, a lo largo de muchos años.

No recuerdo si fue Diego Rivera o José Clemente Orozco (ambos mexicanos) quien le expresó que iba a pintarla o dibujarla porque tenía "el rostro más bonito" que el pintor había visto. Pero esas fueron las palabras aproximadas de un famoso mexicano hacia una casi desconocida escritora y promotora de arte, oriunda del interior de Honduras, cuya profunda expresividad, entre mulata, indígena y española, resultaba inolvidable. De hecho, en mi ingenua adolescencia de estudiante del Instituto Central, en tanto que apenas tenía dieciséis años, me encantaron los poemas de "Corazón Sangrante" de Clementina Suárez, publicados, originariamente, en el año 1930.

Ahora puedo deletrearlos con los ojos del pensamiento de un lector frío que ha realizado un largo e intenso recorrido por las obras de los grandes escritores del planeta (incluidos los poetas de ambos sexos) a través de todos los siglos; o de un hombre maduro que en los comienzos del atardecer de su vida, pernocta filosóficamente dentro de una larga estación otoñal. Sin embargo, para el motivo especial de esta conferencia, mantengo mis juveniles percepciones impresionistas, simpáticas y cargadas de paisaje y paisanaje, en favor de la polifacética "Doña Clemen". Sobre el resto de una parte de su obra poética sería pertinente, tal vez, releer los consejos oportunos que le ofreció Hernán Robleto, y que la poetisa desconsideró; asimismo las fuertes referencias en las páginas mencionadas de Helen Umaña; y las críticas incisivas en las citadas memorias de José Rodríguez Cerna, en contra del hipotético mito literario creado alrededor de la poetisa olanchana.

Dicen algunos lógico-matemáticos de las escuelas formales, o tradicionales, que el símbolo "A" es igual, exactamente, sólo al símbolo "A". Con esto se ha definido, en la historia de la escritura y de los símbolos, los conceptos de "igualdad" e "identidad". Esto significa que el símbolo "A" es igual a sí mismo; se parece consigo mismo. Que en principio de cuentas es diferente a los demás símbolos o cantidades que representa. Este camino de la simbología lógica podría ayudarnos a encontrar la identidad peculiar de Clementina Suárez, en tanto en cuanto ella se entregó a la tarea —desde que era adolescente—, de fabricar una personalidad que le permitiera sobrevivir en un mundo de escritores del sexo masculino y de incomprensiones femeninas; pero que también le ayudara a diferenciarse de las demás mujeres hondureñas, centroamericanas y mexicanas. Que le ayudara, en definitiva, a distinguirse de las posturas "feministas", amén que ella compartía y levantaba algunas de las consignas del movimiento femenino y feminista iniciado, en Tegucigalpa, capital de Honduras, por la luchadora evangélica-liberal: doña Visitación Padilla.

Al fraguar su personalidad única ("única" en nuestro medio) logró ir mucho más lejos con su compromiso social, al simpatizar con las revoluciones de "izquierda" en general, y con la revolución mexicana agrarista en particular, sin militar jamás en ningún movimiento "izquierdista", ni siquiera de vanguardia literaria. Ella era ella, en sí misma y para sí misma, con sus aciertos, sus alcances y sus errores. En ella, como lo insinúa Janet Gold, coexistían tres poetas o tres personalidades, porque, entre otras cosas, "creó su propia receta poética".

En ese intenso proceso de "cocrearse" a sí misma, como bien los dirían los teólogos del socialcristianismo, comenzó por desligarse del concepto tradicional de "poetisa" para autobautizarse bajo la etiqueta de "poeta". Desde entonces, pese a las exigencias lógico-gramaticales, casi nadie se atreve a mencionarla como poetisa, sino como poeta. Es más, algunas escritoras hondureñas han seguido la costumbre impuesta por "Doña Clemen" de suscribir sus escritos como "poetas", evitando el de "poetisas".

Naturalmente que la singular escritora olanchana ha cosechado algunas admiradoras e imitadoras por aquí y por allá, con el lamentable suceso que algunas, en su afán desmesurado de imitarla, han copiado hiperbólicamente las partes negativas de aquella personalidad, olvidando ciertas actitudes aristocráticas de "Doña Clemen"; la exquisita indumentaria característica en su forma de vestir; los temporales retraimientos y los distanciamientos de los dogmas ideológicos; luego su simpatía, incluso poética, por los menesterosos, con algunos momentos de humildad.

A propósito de indumentaria recuerdo a Clementina Suárez en un desfile de modas francesas en la vieja tienda "La Moda de París", animada por el comentarista deportivo el ingeniero Salvador Nasralla. También la recuerdo en algunas conferencias del erudito uruguayo don Óscar Falchetti, en que el fallecido escritor Manuel Salinas Pagoada la rehuía porque la poeta Suárez, cuando se pasaba de copas, solía agredir verbalmente a sus amigos y conocidos. Pero en general se le recuerda, en forma positiva, como una formidable introductora (quizás la primera) de las galerías de arte en Honduras, iniciativa mediante la cual apoyaba a los valores artísticos "nuevos" y "viejos", dada su intensa y larga experiencia en la ciudad de México y en las proximidades de San Salvador, capital de la República de El Salvador. Personalmente sospecho que promocionó en forma directa, a mediados de los años setenta del siglo veinte, a los muchachos del "Taller de la Merced" de Tegucigalpa, sobre todo al importantísimo pintor Luis H. Padilla, de cuyo pincel hay un retrato sugerente y complicado de "Doña Clemen".

También hay otro retrato interesantísimo salido de los pinceles del decano, aún vivo, de los viejos pintores hondureños: Miguel Ángel Ruiz Matute. En esto se debe coincidir con la frase de María Eugenia Ramos, en el sentido que Clementina Suárez es una "mujer irrepetible".

Sin poner en duda, en ningún momento, la existencia de una fragua interior en la que lentamente "Doña Clemen" comenzó a forjar su espíritu libertario, e irreverente, hasta convertirla en un símbolo de la literatura y de los quehaceres culturales específicos de El Salvador y Honduras, es indispensable recordar la larga estadía de la escritora olanchana en la ciudad de México, en donde trabó amistad y relaciones coyunturales con pintores, poetas, narradores y promotores de arte, oriundos de diversas regiones hispanohablantes. En el contexto metropolitano es importante su relación de reciprocidad con el poeta español León Felipe, luchador republicano y traductor exquisito de una parte de la poesía del estadounidense Walt Whitmann; me refiero a los bellos fragmentos de "Canto a mí mismo", que tendrán una lejana resonancia en diversos momentos de la poesía de nuestra paisana.

En México "Doña Clemen" terminó su educación autodidáctica y acabó de configurar su recio carácter interior y sus posturas histriónicas hacia afuera. Se convirtió en una "real hembra", como le gustaba expresar a don Medardo Mejía al momento de referirse a las mujeres criollo-mestizas. Tengo para mí la hipótesis que nuestra escritora asimiló algunas de las irreverencias, enfados, desenfados y escándalos típicos de Frida Kahlo, pintora, gestora cultural, esposa de Diego Rivera, suicida latente y amante fugaz de León Trotsky.

Es probable que también haya derivado algunas enseñanzas de la gestora cultural doña Inés Amor, fundadora de la primera galería de arte en México. Así que algo de las apariencias de Frida Kahlo y de Inés Amor se reprodujeron, voluntaria o involuntariamente, en la personalidad de "Doña Clemen", una vez instalada en San Salvador y finalmente en Tegucigalpa.

Empero, "Doña Clemen" tiene un sustrato que es muy propio en ella, resultado de la amalgama nostálgica de los viejos abuelos cimarrones de la tierruca olanchana; de las pepitas de oro, reales o imaginarias, del río Guayape; y de las ternuras de una poeta enamorada de algunos ideales o arquetipos inalcanzables, tanto personales como colectivos. Me contaba Ramón Oquelí que en cierta ocasión Clementina había expresado que ella y Medardo Mejía se habían "salvado" por su procedencia olanchana. Por supuesto que nuestra recia dama estaba pensando en los hombres y mujeres de pensamiento, narrativa y poética, como José Antonio Domínguez, Froylán Turcios, Salatiel Rosales, Alfonso Guillén Zelaya, Hostilio Lobo (el viejo), Paca Navas de Miralda y el malogrado Federico Peck Fernández.

Este último, organizador, a mediados de los años veinte, del grupo generacional "Renovación". Quizás también pensaba en el dirigente proletario Manuel Cálix Herrera, amigo, o conocido, de don Medardo Mejía y de la salvadoreña-hondureña Gracielita Amaya. No incluía en la lista de los grandes olanchanos a los picapleitos; ni a los bravucones; ni a los forajidos; ni mucho menos a los hombres vulgares, rencorosos, que ofenden a sus parientes cercanos y les hurtan la vida a sus vecinos. Ella hablaba, en cambio, de una o varias generaciones de exquisiteces literarias, masculinas y femeninas.

Allá por 1980-1981, en su casona de Comayagüela, a pocos pasos de la séptima avenida de la capital gemela, le pregunté a don Medardo Mejía que a cuál generación literaria pertenecía "Doña Clemen".

—Vea joven —me contestó— Clementina pertenece a todas las generaciones.

Esta afirmación casual de "Don Medardo" es ratificada por la citada Janet Gold, cuando refiere en las páginas 221 y 222 de su libro, que la poeta hondureña "invariablemente" rehusaba "delimitar las fronteras de su mundo", porque replicaba que ella había "sobrevivido a la mayoría de las generaciones", con las cuales se había relacionado en forma personal. Tampoco se había identificado con ningún grupo ideológico-político excluyente. En este punto clave resaltaba, nuevamente, la singularidad de Clementina Suárez, reafirmando, consciente o inconscientemente para sí misma y los demás, los conceptos de "otredad" y de "alteridad", que se han puesto en boga, en forma reiterada, en los comienzos del siglo veintiuno, con el refuerzo teórico de autores contemporáneos y cronológicamente "posmodernos" como Emmanuel Levinas, Tzvetan Todorov y Roger Bartra, para sólo mencionar algunos.

En nuestro mundo cargado de prejuicios y confusiones culturales, es harto difícil identificar, calibrar, tolerar y respetar la "otredad" del "Otro", sobre todo cuando ese "Otro" es un ser humano pacífico e inteligente que defiende la autonomía relativa de su propia identidad individual, colectiva, nacional o regional. Si hay algo que yo respeto en grado sumo (y es lo que más respeto en ella), es el afán de doña Clementina Suárez por salvaguardar su propia singularidad intelectual y cultural que probablemente molestaba a algunos intolerantes cargados de fingidos puritanismos y de prejuicios ideológicos de diverso signo. De repente querían aplanarla ideológicamente, como pareciera ocurrir, ahora mismo, en estos días, contra personalidades e intelectualidades independientes, autónomas, desde posturas que provienen de "pensamientos únicos", más o menos fundamentalistas; o de extrema izquierda o de extrema derecha.

Esa singularidad polifacética de "Doña Clemen" (o de otros intelectuales recios como José del Valle, Ramón Rosa, Antonio R. Vallejo, Alberto Membreño, Lucila Gamero de Medina, Paulino Valladares, Rafael Heliodoro Valle, Alfonso Guillén Zelaya, Medardo Mejía, Ramón Oquelí Garay y Roberto Castillo), podría ser la pista para encontrar, o para construir, la tan necesaria identidad en marcha de una sociedad criollo-mestiza como la hondureña y la centroamericana.

No está de más subrayar, para ir finalizando, que a partir de los años noventa del siglo recién pasado, habrá de ser poco menos que imposible hablar o escribir sobre la vida y la obra de Clementina Suárez, sin referirse, previamente, al incomparable libro biográfico de Janet N. Gold. Me refiero al texto voluminoso "El Retrato en el Espejo; una biografía de Clementina Suárez", reproducido por Editorial Guaymuras en noviembre del año 2001.

El libro de Janet Gold se caracteriza, entre otras cosas, por su exhaustiva minuciosidad en los grandes y pequeños detalles de la inevitable escritora de Juticalpa. Tanto en sus virtudes insignes como en sus secundarios defectos. En sus mitos glamorosos como en sus realidades crudas. Pues casi nada escapa a la mirada escudriñadora de la profesora e investigadora norteamericana, con quien los hondureños hemos adquirido una deuda moral, intelectual, por haber dedicado tantos años a una investigación biográfica y literaria de tal envergadura, sobre la personalidad especial de nuestra Clementina Suárez.

Para finalizar: Nunca fui parte del círculo de amigos íntimos de "Doña Clemen". Ni siquiera del cercano. Pero fui su admirador indirecto; "escorado", como se dice tierra adentro. Aquí conviene remarcar que también he sido admirador inmarchitable de los quehaceres personales e intelectuales de mujeres formidables de Honduras, con personalidades y posturas diversas, como doña Josefa Lastiri de Morazán; Lucila Gamero de Medina; Argentina Díaz Lozano; Paca Navas de Miralda; Graciela Bográn; doña Alejandrina Bermúdez de Villeda; doña Nora Landa Blanco; doña María López Hernández y Hernández; doña Cristina Montes de Gálvez; doña Elvia Castañeda de Machado (o Litza Quintana); doña Leslie Castejón; y doña Rina Villars. Estas cuatro últimas damas mencionadas todavía viven, salvaguardando, quizás, sus ricas experiencias otoñales de un presente-pasado.

También hay escritoras jóvenes serias que, como Daniela Navarrete, son una auténtica promesa para Honduras, que resultaría prolijo enumerarlas en este corto espacio. Y es que he intentado resaltar estos nombres egregios por sólo mencionar algunos, en tanto que deseo publicar mi testimonio escritural, que tenía sobre el tintero, para ayudar a destacar el tránsito por la existencia de una escritora vital que subsistió, amó, sufrió y enriqueció la bibliografía literaria nacional, como pocas en el siglo veinte.

Presumo que con estas palabras cierro un capítulo pendiente sobre Clementina Suárez y las grandes mujeres hondureñas. De ahora en adelante me dedicaré a pensar rigurosamente, si el Dios Magnífico, los buenos amigos y las circunstancias adversas me lo permiten.

LA TROTAMUNDOS DEL CANTO *por Quino Caso*

Ha llegado Clementina Suárez con versos.

Siempre viene con versos, o anda a la zaga de los versos, o enredada entre los versos.

Es, por ello, la trotamundos del Canto. Algo así como la Embajadora de la Poesía, pues a donde llega, a la hora que llegue y como quiera que llegare, lleva consigo las credenciales de la Poesía para hacerse presente y mostrar así sus espirituales y sensoriales poderes.

El manojo de versos que hoy ha puesto en nuestras manos, nos da la sensación de lo evanescente: de los perfumes, de los néctares espirituosos, de las esencias. Nos parece que de pronto en nuestras manos van a quedar las cuartillas en blanco, pues que su contenido se habrá esfumado. ¿Por qué? Porque si con las palabras se pueden erigir estructuras sólidas, estables, monolíticas, también con ellas se esbozan suspiros, sollozos, balbuceos. Y es esto lo que Clementina ha puesto ahora en nuestras manos.

Esta poesía con que ahora nos sorprende, difiere en mucho de la ya conocida de la exquisita poetisa hondureña. Aquélla de ayer parecía creada con elementos objetivos, inspirada en pasiones volcánicas y era explosiva o sangrante. En su libro primigenio. "Los Templos de Fuego", por ejemplo, todo es igniscente, calcinante, pavoroso. Esta de hoy, ha sido elaborada interiormente, con elementos subjetivos. Está hecha de reminiscencias y su ritmo y forma parecen los del Nocturno. Son versos como escritos en somnolencia, en la alta noche, a la luz de las estrellas, bajo el gran rumor nocturno.

Si habla de la aurora, del sol o del día, pronto se comprende que se trata de los elementos de la luz, mas no es la luz viva sino como refleja. Es como la luz adivinada o recordada al rescoldo del hogar por quien un día se embriagó con ella y ahora parece gozarla tan sólo como una remembranza. El sol de estos versos no quema, ni la aurora esplende, ni el día restalla. Lo real es el claroscuro en que se gesta el canto, la bruma en que se buscan los labios para el beso y los brazos se extienden inciertos al abrazo.

Hay aquí cuerpos ausentes, rosas que son almas, almas nubes que deambulan y que ansían corporizarse, sollozos o gemidos que se diluyen en graves silencios.

En el canto a "Morazán, Héroe sin Muerte", no se cantan las espadas ni la pólvora, como sería de rigor en un poema épico al líder armado de la Federación. La metáfora crea una rosa, una Rosa-Morazán de corola incólume de múltiples pétalos. Cuando la mano del Héroe se levanta, "es como si enarbolara el aire, con su signo de raíz y estrella"; el héroe es "Flor nutrida de bosques y hombres, vital paisaje siempre en marcha"; su lumínica "fuerza sugeridora", es "una rosa liberada"; le llama "rosa de batalla, rosa de patriota, rosa sin temor, rosa sin muerte".

Y es que el símbolo de la rosa, encierra los símiles de "Victoria", "Héroe", "Hombre", "Fuego", "Lucha", "Pasión". Es una trasposición de elementos, actitudes, gestos y cosas; han desaparecido las espadas, los cañones, los fusiles, y la acción toma las modalidades del perfume, del color y la gracia. La grey que lo sigue, innumerable sangra por sus propias heridas "con respiración de rosa". En otra época, nosotros sabemos que esta oda a Morazán habría sido un canto terrífico, y esa rosa de múltiples pétalos, habrá sido una rosa de sangre. En "Mi Corazón en Zozobra", percibe, escucha, "el paso triste de la noche" y siente que un gorrión lúgubre le picotea el corazón; vaga de panteón en panteón "agobiada de fiebre inusitada", de dolor nuevo y viejo; "ansía ahora un amor sin recuerdo, sin relojes ni tiempo", "Sin amenaza, ni sombra, ni muerte", pero comprende que eso no la llena, que sería como "desconocer la sed de sus manos y su cuerpo", como extenderse "sin atravesar el paisaje" del objeto amado, como no estar íntegra en su presencia "ni en la soledad fructífera de su alma". Pero es en el "Poema del Amor, Amor2 en el que se vuelca su sensibilidad de poeta atormentado, esta mujer desesperada o desencantada.

> Porque el amor está ausente... ausente,
> escrito en sangre y tormento,
> es que puedo hacer reminiscencias
> recogerlo en gotas amargas
> de ansiedad y sueño disperso.

El tema del Tiempo la obsede, como si tuviese prevención ante su marcha. Sabe que ya no es suyo "el tiempo, ni la hora, ni el minuto" y que "aunque gire la aguja del reloj", nunca será la hora de su llegada; "necesita recordar", hablar de su amor, reconstruir lo pasado y responsabilizarse del amor, de la esperanza y "del amoroso recuerdo que cultiva". Por este camino de las remembranzas, ya reconstruyendo el pasado, cuando la palabra era "río, metáfora, verso, arrullo"; cuando sentía suya y "la tenía en la punta de los dedos, de los ojos"; cuando decía, en las sosegadas noches, palabras uva, palabras manzanas, palabras pájaros, palabras versos, palabras amor'; se resiste, luego, a recordarlas y no obstante las repite, las enhebra en listones azules y las toma maduras, las exprime y las siente —las palabras— más suyas, más de él, más amor...

Tiene este poema exaltaciones de Sulamita, cantando emocionada a su Amado, que en este caso es un lejano amor...

Ay, lejano amor, cercano amor,
alto amor, crecido amor,
yo no te memorizo, te vivo,
en elocuente llama, en agua,
en mecida sangre,
en lenta turbulenta sangre
que me sosiega o enerva.
Tengo tus inmortales señas,
en la garganta, en los pies,
en las rodillas, en el vientre.

En "El Regalo", exclama:

Quisiera regalarte un pedazo de mi falda,
hoy florecida como la primavera...

Luego va ofreciendo "un relámpago de color", la ebriedad de sus "pies frutales", la raíz de su tobillo, el testimonio de "una mirada en el espejo de lo eterno", su rostro, su errante cuerpo...

La fiebre de mis noches con duendes y fantasmas y la
virginal lluvia del río más oculto.

El árbol de mi esqueleto
hasta en sus mínimas bisagras.

El recinto sombrío
de mis fémures extendidos.

La morada de mi cráneo, desgarrado lamento,
pequeña molécula de carne jamás humillada

El orgullo sostenido de mis huesos
al que hasta con las uñas me aferro.

La intemporal casa
que mi polvo amoroso te va ofreciendo.

Es un poema que encierra elementos fáusticos, como de aquelarre
demoníaco y a la vez mística, en la que se adivina un pájaro que
ofrece, el canto desde la propia jaula de sus huesos.

Como siempre, la cuerda materna de su nota, y entonces, cuando
canta a Sylvia o a Alba, o a ambas a la vez, acendra las mieles de su
alma, y se desborda en ternuras.

En el poema Silvia —"La que me copia en el mejor de los
espejos"— Clementina hace una rara autobiografía de alta calidad
lírica. Canta en su hija sus propias virtudes y pecados, sus fallas y
aciertos. "Tú presenciaste la noche —le dice— cuando apenas estabas
en el alba. Y tal vez intuiste desde entonces horribles secretos, del
barro, del llanto y la desesperanza".

Encontramos en este libro a una poetisa superada, que ha llegado
a las graves alturas de la serenidad, desde donde el ojo ve con más
intensidad las cosas, y la palabra madura exprime sus vitales,
poderosos jugos.

Mas que en "De la Desilusión a la Esperanza"; más que en
"Creciendo con la Hierba", Clementina se nos presenta en algunos de
los poemas esenciales de este libro, como el Artista que ha logrado

dar el supremo acorde. Hay vida vivida; vida gozada; vida sufrida, macerada, maltratada; vida exaltada; vida muriente; agonizante; vida en fin, que sale de sus cauces y trasciende a todo, y se confunde en todo, y se reintegra al Todo. En el sentido exacto de la palabra, este libro es una confesión y se siente, se palpa un alma atribulada en busca del sagrado reposo.

Por eso, en viendo este florilegio de inmortales rosas, se nos sale a los labios el verso cristalino, transparente y fluido del fino poeta andaluz:

"No la toquéis ya más, que así es la rosa...".

Sí, repetimos, no la toquéis ya más, que así es la rosa incorpórea, evanescente, embriagadora, de la Eterna Armonía......

PALABRAS SOBRE CLEMENTINA SUÁREZ *por*
Claudia Lars

Con palabra sencilla, con palabra que no tiene otro mérito que la emoción y el entusiasmo ante lo bello, quiero referirme al poema de Clementina Suárez, que van a oír dentro de breves momentos y que se titula: Creciendo con la Hierba.

La lírica de Clementina Suárez alcanza en este poema una nueva altura y se hace dueña de un espacio huevo. En Veleros, Clementina se revela como la primer poetisa centroamericana que adquiere del trágico momento del mundo, y que está ya suficientemente experimentada para asumir su responsabilidad de artista sin angustiosas vacilaciones.

Mientras nosotras (sus hermanas del arte) no abandonábamos aún los gastados y roídos temas del mundo que se acaba, Clementina vivía valientemente la verdad de su sueño y de su sangre, pisoteaba prejuicios, desgarraba máscaras engañosas y se mezclaba al clamor de los humildes miserables.

Clementina ha pasado por muchos estados de poesía, como ha pasado también por muchas pruebas en la vida: el ojo que conoce al colibrí y al dragón: el pie que camina entre tréboles y zarzas; la mano que se ha cansado en el trabajo, pero que sabe peinar los rizos de las hijas... Para ella, el cielo tiene, a ratos, nostalgia del abismo, y en el abismo sin fondo encuentra siempre la ayuda del ángel.

Por eso su poesía es fuerte y extendida hacia el dolor de los otros. Pudo haber sido una poesía amarga y ácida, como la gruta del desengaño. Pero la salvó de esa amargura la certidumbre de que se acerca el tiempo deseado; el tiempo de la justicia entre los hombres.

Debo a Clementina Suárez la primera llamada, en mi arte, hacia lo colectivo. La primera sacudida a mi sopor egoísta. El primer abrir de mis ventanas interiores.

Y no llegó con voz de mando, ni con discursos fastidiosos o pedantes. Vino con paso de hermana, con cariño de compañera, y me dijo sencillamente:

—Sal de este rincón y no le temas a los gritos. Deja tu soledad y camina en el peligro.

Y yo salí un poco aturdida y un poco ciega, pero con la voluntad de ser distinta.

Encuentro ahora a Clementina con un nuevo poema en la mano: un poema de amor, de profundo amor de mujer. De amor terrestre y humano. De amor de compañero a compañera. Pero este amor trae rostro distinto y ademán desconocido. Es nuevo en el aliento y nuevo en el ansia. Es el grito de la sangre libre y del espíritu sin cadenas, de la personalidad que se afirma en algo más alto.

En este poema, la mujer pide al hombre los dones que aún no le ha dado. Le sacude de su letargo. Le exige otra actitud y otro embeleso.

Quiere al compañero liberado. Al hombre nuevo del mundo nuevo que se inicia. Por eso Clementina exclama:

—Los ángeles que pasean por mi sangre son ángeles rebeldes.

Y más adelante:

—Me humilla tu rostro atado y tu corazón cerrado por un mandato de siervos.

Para casi llorar esta última estrofa:

—Y tú dime, ¿estás conmigo en este círculo de mi sangre, o me sigues buscando por la huella de mis pies hundidos?

Y es que la artista quiere que la busquen en la exacta verdad de su canto y de su esfuerzo y no en huella que todos dejamos sobre el lodo.

JUSTICIA PARA CLEMENTINA SUÁREZ *por*
Francisco Salvador

Mujer. Ala de gaviota entre el mar, el cielo y la tierra. Clementina Suárez. Mi querida Clemencia, como le llamo tiernamente, no porque recibe, porque ella se da como una unción clemente de la vida a los demás. Ella. Mujer, Amiga, Amante, Madre. Ser. Ella, la única expresión femenina permanente en la poesía hondureña. Qué pureza la de Clementina Suárez para sostenerse como espíritu. Qué dulzura para donar la sonrisa de amante y madre. La caricia de la amiga. La comprensión. El sueño. El silencio y el insulto. No se sintetizaría el alma femenina de mi patria, sino en esta circular cabeza de raza inseparable, que entrega su corazón limpio, nunca en su sitio. Nunca en su sitio. He ahí el frenesí de su canto, que sale de la naturaleza suave de este terrible país, el cual a gatas, como hiel, le ha lacerado su libertad. Clementina Suárez nos ha donado una poesía sutil, honda, agresiva, loca, que ha salido como de su matriz pura, de su bello pecho florecido que no ha traicionado jamás su esencia. Todo en entrega, en peregrinaje. Sin concesiones, ni compromisos. No puede estar maniatada.

Esta comunicación es nítida, inesperada, irregular; se libera de medidas y condiciones para alimentar la libertad íntima, el amor permanente, el gozo del gozo, la razón social. Ha desbordado en sus poemarios, que como ella misma, viajan por estas regiones del mar caribe, una alegría locuaz; un sondeo del corazón sin límites, la imagen generosa del ser humano hacia los otros, que convergen hacia el amor y maternidad indisolubles.

Clementina crece, en efecto, con la hierba y en ese olor joven y movible está el símil de su palabra. Ella y sólo ella ha logrado crear una poesía que descubre la ubicación de la mujer en sus propias raíces.

Tórtola adolescente, nacida entre palmas y coyolares, retozando en viejos corredores de antiguas casonas coloniales, nace en Juticalpa en 1906. Por lo menos, así lo declara hace veinticinco años, con una natural coquetería, escondiendo tal vez los años que no sintió vivir. Sus padres, de viejas familias: Suárez y Zelaya. De esos Zelaya de Olancho, apoyados en almendros y robles.

"Yo era tan feicita, que hasta mi padre, que me quería tanto, de cuando en vez se asustaba de mi boca grande. Pero mi cabecita era despierta como un animalito sorprendido por la lluvia".

Viene a Tegucigalpa a hacerse "señorita". Pero su alma es infinita, sin cárcel ni normas. Y ante la belleza y la palabra dulce, se entrega al amor sublime y puro, sin contratos ni formas. El misterio de la sensualidad, de la fecundación, de la ternura, le abre los poros de gacela. Y desde esa precoz juventud, abre su pecho a la libertad física y mental. Calle de la Ronda, espera de su amado, fecundación de sus hijas como lágrimas, y cristal y porcelana. Todo fino, transparente, sincero. Entonces el dolor comenzará a formar su alma, su orgullo, su altivez. Y su soledad.

Saliendo de su adolescencia, vuela como golondrina, tal vez mariposa es mejor decir, hacia otros aires más transparentes: México, El Salvador, Guatemala, Costa Rica, Cuba.

En México conoce al maestro: Alfonso Guillén Zelaya. Abraza la amistad en Martín Paz, Lamberto Alarcón y Julita González, "la mejor de mis amigas". Hernán Robleto goza de su presencia y su cariño. Guillén Zelaya le enseña, la orienta, la construye: "El canto resume la maravilla suprema del Universo, porque el canto es idea y es alma. Pensamiento y dolor, alegría y profecía, todo eso se estremece y trasciende en la voz conmovida de una lira. Por eso para leer versos, para sentirlos y comprenderlos, preciso hacer entrar el alma a un clima espiritual enteramente distinto al que ambula, pesada y banal, la aspereza cotidiana. Para elevarnos hasta el mundo luminoso de un poeta tenemos forzosamente que exaltar nuestros sentidos, hacer más intensa y sutil nuestra sensibilidad y dejarnos poseer de esa embriaguez delicada con que nos arrullan la música y los perfumes".

Clementina Suárez magnificó su vida con el canto. Su CORAZÓN SANGRANTE (Tegucigalpa, 1930) es un ramillete de armonía en cuyo fondo luchan presentimientos, ansiedades, incertidumbres, interrogaciones y un afán inextinto de cambiar el mundo, de convertir sus desilusiones "en un claro y encantador remanso de paz y de olvido".

En México, Clementina sufre, soporta la soledad y la pobreza. Se fortifica. Se independiza, se encuentra más y más a sí misma. Pero no pierde la alegría, la juventud, el contento.

En su segundo libro "Iniciales", dedica sus versos a "Mis alegrías". Pero su canto en "Corazón Sangrante" y en este diminuto libro de "Iniciales", pequeño como sus bellas manos y sus pies, hay tristeza y misticismo, ansia de amor y plenitud perdida.

Pero el amor, que es su constante llama, su crisol ardiente, la inmola hacia las cosas sensibles y sensuales. Hernán Robleto le prologa en México, en 1931, su tercer libro "Templos de Fuego", y advierte: "El atrevimiento de Clementina jamás podrá calificarse de perversidad. Hay que conocerla para apreciar su alma. Hay que tratarla para ver su dolor y convencerse de que no hay poses externas en sus actitudes. Es una muchacha que no habla de literatura. Es una poetiza sincera y cándida. Cándida como esas mariposas que se posan sobre el lodo y lo adornan con su delicadeza".

Son sus primeros libros, lanzados al viento, al azar, sin engaños retóricos ni intelectuales. Ya Robleto lo dice: "Clementina Suárez tiene ya una producción considerable y en esto precisamente está el error, porque no selecciona, porque avienta sus versos frescos y todavía con el rocío del amanecer; no se preocupa de métrica y lanza el trino en todas las oportunidades".

Vive México con todo su esplendor. Hermosa y deseada. Llena de coquetería, que se me ocurre compararla, en imagen criolla, a Zelda, la muchacha locuaz encontrada por F. Scott Fitzgerald. Todavía otro libro, ahora de prosas poéticas: "DE MIS SABADOS EL ULTIMO", también prologado por Hernán Robleto: "La tierra de donde procede Clementina Suárez tiene los cambiantes tropicales; pero más marcada que otras condiciones posee la del aroma de los pinos".

Ya entonces Clementina ha encontrado en sí misma, y para el mundo, la franqueza. Esta virtud, para nuestro ambiente una afrenta, la conservará siempre hasta nuestros días. "Hay días en que hasta el verde de las praderas forma un lienzo rojo. Yo quisiera en esos días cubrirme con este lienzo, que debe ser de pétalos muy rojos o de labios que sangran...".

Se deslumbra ante el color de la vida y de las cosas. Y el color la lleva a la amistad de los pintores. Mujer pintada por tantos artistas de renombre, tiene tantos retratos como buenos poemas.

Entra por entonces, en 1931, a la madurez física y sentimental. Inicia sus prosas poéticas, con una narración audaz y firme en la que su primer amado le dice adiós, en un terrible sábado, el último. Así es. "Muchachilla audaz y con talento, muchachilla de veinte años que tiene ojeras moradas, cabellera a la bob y labios carmesíes: eres una poetiza sentimental, aunque viajes sola por el mundo, con petaca en donde van revueltas las cuartillas del cuaderno confidente con las chucherías de la señorita actual: rouge para los labios, lápices para los ojos y una motita que aviva el calor tropical de tus mejillas...".

Su retorno —y tantos que volverá a hacer— a su Tegucigalpa aldeana, es radical, rimbombante, definitivo. Regresa y se impone. Las jóvenes y beatas de entonces se asustan, se persignan, el diablo hecho mujer ha invadido las calles empedradas, salta por los techos de rojas tejas y baila sonoramente con traje coleado de lamé dorado. Es Clementina Suárez. A secas. Y nadie más.. La primera mujer hondureña que se maquilla a la moda de entonces, la que se pinta las uñas de sus lindas manos y sus pies de chinita poblana, la que usa botas orientales abiertas a la rodilla. Pero no es una vedette. Es una artista. Su tesoro son sus versos, porque entonces quizá no se han acuerpado en poemas. Se presenta triunfante en el Teatro Nacional "Manuel Bonilla", dice sus propias creaciones, impresiona, alarma, atrae.. Le roba el comentario por muchos meses a otro artista recién regresado de Europa, todavía bisoño y sin barba: Humberto Cano. Le fascina, como una muñeca insólita, a don Esteban Guardiola, el pastor con tacón grueso. Y vuelve a amar, amar, amar...

Une su espíritu con la amistad a otro ser apasionado, dislocado, dirán muchos: Mercedes Agurcia Membreño: Y una noche...

En el Hospital San Felipe hay olor a morfina y vendas esparcidas en los pisos. Silencio. Medianoche. El terrible ambiente de mediocridad, indiferencia y atmósfera mezquina, van martirizando hasta la agonía y la muerte a aquel corazón, cerebro de niño, de Pablo Zelaya Sierra. De Pablito a la manera de nuestro hablar... Dos mujeres en vela, envueltas en la bruma y el frío, esperan uno de los pocos carros que transitan por la ciudad, allá lejos, entonces, al pie del inmenso árbol del camino al hospital. Una caja de muerto. Y dos mujeres penando y sosteniendo en brazos al amigo. Es casi medianoche. En ese instante, yo también estuve allí, me preguntaría: "¿Para qué glorias y viajes, para qué gozos europeos, triunfos efímeros?". ¿Para qué aquel espíritu inocente de Zelaya Sierra, si terminaba abandonado y solitario como un arbusto derrotado por la tormenta de la violencia? Los hondureños se matan "hermanos contra hermanos". No es cierto que el dolor une. Separa y aleja y endurece y hace nacer la crueldad y la amargura.

Adiós. Hay que irse, para volver de nuevo. Costa Rica. San José. 1935. Editorial Borrasé Hermanos: "Engranajes" de Clementina Suárez. Ocre y morado. Letras negras. Libro alargado como la intensidad del corazón. Es ahora el llamado príncipe de la letras guatemaltecas, José Rodríguez Cerna, quien casi le canta: "Clementina Suárez es la muchacha más loca, más buena y más lírica de Honduras. Esta muchacha, digna de una antigua noche de Montmartre, al mismo tiempo que de alistarse bajo las celestes milicias de Vicente de Paul: esta muchacha, de laxitud y de fuego, loca con una especie de gitanería espiritual y buena como un copo de trigo en flor, con un corazón que no le cabe en el pecho: esta muchacha, decimos, sometida a una embrujadora influencia lunar, es poetisa por naturaleza y temperamento. Lo es porque sí, porque nació hecha de y para la poesía, sin esfuerzo ninguno, con la naturalidad de un manantial que corre, de un árbol que se eleva o de un capullo que revienta".

"No sabe de cenáculos, de reglas, ni de academias. Todo en ella es elástico, impulso, ímpetu de libertad". "Jesús perdonó a una mujer porque había amado mucho. El amor es redención. Y a Clementina Suárez la perdonaría. El triplemente, tendiéndole los pies para que los enjugara con sus cabellos, con su poesía, porque ha amado y porque se ha purificado y transfigurado en el dolor". Después de esto, que está dicho con sinceridad, ¿qué se puede escribir sobre Clementina en esta tierra tan llena de tonterías y frialdad humana?

La gaviota sigue su curso, la flor se abre al viento. El mar: La Habana. 1937. Un nuevo libro, terribles vivencias, amigos entrañables. Peregrinaje eterno, sed de vida, intensidad sensual. Su libro "Veleros" como si hablara de sus propias palabras con un dibujo tan gracioso y exacto de su amigo pintor Carlos, así, a secas, sin apellido y con palabras de Alfonso Gravioto. Libro ya de mayor madurez literaria, y que dedica: "Para Alfonso Guillén Zelaya. Un grito nuevo de ternura rebelde, para quién en su corazón y en sus versos guarda toda la dulzura de la tierra natal. Clementina".

Se recuerda de Honduras, no la ha abandonado. Y en aquella maravillosa isla, a la que volverá muchos años después cargada de un respeto sagrado, por la fuerza de su libertad. Alfonso Gravioto la define admirablemente: "Clementina Suárez es una flor de lirismo itinerante. Tiene la inquietud emocional de la fuga y el ímpetu creador de lo inconforme. La grandeza de su alma se desborda en expansión contra todo lo que es estrecho y no reconoce ni límite ni espacio ni de prejuicio". "Su júbilo de vivir llega hasta el goce sádico del dolor". "Es una reconcentrada y una silenciosa; es decir, es una intensa". "No conoce el pudor porque ignora qué es pecado. Ha limpiado el sexo de todas las viscosidades mojigatas y lo ha hecho resplandecer de nuevo, paganamente, con el fulgor sagrado de la creación. Este es su valor moral y uno de sus grandes valores estéticos".

"Al mañana que hay —en ti Alba, en ti Silvia— y al mañana de todos".

En la estancia de la noche
sola yo, soy una estrella.
Sola yo, soy una estrella
en un ángulo de luna.

Noche que desgaja lunas
para mí, que soy árbol solo.
Árbol solo, gris y extático
que no va dejando sombra.

En un ángulo del mundo,
canto yo, pájaro solo.
Canto yo, pájaro solo.
¡Ay, qué antigua es mi canción!

Antes quería ser,
quería ser yo.
Ahora quiero ser,
quiero ser todos.

Regresa a México. A saber en qué año. Trato y amistad con Diego Rivera. Posa para sus dibujos. Vive intensamente. ¿Y cuándo no?

Se finca en San Salvador. Llega a enamorarse en la ciudad y de su gente. Comprensión y afecto con Claudia Lars y Salarrué, los pilares marmóleos elevados hacia la eternidad en la costa del trópico. Abre su corazón a los jóvenes, orienta a los iniciados. La casa es para todos. Abrid las puertas. Un lecho y una mesa para los seres queridos. Funda su "Casa del Artista". Francisco Núñez Arrué la venera como a una santa. Los pintores continúan fijándola en el lienzo, para que no se vaya, para que nadie pueda olvidarla.

Cuando cree, inocentemente tal vez, que la patria la necesita y siente que el sol ha extendido sus rayos con una luz de libertad y progreso, regresa, cargada de pinturas y libros, y de inmenso cariño. Pero Honduras y sus durezas la desconciertan. Y se interesa en la soledad tan profundamente, que encuentra la fortaleza de la piedra y la integridad de la montaña.

En 1957, El Salvador, su tierra de alma, de reposo, le edita brillantemente, con el lujo que se merece, su poemario "CRECIENDO CON LA HIERBA", en donde su cabeza redonda despide llamas llenas de chispas ardientes, y los ángeles que pasean por sus arterias son ángeles rebeldes.

Amigo, tal vez digas:
tu corazón, para quererme
no está en su sitio.
Es más ancho,
más puerto,
más alba sin frontera.
Oyendo está la queja
de los hombres
y sus urgentes ansias
por ser libres.

Está en la Patria. Reconoce al héroe, símbolo ejemplar de lo que debemos ser todos. Está en la patria siempre, más allá de lo superficial y demagógico. Está en la distancia y dentro:

> No puedo llegar...
> porque jamás me he ido.
> Eres una Patria construida
> en el interior.
> Caminas dentro de mí
> como un abierto río.
>
> Patria de aurora, Patria de piedra
> No sé ni decirte la forma
> en que te quiero.
> Es casi un amor a ciegas,
> pero con una memoria intacta".
>
> Verdad que se ha poseído,
> dolor que se ha conquistado,
> eso es para mí la patria.

Pero la ingratitud, la injusticia, amargura sin límites, golpean hondamente como cuchillos. Una tarde me dice, casi en secreto: "Nada más lejano que compararme, porque eso no tiene sentido. Pero doliéndome esta tierra, yo siento como Morazán, que mis huesos sean para El Salvador".

Y ya en el exilio, otra vez y otra vez, pero con una serenidad como la del universo en la noche, me escribe: "Mi pequeño Francisco. Estoy con la pluma en la mano desde que llegué, para escribirte. Pero en uno y otro ir y venir, el tiempo pasa. Sobre todo para esta tu veleta, que no tiene sosiego ni dormida, porque sueña. Luego San Salvador es ya grande y se lleva una vida apresurada, y más que venía cargada de proyectos que voy arreglando poco a poco. Primero: he entregado a la imprenta dos libros para su publicación. Uno es de canciones de niños, ilustrado, y otro de poemas, lástima que tuve que seleccionar los versos al gusto del editor. Pero algo es algo. Este se llamará "Salomar", el significado de esta palabra es el grito de los viajeros en los caminos, que más que para avisar que llegan a alguna parte, es para no sentirse solos. Te gusta? Lo segundo es que estoy arreglando mi traslado definitivo a ésta. No porque no quiera a Honduras, sino más bien por quererla demasiado. Pero francamente, de lejos veo el ambiente más oscuro. Y yo por ejemplo no sé qué hacer en ésa, pues hasta los medios de realizar lo más insignificante me parecen absurdos. Ojalá no te pase nunca lo que a mí, que cada día me siento más ajena a todos esos pequeños menesteres con que manipulan todo lo de la patria. He visto a todos los amigos aquí, vieras qué cariñosos! Vivo en una casa de Don Francisco Núñez Arrué, que es preciosa: después de mi cuartito en ésa, la siento tan grande como el mundo, puedes escribirme allí, es en la Avenida Roosevelt 115.Cuéntame algo de tu vida, de cómo se pintan las cosas para ti, de tu indomeñable esfuerzo, de todo... Pero bueno, Francisco, no podemos sólo ponernos a lamentar, adelante siquiera con nuestros propios fardos, y de arrastras...". Agosto de 1965.

Clementina llega a los sesenta años. Pero ella no tiene edad. Es el tiempo. Y no lo es. ¿Cómo explicarme? Permanente, infalible casi, tierna como una dulce niña, iracunda como un volcán resentido, cual una hierba antigua, amarga y medicinal. Sueño y amor, tristeza y abandono. ¿Pero para qué definirla? Está allí, como algo fijo de la naturaleza, y por adentro cambiante y en movimiento. Ahora está volando de nuevo, mejor dicho navegando, pues le corona la majestad, allá en las isletas de Granada, o en los patios solemnes de León, venerando a Darío, admirando y ayudando a los jóvenes artistas de Nicaragua, que tan audaz y agresivamente se impone con su pintura en Centroamérica.

Todo lo escrito no es para elogiarla. Ni mucho menos defenderla, pues no lo necesita. Quiero exigir airosamente la justicia de su pueblo, porque creo en ella, para ella. En ambos.

CLEMENTINA SUÁREZ *por Elisa Huezo Paredes*

Siempre que pienso en Clementina Suárez mi mente va poblándose de diversas y cambiantes facetas y sus sorpresivos reflejos forjan el todo completo y verdadero que es ella: la escritora, el poeta, la sutil, incisiva, fuerte, ágil, firme y tierna que es Clementina. Vivaz casi siempre y casi siempre trémula; ferviente, por momentos pareciera ajena al mundo exterior, escuchando el propio latir de su pecho y en el mismo instante percibiendo alerta y febril el aletear lejano de un insecto, de un pájaro o del viento que pasa; su letargo es vigilia y su vigilia exaltación o éxtasis.

Clementina también es alegre y su risa es festiva y contagiosa; pero cuando a sus ojos, más que a sus labios, se asoma la sátira o la ironía, en realidad no ofende ni hiere sino que punza, con una punta que más que dolor producirá cosquilleo agudo, fino y, acaso acuse escozor a quien lo siente. Pero eso es también una faceta y por ello fugaz, para desleírse en una caricia de sus manos suaves como si así quisiera borrar la punzante huella. Mas Clementina es una verdad viva, completa, perenne. Sabe del dolor ajeno y propio, pero aunque el suyo duela más y más hondo, ella no habla sino de los ajenos dolores y las ajenas angustias. Su dolor es el último en salir a flote.

Sabe ante todo del dolor que complica la vida del artista, sabe de la cruz a cuestas, de la hiel y la corona de espinas que significa ser verdadero, auténtico ser humano, unido estrechamente, inseparablemente con el poeta, con el artista cuando se lleva en la sangre, hasta en el último aliento. Ha sido tantas veces derribada y tantas veces resurrecta su misma fe, que por eso dentro de su fragilidad corpórea el acero la defiende, la blinda para proteger su verdad, esa verdad intacta y luminosa que es el espíritu, que en el artista parece ser la entraña palpitante, indefensa, expuesta a todo lo grosero del mundo, pero una víscera que se vuelve garra, colmillo o zarpa para salvar la palabra, la voz que le hace vivir como su propio hálito.

Clementina es un ejemplo de lucha y tesón, de constancia, de esperanza y suprema fe. Ella es el río que corre sin estancarse nunca, es el ave viajera que hace su nido donde la noche la sorprende. Por eso ama y es amada, porque se hace entender en el idioma universal del espíritu. Por eso extraña un poco a quienes la desconocen verla moverse entre los grupos más disímiles entre sí y con ella misma; pero lo cierto es que Clementina sabe ser la más refinada catadora de almas, en seguida ella extraerá sus propias experiencias pero se adueñará de quienes encuentre afines a ella para ya no dejarlas jamás porque Clementina es la constancia y la perennidad.

Sin pretender hacer un juicio de su persona y menos de su obra, estas líneas apenas son un bosquejo que, al pensar en ella, la hacen presente como el sensitivo y profundo ser humano que es, a lo mejor con el hondo cariño y sencillez que ella despierta en quienes también saben extraer de su espíritu las mejores facetas, las más radiantes, porque son eternas.

MUJERES: CLEMENTINA SUÁREZ *por Julieta Carrera*

Clementina Suárez es caso en el ambiente Centroamericano; ambiente de gazmoñería recoleta al que las modas llegan retrasadas y donde antes que el intelecto se aprenden a manejar las armas. Nació en un pueblecito del interior de Honduras lleno de la fragancia de los pinos y los cansados mugidos de las vacas. Su biografía es interesante apenas salida de la adolescencia. Como movida por un impulso interno se dedicó a viajar. Viajó sola, con faro de sueños e ilusiones al hombro, llevando junto a la barra de rouge el cuaderno de notas y el manojo de versos.

No se arredra ante nada. Se ha propuesto conquistar la vida y para conseguirlo no le importa someterse a los oficios más duros, unas veces en la opulencia y otras en la miseria; siempre se la ve con idéntica sonrisa dulce de comprensión amargada en Tegucigalpa. Ha fundado una revista y un día que le faltó dinero para los impresores se colocó de camarera en un café para reunirlo a fuerza de propinas.

Este rasgo basta para definirla. No le importa la opinión sino su obra exaltada, valiente, espontánea. Es la mejor poetisa con que cuenta la juventud de Centroamérica en medio de un ambiente de rigidez provinciana. No ha vacilado en romperlo con el cohete de colores del escándalo. En sus libros expone su corazón y sus instintos a la luz pública. De ella no puede decirse lo que Don Juan Nicasio Gallego dijera de la Avellaneda: ¡Es mucho hombre esta mujer!

Clementina no piensa como los hombres ni actúa a su imitación. Mas: "Como otras yo no ansío ser hombre". Los sutiles hombres, los sutiles misterios del mundo requieren ojos femeninos; en sus libros la vida palpita con la exaltación del instinto. Su verdad, dicha sin velos es como la estatua de Isis, al que conoce el pudor.

Sus actitudes están siempre más allá, o más acá de los convencionalismos. Con un frenético deseo de libertad canta a su sexo del que se enorgullece. A veces su expresión es de un palpitante cinismo, en el que nótase mucho un gesto heroico.

Hay en Clementina una cierta índole de virginidad selvática. Tal vez por hallarse más cerca de la tierra y porque la educación universitaria no ha desviado sus instintos está más cerca de la Afrodita que de la Amazona. En cierto sentido casi todas las mujeres escritoras se aproximan a este segundo tipo. Y la mujer no está en la amazona de los escultores griegos sino en la Venus de oro.

No queremos decir que la diosa de Guido se nos aparezca en persona a través de los poemas de Clementina, pero pocas veces la hemos sentido tan próxima.

Por momentos mórbida, satánica; otros sensual, siempre su poesía es válvula de escape para su carne atenazada, o su imaginación ansiosa. Su caudal lírico desconcierta y sobresalta. Su temperamento es desigual, a veces se arrastra a ras de tierra y otras en vuelo caudaloso traspasa el horizonte con sus voces ardientes. La expresión que Parra del Riego acuñara para Delmira Agustini, podría aplicarse a Clementina: busca el espíritu por el camino de la carne. Su cuerpo ardoroso, su sangre cálida dan la medida y la verdad de su verso. Bajo la trama impalpable y arbitraria del poema hay casi una teoría, la del mecanismo sentimental basado en elementos de perturbación nerviosa.

Ha publicado cuatro libros: Corazón Sangrante, Iniciales, Templos de Fuego, De mis Sábados el Ultimo.

CLEMENTINA SUÁREZ *por Graciela Garbalosa*

Caía la tarde afinada y llorosa cuando llegó la poetisa menuda, sonriente, agitando sus dos manos infantiles, ambarinas, plegadizas y perfectas. En mis largas y nerviosas manos, se escondieron las dos alitas de Clementina. Clementina Suárez ha sido todo una revelación lírica para mí, de un lirismo central muy de injerto indoeuropeo. Desde mis adolescentes lecturas, en las tardes provincianas, donde los poemas de Anacreonte sazonaron la inocente emoción, quela Grecia de los siete sabios despertara en mi intelecto en pañales.

Desde aquel instante ya lejano, de mi juventud super-emotiva, en que el pequeño libro intenso de Omar Kayan, deslumbró con su sintetismo insuperable, mi exuberancia tropical. No había gozado lo que gocé con los poemas de Clementina. Estamos en presencia de una gran poetisa. ¡Y oh revelación! esta muñeca hondureña con su cabeza mongólica, con su boca de tinaja, de donde brota una voz velada por los azahares, es una mujer de Honduras, profundísima como los océanos.

Clementina Suárez es hondureña. Guatemala, Honduras, Nicaragua, Costa Rica, El Salvador. De Guatemala era Gómez Carrillo, de Nicaragua Rubén Darío. Y si de Costa Rica es el erudito García Monge, de Honduras es Clementina Suárez.

CLEMENTINA SUÁREZ *por Rafael Lozano*

Nació en Juticalpa, Departamento de Olancho, República de Honduras. A los quince años empezó a escribir versos que se publicaron en revistas provincianas. Poco después fue a Tegucigalpa donde permaneció dos años. En su afán de conocer el mundo, visitó los Estados Unidos y en 1930 vino a la Ciudad de México, donde fue muy bien recibida por escritores y artistas.

Entonces tenía su departamento tapizado de caricaturas que le hicieron casi todos los dibujantes y gustaba de rodearse de muñecas.

Era una muchacha menuda y alegre, sin grandes preocupaciones. Ese mismo año publicó su primer libro, "Corazón Sangrante'", con prólogo de A. Guillén Zelaya, quien opinó que ese volumen era '"un ramillete de armonía en cuyo fondo luchan presentimientos, ansiedades, incertidumbres, interrogaciones y un afán inextinto de cambiar el mundo, de convertir sus desilusiones en un claro y encantador remanso de paz y de olvido".

Los años han cambiado a la chica fogosa y un tanto desilusionada en una mujer que, como dice Alejandro Bermúdez hijo, "ha tomado absolutamente en serio su tarea de poeta, enfrentándose a los grandes problemas de la vida y de la muerte bajo la determinante de la época: la justicia para las masas desposeídas de la tierra".

Así se nos revela en su último libro, "De la Desilusión a la Esperanza" (1944), en el que persiste su afán de cambiar el mundo, pero con la seguridad de quien sabe el mensaje que desea transmitir, como lo demuestra en los siguientes poemas:

POEMA DEL PASO DESATADO

Desde mi sangre dos niñas me miran
con ojos que se clavan en mi cuerpo vacío.
Entran y están de pie como mundos completos
colgados de su luna, de su sol y su sueño.

Tapándote la cara quisiera defenderte
huella leve que andas y desandas mi camino.

Miedo de madre tengo; sin embargo quiero que saltes
que saltes sobre mi sangre sin volver a verme.

Desde mi boca sin fecha yo misma te digo adiós;
Nada tengo que ver con tu tallo, tu flor y tu árbol,
estás de mí desprendida, enorme en tu distancia,
con las manos al viento de mi vena te fuiste,
sin pañuelos ni pena, ya libre en el paisaje.
Sobre mis hombros andas apta para ver y oír,
tu paso no es alocado porque ya está medido
y ningún lobo te espera para aprovechar tu llanto.

No cabe ya en mis manos tu florecido día,
mientras tu cuerpo asciende ya estoy yo de regreso.
Pedazos de tu pan me darás en la boca
dándole así a mi muerte un poco de tu vida.
De mi dolor arriba es que nació tu dicha,
yo retoñé un hijo, un hijo y otro hijo,
para que tu vinieras sobre mi espalda andando
y entre el agua y la yerba revivieras palomas.
Diez muertes en mi vida para que tu nacieras
sin raíz de tiniebla y sin huesos heridos;
lo que dentro de ti pueda sobrevivirse
ya no es mío ni tuyo, sino del porvenir.
De eso hace mucho tiempo, por eso vas volando,
elevándote y creciendo como espiga de fuego
que desde el umbral de sí misma moviera el universo.

Desde mi sangre triste dos niñas han volado
como arcángeles bélicos con la espada en la mano,
con sus manos de seda van derribando muros
y no hay mar que detenga su paso desatado.
Ellas nada sabían, más nunca preguntaron;
andando en el silencio, todo lo comprendieron,
en el aire se han ido, en el aire, en el aire,
salvadas para siempre de lo triste de la sangre.

POEMA DEL AMOR FUERTE

Tú —brazo de una máquina— polea de sangre.
Yo —obrera sin destino— con mi canto amargo.
Yo y tú. Yo y tú —sin ningún epitalamio—
tú, árbol sin tierra, mano encarcelada.

Tú y yo, en una misma sombra...
Yo con mi cara libre, infundiéndote aliento.
Tú y yo, Tú y yo, con los pies en el barro.
Tú con paso firme, inmutable en el silencio.

Tú, dolor de mi dolor, el mismo llanto,
carne que se desgarra por ir venciendo.
Nunca más cerca estuvimos que hoy,
tu cuerpo junto a mi cuerpo, arrastra el viento.

Tú y yo. Tú y yo. ¡Qué lejos del ayer!
A un paso de la muerte, el amor es eterno.
Yo y yo, tú y yo. En un éxtasis sin palabras,
exaltado, como la fuerza, que nos hará vencer.

UNA OBRERA MUERTA

Yo no bajaré a la tumba convertida en harapo,
ni un solo diente de mi boca se ha caído.
Las carnes en mi cuerpo tienen su forma intacta
y ágil en su tallo se yergue la cabeza.

Yo iré a la muerte pero con el labio fresco,
con voz firme y clara responderé a la llamada.
Yo sé que están contados los minutos de la vida
y que jamás el destino su sentencia retrasa.

Sobresalto no tengo por entrar a la sombra,
nadie quiero que venga por mi muerte a llorar,
la espuma de mi sangre como aceite se acaba
y para ese instante a todos sólo pido silencio.

No quiero que ya muerta peinen mi cabello,
ni que las manos juntas pongan en mi pecho,
quiero que me dejen así como me quede
y así en la tierra abierta me vayan a dejar.

No quiero que me vistan, ni que me ultrajen muerta,
estando conmigo los que nunca estuvieron.
Compañeros sinceros, los que siempre tuve,
sólo esos que se encarguen de irme a enterrar.

Tampoco quiero seña, ni que una cruz me pongan,
no quiero para mí nada que los pobres no tengan.
Pues, aún después de muerta, mi puño estará cerrado
y en el viento mi nombre será como bandera.

SOLEDAD MULTIPLICADA

En un planeta helado habito
y con las alas plegadas estoy en el sueño.
En pegajosa y húmeda atmósfera
todo ardiente signo es un leño apagado.

Su sentido pierde la palabra exaltada
y un callejero idioma vulgariza la emoción.
El espíritu se extravía en terrestres guijarros
y en forma de ceniza nos queda entre las manos.

Sólo la noche abrevia la extendida fatiga,
quizás porque dentro de su obscurecido cielo
un fiel ángel nos custodia y nos vigila
con arrullos que se ahogan en la presencia muda.

Desde qué hemisferio de humo nos ha tocado ver al
mundo.
Que en soledad de pájaros se desdobla la vida!
Cuando amiga soy del árbol y amiga de la nube,
y es de puntillas que ando por la dormida selva.

En mis venas los ríos desembocan sus aguas,
sin embargo me cargan de un pesado silencio.
En extensiones perdidas he construido ciudades
y hospedada en la tierra la semilla germina.

En recuento de sales al fin estoy amarga
y en un palmo de sombra me preparo al olvido.
Una promesa es Dios en el fondo del alma
y por su escala cósmica alcanzaré la cumbre.

VELEROS *por Abel A. Cuenca*

Escenario del desdoblamiento de la personalidad de Clementina Suárez.

Para estudiar el origen y proceso de las transformaciones que ha sufrido la lírica de Clementina Suárez en los últimos tiempos, acaso sea "VELEROS", el último de sus libros dados a la publicidad, el más llamado a descifrarnos el enigma, su contenido contradictorio la define cabalmente y expresa con nítida claridad el momento en que el alma de la poetisa inicia su honda metamorfosis. ¡Veleros!

Veleros. Sugestivo el nombre: mar tranquila o un tanto arisca para hacer más vívida la visión; brisas llenas de sal y yodo; sol pleno quebrándose en iridiscencias sobre las fugitivas olas; playas, palmeras, pájaros de amplias alas, viajes candorosos... Sugestivo, sí, pero tan vago que no puede tomarse como índice de lo que oculta atrás. Portón de rústicas maderas, destartalado y musgoso que rechina irónicamente al abrirse y que, al franquear el paso, nos conduce por un caminito todavía humilde hasta la insospechada opulencia de alcázares de ensueño... ¡Veleros!

Prescindamos del nombre, abramos la puerta destartalada y entremos. Conocemos a fondo a la autora de "Veleros" y de ella tenemos un juicio ya formado. Sin embargo, hay que proceder dialécticamente. Hace cuatro años que no. la frecuento y como la personalidad no es un esquema rígido sino más bien un proceso en constante mutación, al enjuiciar este libro suyo hay que hacerlo prescindiendo de todo prejuicio.

Lo primero que llama la atención al iniciar la lectura de "Veleros" es una cuestión de forma. Clementina Suárez continúa siendo anárquica en este plano: indisciplinada. Su musa no se aviene a la camisa de fuerza de las formas tradicionales. Antes el verso valía por la forma. La nueva tendencia consiste en valorizarlo por el fondo, y ella lo consigue en plenitud. Si el eclecticismo no estuviera tan desacreditado, acaso lo mejor sería situarse en un "justo medio". Más la verdad es que no es necesario.

No buscamos aquí —ni lo echamos de menos— el ritmo gramatical. Es más puro y más delicado el ritmo emocional que nos sube en mareas del corazón y que nos baña el alma con el agua clara de la imagen.

La inconformidad con esta tendencia "nueva", proviene de aquellos que no están preparados para gozarse con esas abluciones del espíritu. Y cuando ellos dicen: "eso no es verso ni es nada", bien puede ripostárseles con ese sencillo consejo: depurad el gusto.

Algunos poetas jóvenes hicieron sus primeras armas líricas en este plano de libertad: se sienten muy a gusto allí y allí triunfan. No puede decirse por esto que la suya sea incapacidad para cincelar la forma, que esto es aprendizaje mecánico y vulgar. Lo que ocurre es que el pájaro no se mete voluntariamente en la jaula, aunque ésta sea de rejillas áureas.

Prefiere su ramaje ondeante y su ala libre. Antes el público lector se complacía en la forma y como en definitiva el gusto del público es lo determinante, los poetas eran artífices, muchos de ellos perfectos, de este aspecto de la lírica. El público condiciona al poeta, al intelectual. A un público emotivamente más evolucionado tenía que corresponder lógicamente un poeta menos formal pero más hondo.

En el caso de nuestra poetisa ni siquiera puede hablarse de incapacidad para la forma. Ella viene de allá. Sus primeros libros, que justamente ella repudia ahora de un modo terminante en su poema "Esa ya no es mi sombra", están llenos de aquella preocupación meticulosa pero ingrávida. Y aquí el caso: entre aquellos versos rimados y cortados a medida, y sus versos de hoy, hay un abismo insondable que sólo pudo salvar su juventud, vale decir, su capacidad de adaptación a las nuevas tendencias.

Más aún: una vez liberada de los lastres formalistas Clementina Suárez comienza a manifestarse en planos de más empinada calidad estética, en la suntuosa magnificencia de la emoción auténtica. Al llegar a este punto es del todo conveniente asentar con firmeza este hecho: en los predios de la emoción Clementina es Atalanta rediviva que persigue a la imagen con piernas ágiles y carcaj de oro. Su mayor deleite consiste en lanzarse como de lo alto de un trampolín al agua mirífica de la poesía, sumergirse más, todavía más, como una deidad neptúnica y bucear y bucear y no volver a la superficie sino trayendo entre las manos la codiciada prenda: la imagen, como una perla, goteando originalidad y fuerza.

Elevemos el ímpetu crítico. Seguidme un poco más, lector amigo, y disfrutemos juntos el raro placer de un vuelo a través de un espíritu, del espíritu de Clementina Suárez, complejo y brumoso en apariencia, pero diáfano en la realidad.

Lo que después de la forma seduce nuestra atención en la poesía de "Veleros", es su sentido ingenuamente paradojal. Por un lado vemos que el alma de la autora sangra por anchas heridas de nostalgia: remembranza dolorosa del amor que no pudo retener; tragedia íntima que gravita sobre ella sin que pueda, en ningún momento, sustraerse a su embrujante influencia.

Todos conocemos un poco, cuando menos, la tragedia femeninamente vulgar del amor en derrota, tragedia que en Clementina Suárez llena toda la vida. No vale la pena hurgar la tragedia en sí misma, pero en cambio es de suma importancia traer a cuentas la prueba de que la poetisa no puede volar a toda ala porque la lastra a cada instante el peso ominoso de su soledad sin amparo. Desamparada llora sin cesar por el amado migratorio. Todo el amor de su vida fue trágico y esta tragedia le llena toda la vida...

> Camino de silencio
> que me da tu desamparo.

En su poema "En la Sombra", al comentar la fuga del amado, Clementina, en pocas palabras, teje un denso luto de neblinas:

> "Como quien da vuelta a una llave,
> se apagó todo mi mundo".
> ¡Ah qué negro, negro, negro
> se me fue volviendo todo!
> Mi voluntad inútil
> nada pudo retener".

Con este último pensamiento, la poetisa no quiere indicar que lo ha olvidado todo, que sería lo mismo que estrangular o desestimar la pena; al contrario, quiere decir que sólo le pertenecen a la "Canción Marina sin Espuma" y traducen con diáfana claridad el concepto de incurabilidad que la poetisa tiene de su propio mal:

Aguas claras, claras aguas
si me lavaran el mal,
quebrándose en tus espaldas
están todos mis paisajes.

Es algo obscuro esto último; no olvidemos que Clementina Suárez está cantando a la ola y podría creerse que es contra la espalda de la ola que se están quebrando sus paisajes todos.

Esta interpretación sería valedera y legítima a no ser porque los índices críticos que ya poseemos nos están diciendo a gritos que es contra la espalda del amado que se fue (la espalda nos la da quien se va de nosotros) que se quiebran los panoramas amables de la autora.

A fin de que el lector tome nota de esta peculiaridad escéptica y sentimentalmente enfermiza que domina parte de los estados anímicos actuales de Clementina, copiamos en seguida algunos de sus versos más significativos:

Poema en Gris

Igual que un pájaro en su jaula
que no tiene un cielo azul
donde extender sus alas
—así me echo de menos—
sin los cielos untados de tu presencia
donde mi dicha pastoreaba nubes
tarde a tarde.

En…

Elegía Alegre

¡Vacío que ahueca las venas
y desangra el pensamiento;
se me han caído las manos
se me ha apagado la voz!

En..

Penumbra Amarga

Una angustia crecida
me ha bebido todas mis estrellas,
a sales amargas tienen sabor mis labios.

Y esta lamentación tan llena de patético dolor en "Dos Brazos de Mar":

Tú un brazo de mar.
Yo otro brazo de mar.
¡Ah! Si hubiésemos sido
dos brazos del mismo mar.

Una de las dos naves indivisas que forman esta pequeña catedral bizantina que se llama "Veleros" rezuma este enfermizo humor sentimentalista y nostálgico, está dominada y llena por los ecos pavoridos del grito de Casandra que todavía puebla de sombras espectrales, en las noches solemnes, las lomas que circundan la tapera de los atridas. La gran tragedia helena nutrió su grandeza irrebasable en el concatenamiento de muchas tragedias individuales. En Clementina Suárez la tragedia cede en amplitud pero gana en hondura indecible: simas de enrarecida atmósfera donde apenas soplan menguadas brisas suicidas. Clementina ha intentado varias veces la fuga definitiva por el sendero derrotista del suicidio, pero, afortunadamente en este caso, el miedo supersticioso a las negruras de ultratumba, o quién sabe si la secreta esperanza de tropezar de nuevo, en algún recodo del mundo, al amado, han impedido dar a sus intentos la fuerza necesaria y han evitado a la lírica centroamericana la pérdida de su acento femenino más emocionado y hondo.

Antes de la aparición del tomo que comentamos yo creí siempre que un mal día los vecinos de la poetisa no verían abrirse las puertas de su casa; al principio no les extrañaría, porque esas puertas raras veces se abren, durante el día, porque su vida emocional es de puertas adentro; pero al anochecer, un silencio profético y la oscuridad les haría entrever algo anómalo en aquella jaula, y acentuada la curiosidad les llevaría a romper a fuerza los cerrojos y entre un mundo menudito de caricaturas de líneas dislocadas, afiches, retratos, espejos y aguas perfumadas, encontrarían roto el cristal de su existencia. Rota la mano y rota la lira...

La aparición de "Veleros" ha conjurado este mal presagio íntimo. Por sus páginas pasan brisas refrescantes que me llevan a pensar en un reverdecimiento primaveral del espíritu de la gran poetisa. En su garganta angustiada hay voces llenas de vitalidad nueva; en su "cárcel de sombras" hay una fiesta de soles estupendos.

¿De dónde ha surgido el milagro tónico? ¿Cómo fue posible la fuga? Ella misma parece ignorarlo.

> De qué larga y obscura prisión
> he podido escaparme
> que no puedo precisar
> ni la edad que tengo.

Sin embargo, en su poema "El Grito" nos da la clave de ese misterioso resurgimiento:

> Yo era una desesperada mariposa
> aprisionada en las paredes
> de las horas inútiles.
> Pero el nuevo grito
> llegó por fin a mis oídos
> y yo le he abierto los brazos
> como a un horizonte de luz
> que me señalara
> el ÚNICO PUERTO DE ESPERANZA.
> ¡Alegría de los gritos apiados!
> ¡Alegría del dolor que florece!
> ¡Alegría de mis brazos tendidos
> al grito nuevo del mundo!

El cambio ha sido tan brusco que casi no la reconocemos fuera de su tremedal. No ha habido convalecencias. Su vida es ya otra. Qué maravilloso poder terapéutico el de aquellos fuertes e inolvidables versos del gran poeta antioqueño: "Y contra la muerte/coros de alegría".

La otra mitad del tomo —y aquí el sentido ingenuamente paradojal del contenido de "Veleros", que apuntamos arriba— la llena una voz nueva en ella, un cantar optimista que se difunde como un viento de esperanza.

El momento del tránsito de la lágrima al aleluya, el paso sin transición del gemido al cantar gozoso, no se advierte en él desorden en que fueron ordenados los poemas. Es difícil acertar a comprender, a fijar mejor dicho, en qué momento la debilidad sentimentalista de la poetisa cede al impulso inesperado y desconcertante que fluye en sus poemas porveniristas. Que nos baste con apuntar el hecho: el estro castigado y opreso encuentra un intersticio propicio a la evasión, rompe las amarras y vuela. Su nueva voz es el grito entrañable que nace de la opresión misma.

Muchos críticos —todos los que confunden la diletancia con la dialéctica, o que no comprenden lo que es esta última— opinarán que la nueva postura lírica de Clementina es artificiosa y su juicio no irá más lejos que el que los modistos podrían expresar sobre un nuevo corte de pantalón. Pero estarán equivocados. Los espíritus no viran a impulsos de brisas enteleridas. Las grandes mutaciones del alma vienen en alas de la tempestad y se gestan en matrices trágicas. Y para los cambios anímicos de Clementina que venimos apuntando su vida toda es entraña propicia, y allí proviene su sinceridad. Quién podría negar que ese nuevo mundo que la autora de "Veleros" presiente es para ella "el único puerto de esperanza?".

Ahora bien. En ella ese mundo nuevo no pasa de ser un simple presentimiento. Clementina presiente un mundo nuevo y lo canta con entusiasmo. Pero la convicción laboriosamente formada en el estudio, de que el advenimiento de ese mundo es insoslayable, no aparece en ninguno de sus poemas, como tampoco aparece en los poemas de la gran mayoría de esa legión de poetas que claman por ese mismo "mundo nuevo", tanto más lejano cuando más esperado por devenir espontáneo. Y en esto estriba justamente la insuficiencia de la obra poética de la mayoría de los cultores de esa pseudo-lírica materialista, mal llamada de izquierda: en que ellos no se dan cabal cuenta del significado social de su obra.

Este significado —pese a los cultores del arte puro— traducido al lenguaje vulgar de la lucha no es otro que "agitación y propaganda", divulgación de las ideas matrices de la doctrina. La agitación y la propaganda son una forma de lucha y se basan en consignas elaboradas a través de la historia de la experiencia del movimiento proletario y están expuestas en los programas de los partidos de izquierda. De aquí que los poetas que sinceramente quieran jugar un rol auténticamente progresista tienen forzosamente que conocer a fondo no sólo el valor de esas consignas, sino el sentido dinámico de su propio rol de agitadores y propagandistas. Tomar la consigna, darle contenido estético y ponerla como espina dorsal de la obra de arte, aunque esto parezca demasiado burdo es la obra que tienen entre manos los artistas verdaderamente conscientes de su rol humano. Sólo de este modo su arte social tomará fuerza y ritmo humanos y sólo bajo esa condición podrá conceptuarse como arte revolucionariamente eficaz.

Veamos más de cerca el lado púrpura del velamen de "Veleros" y acaso nos sea posible dejar mejor y más claramente establecidas las ideas expuestas en el párrafo anterior. En su poema "Multiplicada", Clementina anuncia su tránsito del egoísmo burgués al campo de la honda fraternidad:

> Antes quería ser,
> quería ser yo,
> ahora quiero ser
> quiero ser todos.

Sin regatear su belleza a esta insinuación revolucionaria, no podemos pasar por alto esta doble circunstancia: el poema carece de fuerza y la poetisa, al decir "quiero ser todos" borra la línea divisoria de las clases en la sociedad cuyo reconocimiento debe ser claro, terminante y pertinaz, y se sitúa en un plano de indecisión, tímidamente humanitarista. Esta es una posición decididamente reaccionaria. El poema "Enrejados en la sombra", no es sino una clarinada derrotista, un grito de impotencia y un acabado desconocimiento de la dirección de la dinámica social; confirma la ambigüedad, debilidad y confusionismo ideológico de la autora:

Doblados, doblados todos,
la voluntad aniquilada,
¡oh ejército callado
sin voz, ni gesto, ni mirada!

¿Qué esperanza de redención habría si los que justamente han de embanderarla y cumplirla no fueran sino ese ejército sin voz, ni gesto, ni mirada?

En algunos de los otros poemas de esta parte de "Veleros" hay algunos versos valientes, decididos, verdaderamente optimistas:

Enfilada y firme
espero la hora
que desamarre todos los obstáculos
y me aviente a los mares de la lucha.

Y esta advertencia admonitiva a todos los poetas:

Las cosas se han dado vuelta
y es crimen hablar de estrellas
cuando hay que limar cadenas.

Y este urgido grito suplicante, dirigido al viento, para que le ayude a llegar a hora de tomar parte en la pelea:

Acércame, acércame,
no quiero llegar un minuto después.

Y cuando menos lo esperamos, vuelve el amor a coger un campo en la obra. Un amado, que no conocíamos antes, la estimula a tomar un sitio en las vanguardias. Ella lo ama y no quiere dejarlo ir solo y se entusiasma hasta el ensueño en su poema "De eslabón a eslabón":

Ahora
no caminarás solitario
porque yo caminaré contigo,
los dos bajo una bandera de sangre
flamante como un puño
y recia como un corazón,
un arco fraternal
—de mano a mano—
todos los hermanos
nos dirán la palabra
de bienvenida
y unidos quedaremos siempre
como de eslabón a eslabón.

Este amado nuevo, desconocido antes para nosotros y quizá también para ella misma, la seduce con su pecho robusto, desnudo y quemado por soles de martirio, con el pelo fúlgido y cayendo sobre la frente sudorosa, con su mirada fulmínea, con sus ropas hechas girones flotantes como banderas, con su gesto heroico; la seduce y estimula y ella se fuga entera por la ventana del amor nuevo, para ir tras él, entusiasmada hasta el delirio, abnegada y fuerte.

Las heridas del alma que a fuerza de incomprensión abriera el amado burgués aparecen ya cicatrizadas en esta parte de "Veleros". En el nuevo amor y en la justicia que lo ilumina, encuentra la poetisa un cauce optimista para sus dolores, para sus desengaños, para su carne macerada:

Adelante voy con todos
buscando la luz redonda.
No me duele mi carne,
no me duele mi llanto.

Su corazón que se asfixiaba en el cerco del egoísmo burgués se siente remozado y fuerte al influjo de oxigenadas brisas de la lucha por la libertad y la vida. Con los ojos cerrados se deja arrollar por el torrente y la compañía de las grandes masas en marcha puebla su estro de emociones nuevas y la hace cantar con un diapasón hasta entonces inédito. La obliga a cantar todavía no sabe qué. Ella siente que respira en un mundo nuevo, espiritual, más amplio y fecundo y más humano; s siente aquí más comprendida y entrevé que éste es su mundo.

Más le duele el divorcio definitivo con el ayer y en medio de su grito jubiloso y fuerte se deslíe una queja amarga y nostálgica por sus bártulos burgueses, su colorete, sus cremas, su casino, su club, su vida llena de puerilidades del ayer:

> Qué trabajo me cuesta
> romper tanto espejo inútil.

¿Y quién sabe, quién podría decirlo? Si estos espejos inútiles no traicionarán a fin de cuentas a los "brazos del nuevo viento". Clementina es una mujer sin ideología en lo que esta palabra tiene de doctrinario; temperamentalmente es burguesa y si adopta una actitud de rebeldía y coraje, el móvil se nutre en las condiciones objetivamente precarias de su vida bohemia. Un cambio brusco en la sustantividad de aquellas condiciones, acaso determinaría un movimiento regresivo hacia las viejas posiciones estéticas, o cuando menos, la situaría en un plano de vacilaciones.

El antídoto más eficaz contra este veneno regresivo será siempre el estudio, la documentación, la conquista de un bagaje teórico marxista-leninista-materialista y dialéctico- y la participación activa en los cuadros orgánicos de los partidos militantes. Sólo de este modo estará garantizada su permanencia en la nueva fila, a cubierto de toda posibilidad de volver hacia atrás. El entusiasmo es un vínculo demasiado frágil y hay que reforzarlo con doctrina.

El intelectual vive hoy día una tragedia: por un lado ve y siente la justicia que informa a las reivindicaciones revolucionarias y esa misma justicia lo atrae; por el otro lado no se atreve a cortar de un tajo los lazos que los vinculan a la reacción y estos son a veces tan fuertes que resisten las más duras pruebas. Esta posición del intelectual, indecisa y de suyo comprometida ha causado, acaso en las horas más solemnes, las más crueles deserciones y apostasías. La historia del movimiento proletario internacional está llena de ejemplos famosos, que no permiten ver sin cierta desconfianza a los intelectuales desde el campo de las izquierdas.

Sin embargo, en el caso de Clementina, tenemos derecho a esperar que su militancia en la barricada sea permanente y sin reservas. Que vientos auspiciosos hinchen el velamen de sus "Veleros" y que los hagan llegar cuanto antes a su "único puerto de Esperanza".

CLEMENTINA SUÁREZ *por Leopoldo de La Rosa*

¡Comadrita Olímpica! ¡Traigo un encargo del Señor! Para ti que eres luz, aroma y amor. Un encargo del Señor! para tu frente de esplendor. Permitidme un favor —que yo con mis manos— como si fueran las del Señor, coloque en tu frente la diadema que, para ti Él ha confeccionado. Reina y Señora de un reino mejor que en el que han reinado todas las reinas. Tu trono es el mundo, tu lema la libertad y su espada el talento. Una Juana de Arco por lo valiente, una Santa Teresa por lo dulce, una Ibarborou por lo vibrante, una Mistral por lo santa y una Rachilde por lo humana. Pero Comadrita Olímpica, tu voz me huele a sangre, tu pecho lo presiento hueco, en tus ojos hay penumbras y en tus labios palideces... Y es por eso, ¡Oh Señor!, que para esta mujer quiero una cosa mejor que esta diadema de esplendor. ¿Acaso con tu reino la dicha se ha agotado que no la pones a su alcance Señor? Esta es la ofrenda, que el más humilde de todos te pide para ella con fervor.

¡Mírala, Señor! Si es lánguida como una flor, si es blanca como la leche y buena como el pan, mira sus ojos Señor y podrás comprenderla mejor. ¡De ese pedazo de trigo, Tú puedes hacer la hostia mejor, gran Señor!

CLEMENTINA SUÁREZ *por Lamberto Alarcón*

La poesía de Clementina Suárez es, a veces, tan vigorosa que nos parece que surge de un alma varonil. Sin embargo, en ocasiones se nos revela tan sutilmente femenina que bebemos en ella la gama de la dulzura de un temperamento fino y exquisito, en donde surge a veces la mujer que tiene en sus manos ágiles y breves todo el fuego de sus soles tropicales y en sus ojos la crítica vehemente y húmeda de los luceros.

Su metáfora es segura, sin titubeos, brillante y atrevida. Le falta lo que a todos los poetas de su edad: un poco de más consistencia en la forma. Que brille algo más la piedra preciosa de su inspiración, y hallaremos entonces en Clementina Suárez moldes puros que encierren la fragancia divina de su estro rumoroso como los pinares de su tierra, que la enseñaron a cantar....

Se adivina en toda su poesía la inquietud perenne, la eterna ansiedad. Clementina es, en el fondo, inmensamente triste. Tanto ha sufrido! aunque a veces pretenda engañarnos cubriéndose con un ligero velo de una frivolidad exquisitamente femenina. Es necesario mirarla a los ojos y encontraremos en el fondo de su mirada fija y atrayente algo como una lejana vaguedad de bruma que le da un tinte suave de melancolía....

CLEMENTINA SUÁREZ *por José Rodríguez Cerna*

Es la muchacha más loca, más buena y más lírica de Honduras. Esta muchacha, digna de una antigua noche de Montmartre, al mismo tiempo que de alistarse bajo las milicias celestes de Vicente de Paul; esta muchacha, de laxitud y de fuego, loca con una especie de gitanería espiritual y buena como un campo de trigo en flor, con un corazón que no le cabe en el pecho; esta muchacha, decimos, sometida a una embrujadora influencia lunar, es poetisa por naturaleza y temperamento.

Lo es porque sí, porque nació hecha de y para la poesía, sin esfuerzo ninguno, con la naturalidad de un manantial que corre, de un árbol que se eleva o de un capullo que revienta.

Ha sentido en el alma, como Juan Ramón, "un natural deseo de cantar" y su flauta suena casi ella sola, como aquel pífano de Valmajar que tuvo por profesores de melodía a los pájaros, salta su canto como un chorro de instinto, con la espontaneidad fresca y jugosa de un proceso de germinación.

Por una ley íntima la nebulosa encontró la condensación de la estrella y. cumple su misión uránica de prodigar la luz, de ser una fuente de claridad, como una perla que tuviese por alma un sol.

Los más hostiles diamantes han rayado sus indefensos cristales, y ella trasmuta el sufrimiento en poesía. Los clavos y la hiel y el vinagre de la crucifixión le enseñaron a ser armoniosa. Así, al choque de una piedra, la campana devuelve una vibración.

No sabe de cenáculos, de reglas, ni de academias. Todo en ella es elástico, impulso, ímpetu de libertad. Sin importarle la etiqueta, volviendo la espalda a las pelucas convencionales, bebe su propia agua en el cuenco de sus propias manos.

Y en su métrica, lo mismo que en su vida, nada de retorismo, y acaso nada de literatura; Clementina es la mujer más natural del mundo.

Pero está en ella el perenne milagro, la perpetua lección no aprendida de sus hermanas las amapolas y las fontanas. Roja y fresca, su oído sutil percibe las sinfonías íntimas; y ellas y no las exteriores, son las que deben buscarse en sus poemas estallantes de pasión o extenuados de sacrificio.

¿Diabólica y faunesa? No. Precisa no detenerse en la superficie ignicente y llegar al inagotable fondo de bondad, al anhelo de servicio y de ofrenda, a la irradiación artística.

Jesús perdonó a una mujer porque había amado mucho. El amor es redención.

Ya Clementina Suárez la perdonaría El triplemente, tendiéndole los pies para que los enjugara con sus cabellos, por su poesía, porque ha amado y porque se ha purificado y transfigurado en el dolor.

ABORDAJE SOBRE UN POEMA: "CRECIENDO CON LA HIERBA" *por Alberto Ordóñez*

Escribir en torno de un poema verdadero es casi perderse en él. Lo escrito es un idioma apenas inteligible y casi se nos escapa la visión de su mejor realidad. La crítica no se comprende cuando uno se echa a temblar o caemos en éxtasis. Sobre todo, cuando abrimos con mano trémula una urna de cristal donde hay una rosa que nos dicta su diario íntimo, su génesis de sentirse "creciendo con la hierba" y el secreto historial doloroso que goza con el alarde de quemarse increpando a su destino.

Si tocamos la rosa, por muy suave que nuestro tacto fuera, resultaría estrujada y su aroma evadido para siempre. Perderíamos la magia de su milagro; su palabra aromada y la oportunidad repentina de encontrar la raíz de su mensaje. Ese secreto, contenido durante muchas vidas, antes de revelarse, está en la rosa del poema. Y nadie puede abordarlo sino es por el reflejo de la rosa en el espejo mismo del alma.

Así asistimos al suceso poético de una mujer que se identifica con la esencia del amor y se corporiza en un poema. Ya tenemos la flor, es decir, la rosa, en su encarnación más trascendente que es aquella de la conciencia de sí misma: la de su fragilidad, su vida efímera y del proceso de su destino en el dolor. Pero es precisamente en la entrega, en el hecho propio de ser bella para darse y acabar, donde comienza a crecer la rosa entre la hierba de un mundo inmortal.

Λ través de su hermoso poema, la voz humana de Clementina Suárez inicia un monólogo amoroso que ocupa ocho estancias. La manera que la lleva a expresarse, podríamos definirla, con palabras de Válery, como una "vacilación entre el sentido y el sonido". Mujer y rosa se confunden para formar el poema. Los elementos confluyentes como el agua y la sangre que riegan a la rosa y a la mujer; la hierba, en medio de la cual crece la rosa, así como la humanidad que rodea el levante de la mujer, indican los extremos determinantes de los acontecimientos biográficos, los cuales se advierten a lo largo del ardido mensaje que Clementina Suárez dirige a la humanidad que la rodea, sin meridiano ni latitud.

Pudo ser.
Pero estaba la espina,
eterna enemiga de la rosa.
Y sola, sin orillas,
la perdida corola de mi sueño.

Obediente la rosa a su destino,
tuvo que ir mostrando
el candor de su rostro.

De tal suerte iniciase la primera estancia de este canto de amor o monólogo de su voz enamorada. Reflexiva queja ante lo inevitable, la aguda filosofía del fatalismo mete su espina en la garganta que se dispone al canto. Sin embargo, cuánta serenidad de ángel terrestre, perecedero, sumiso a la condición dolorosa del vivir. Pero he aquí que, al mismo tiempo, la rosa se defiende de la espina, exhibe su candor, va mostrando su rostro desde las márgenes del sueño:

Te quemará el amor los huesos.
¡Niña del Aire!
¡Paloma del amanecer!
Ya que sólo en la sangre despierta
estará el germen creador defendido.

Es así como se eleva de la sexualidad del amor a un clima de alta poesía panteísta que llega a situarse en zonas metafísicas. Ese aire de fatalidad, que sopla, desde el primer instante del poema, nos recuerda la sensual melancolía de Omar Khayam. No rehúye el dolor de ser sino que trata de perpetuarlo en la creación, sublimándolo hasta el goce. De un modo paralelo a Unamuno, quien se aferra en la fe en busca de su propia inmortalidad, Clementina Suárez se abraza a la fuerza creativa de su propia carne. Por eso escoge el camino del amor que ilumina la carne y la frutece. Y porque, después de su muerte, su carne resurgirá, han dicho las Escrituras.

Con esa seguridad unamunesca que tiene sus raíces en las sentencias del Bhagavaad-Gita, ella continuará cantando:

No caerá por eso
la estrella de tu mano.
Ligaduras humanas no detienen
tu rostro, ya salvado en mil edades.

Esbelta, en tu tallo de ángel,
es un río la sangre en tus venas.
Agua que trae y que lleva
la quebrada raíz de la sombra.

En "Creciendo con la Hierba", el canto está sometido, determinado por la vida; pero por eso mismo, logra escaparse de la vida. Es la humildad de la sierva de Dios, a pesar del aroma de paganidad con que avanza hacia el encuentro del amor, dolida en la carne y en el espíritu. Dolor y amor que proyecta en la rosa del poema, perfilando la cara de la mujer alzada hacia lo alto:

Ningún camino aparta al cielo de su cielo.
Todo te alza a la altura de tu llaga.
Conmigo. Contigo. Sola.
Atada va la sangre
a raíces que no entiende.

Escogiendo el camino del amor como una escala de salvación, Clementina Suárez va a su encuentro. No del amor egoísta, encerrado dentro de sí mismo. Sino del amor liberto, generoso, universal, ecuménico, vivido desde su íntima experiencia material. Es decir, la entrega de su rosa. Rosa que no niega su corola al polen fecundante porque presiente, detrás del viento que esparce su aroma, el grito de la especie: el divino mandato de crecer y multiplicarse.

Por eso la segunda estancia exalta su apasionada búsqueda, a un tiempo que increpa al amante de "corazón cerrado", todavía ciego y sordo ante el milagro; que no ha visto aún, como la Ibarbourou, cuando le han nacido rosas en los dedos ni los lindos "amorcillos' de Disney flechando al Amor al compás de la Novena Sinfonía.

Ya ves cómo
mi pecho ilumina
una verdad tremenda.
Los ángeles que pasean por mi sangre
son ángeles rebeldes.
Y me humilla tu rostro atado
y tu corazón cerrado
por un mandato de siervos.
Cuando yo oí me dijeron:
Pequeña: No le niegues al amor tu cara.
Sólo así tu flor tendrá polen
y flotará libre
goteando muchedumbres,
tu cara creciendo con la hierba.

Clementina conoce o intuye que el verdadero amor se finca en la sangre; en su misterioso ritmo promisor que guarda el secreto destino del hombre. Por esto las calidades y vibraciones de sangre impulsan el fenómeno simpático, electromagnético de donde surge el amor. La forma se agita, se enciende bajo la acción de esa llama interior que toma a veces figura de serpiente tanto en el cuerpo de la impúdica Herodías como de la virgen Malibeo. Pero en la sangre está el arcano del amor. Y es allí donde Clementina Suárez ausculta su mensaje:

¡Criatura de mi amor!
Solo cuando el fuego
te lleve hasta mi grito,
recuperarás intacta
la espiga que dentro
de tu ser madura.

Reemplazar quisiera esta sangre
por otra sangre que te tocara las raíces
y te dejara desnudo mi ramo de huesos limpios
de todo lo que no fuera
una inocente corteza
que acatara tu latido.

¿No sientes que mis manos
te adelantan la rosa,
el aroma y el tacto ?
¿Y que mi sueño
es una arteria abierta
que calcina al gusano....?

Sí. De esa "quebrada raíz de la sombra" a que alude en la estancia
primera, fluye ancestralmente la sangre hacia la mujer y la savia hacia
la rosa. Surge el proceso biológico y anímico que la hace decir con
sabio deslumbramiento de su presencia en el Universo:

Naciendo estoy,
visiblemente,
y trepándome van pueblos,
pájaros y semillas.

Tú puedes apartar mis rosas,
pero no la encendida
corola de mi sueño,
más grande con el ansia
de otros sueños.

Cuando adviene la unidad de dos que se juntan para completarse,
el polen que cae sobre el cáliz de estambres temblorosos, la poesía de
Clementina Suárez grita jubilosamente su enorme secreto. No hay
pecado alguno, tristeza de la carne, en esa pagana y saludable
conjunción de vida en la Vida. Es sencillamente el éxtasis del sentido,
la gloria del encuentro:

De repente algo fue distinto.
Ni tú te llamaste tú
ni yo me llamaba yo.
El barro crecido
nos unía y separaba
en mil anillos
de diferente edad.

Sin embargo:

> La palabra iba suelta
> en el aire,
> indestructible
> dentro de mi llanto.

El encuentro se ha realizado. La presencia del amado queda fija para siempre en la mujer y en el poema. Cierra la rosa sus pétalos bajo un sol de oro. La mujer acuna en su entraña el canto hecho carne. E inclinada sobre sí, sobre su seno transformado en urna de rosa, se oye una voz que dice con delicado acento augenésico:

> Despacio,
> que está madurándose
> la criatura de espuma
> que se queja en mi entraña.
> Copo a copo,
> voy cubriendo
> de alta atmósfera
> lo que vivirá,
> aún detrás de la muerte.
> La urgencia de mi paso
> Es un puro símbolo
> —nada es mío—
> una flecha me curva
> dentro de tu amor'.

Y esa voz que podría anticiparse a la canción de cuna, levanta luego su tono de intimidad para lanzar al espacio la admonición del hijo en concepto de creación sempiterna. La mujer ha elegido el camino del amor que lleva consigo igual que la rosa, el aguijón de la espina, y, por tanto, le precisa salvarse a través del fruto de la carne. Es decir, que se quiere salvar en el hijo, hijo no sólo de la carne sino también del espíritu. En una palabra, vida. Vida inmortal.

Y que la vida que te pido,
no es tu vida,
sino que la copiosa,
inagotable,
la inmortal vida.

Generadora de vida, la llama de la sangre se clarifica, rematando su jornada verdadera.

Todo será después afirmación, seguridad de haber construido la eterna arquitectura de la rosa; dejar el rubí de una gota de sangre estelarmente brillando en el cielo del tiempo; coger el infinito en un sólo rayo de luz para negar la muerte. Es así como el poema se desdobla hacia una libertad sin fronteras que congrega a toda la humanidad.

Sin contorno,
en tu inagotable azul,
alcanzo una resurrección
grácil para la vida.

Ella, —"la que quisiera detener el canto y dejar que la muerte decorara hasta su desnudo vientre"— se dispone a la aventura de liberar al hombre para que sea realmente hombre. Le exige al hombre su liberación, la ruptura con un mundo esclavo. Y todo eso lo dice con profético aire la delicia del tálamo, abjurando de las cadenas de la carne como simple apetito de la bestia que hay en el hombre:

Tal vez
porque he podido llegar a descifrar
que los esfenoides del cuerpo
no son lo más importante;
que hay una esparcida vida
mordida por agudos puñales
que debemos liberar.

Mas no se estime absurda o insincera esa actitud cuando mira a la cara al huésped de su corazón. Porque si lo encuentra atado, sumiso, imposible de entender una nueva manera de amar que salta sobre los versículos del Cantar de los Cantares para plantar su bandera integral, intenta liberarlo, aspira a un amoroso ascenso de fondos a superficie. Clementina Suárez le da la clave de su revelación cuando baja del lecho cantando como una nueva Safo que, después de amar el amor sólo por el amor mismo, sintiera la delirante urgencia de estremecer al mundo entero con su propia felicidad:

> De tu lecho tibio
> me incorporo
> cantando.
> Con un sentido radiante
> Del Universo
> y del amor.
> ¡Nada golpea mi frente
> ni mis ojos!
> Estoy segura del tamaño
> de mis sueños
> y los agito con alegría.

Logra al fin su embriaguez iniciar al amado. He aquí que lo transforma en compañero de su inmensa aventura. Ya no está sola con su rosa grávida de amor; con el poema de un hijo en las entrañas. Él está ahí formando un cuadro de conjunto armonioso, asistiéndola en su sueño.

> Qué ternura la de tu regazo!
> Madurar vi en ella
> todos mis frutos.
> Cuelgan gotas de rocío
> de tus pestañas.
> Estás en el primer despertar
> nuevo en el tiempo.

Y continúa dictando su emocionante descubrimiento:

Estrenas el equilibrio
de un exacto ardor,
que no quita a la rosa
ni su armonía
ni su nostalgia.

Y además,
sabía
que vestida de azahar,
de sangre o de arena,
el pudor de mi trébol
no se discute.

Sólo así,
a orillas de la vida
que busca jubilosa
algo duradero.

En plenitud de certeza, ya puede ella, la mujer, hablar como Beatriz de los círculos de la vida, conducir a su hombre, bajar a los hondones del dolor, escala por escala. Van hacia un mundo oscuro que se anuncia al momento de dar el primer paso. Y sin embargo, todos los días nace el sol sobre las espigas. Pero es como si fuera un sol que se ve por fuera y no llega a iluminar adentro. A cada alba, una rosa en la casa del hombre.

Pero el hombre no la mira, no la lleva al cuenco de su corazón. Y cuando llega a mirarla, ansiosos de su belleza, quiere poseerla con torpe mano. Se espina al tomarla, y cae la rosa estrujada. Así la vida se deshoja en la casa del hombre, en el punto nemoroso donde yace sin luz, sin aire azul, sin la palabra liberadora que vuelve en las alas del canto.

Clementina Suárez continúa monologando:

Amigo, tal vez digas:
tu corazón, para quererme,
no está en su sitio.

Es más ancho,
más puerto,
más alba sin frontera.
Oyendo está la queja
de los hombres
y sus urgentes ansias
por ser libres.
Hoy sabe que los hombres,
si sufren y trabajan
es por tener su vida
y por amarla.

Equilibrando su universo constelado de poesía, Clementina Suárez recorre el sorprendente itinerario de la vida una y múltiple. Viene de la soledad sin orillas, del perdido sueño; del hielo de la noche y de la sangre. Obedeciendo al destino, se sintió florecer de repente y fue mostrando la cara de rosa de su poesía. Era ya la niña del alba, la paloma del amanecer. Sin embargo, la quebrada raíz de la sombra amenazaba entre las densas aguas del misterio.

Se irguió ella entonces con su angélico tallo al encuentro del río de la sangre. Sangre despierta, germinal, que le quema los huesos con extraño ardor. A veces, se siente tierra para que la rosa crezca sobre la hierba. Tiende a la semilla el surco de su mano; ofrece el hueco de su rodilla como un nido. Pero su florecida soledad aún no se ilumina. Un ángel rebelde que pasea por su sangre le señala el camino del amor. Ha oído que le dicen: "No le niegues el amor a tu cara". "Sólo así tu flor tendrá polen". Es así como descubre la rosa de su carne. Ilumínesele el pecho, al identificar al amor en el amado. Comienza el conflicto. Un día se da cuenta de que son distintos los rumbos de la carne, y ella escoge el de la libertad. Pero es imposible sola, sin compañero, sin hombre que no ate su rostro, ni cierre su corazón. Por lo tanto, necesita liberar a la criatura amada por el amor. Se promete reemplazar su sangre por otra que le toque las raíces. Cambiar su rosa por un ramo, desnudo, de huesos. Su palabra suelta, indestructible en el aire del llanto, realiza el prodigio. Y fue luego madurando en su entraña una criatura de espuma. Copo a copo. Surge la vida inmortal, fluyendo inagotable, siente que el alba va suelta dentro de la carne.

Arrastra un fulgor de espiga sometida, para después alcanzar la resurrección bajo el azul inmenso. Porque comprende cuán estéril es la solitaria felicidad, busca las urgentes ansias de los hombres por ser libres. Cree nacer de nuevo, mientras le trepan pueblos, pájaros y semillas. Así más o menos, se forma su universo y escribe su poema, mientras crece la cara de la rosa entre la hierba y termina diciendo:

> Antes,
> en nuestra noche,
> era un llanto mi voz
> y sólo un llanto.
> Hoy,
> ya tan cerca del alba,
> traigo despiertos ríos
> de mujeres que gritan
> como yo,
> con el aire oxidado
> por la salvada orilla,
> para la azucena,
> el yermo y el amor.

Ha cerrado Clementina Suárez la urna de cristal donde la rosa queda "sometida a su destino", amortajada en su aromada muerte que ha hecho vivir un poema con vida imperecedera. Levanta la mujer su rostro rebelde, y plantándose en el tiempo, asume el símbolo de la rosa a fin de darse entera, "Creciendo con la Hierba", sobre un mundo que necesita salvarse y liberarse hasta subir al cielo prometido.

O mejor dicho, hasta bajarlo a nivel de nuestra tierra doliente donde los hombres "han de tener hambre y sed de justicia". Donde aún la rosa tiene su espina y su pena la mujer. Y solamente la verdad del canto nos reconcilia con los pequeños dioses caprichosos que inventaron los hombres ciegos, y sordos a los reclamos del Dios del Amor.

APUNTE ACERCA DE UNA POETISA Y UN POEMA
por Carlos Wyld Ospina

Cuando Clementina Suárez me leyó su poema Creciendo con la Hierba, la dije:

—Podrías echar al fuego tu obra anterior sin pesadumbre ninguna, porque, desde hoy y para siempre, te bastará con haber escrito esos versos.

Esto no significa que la obra anterior de Clementina valga poco para mí. Quiere decir que aquel poema, de aliento y espíritu revolucionario, es hasta ahora la culminación magnífica de su numen, el momento estelar de su poesía, para decirlo con una frase de Zweing.

No conozco la totalidad de lo que antes publicara Clementina: pero en lejanos días comenté en la prensa de Guatemala uno de sus brotes primigenios: un haz de versos con el nombre alígero de "Veleros", que ya era la anunciación cierta de su obra futura y la afirmación inicial de sus extraordinarias dotes líricas.

Luego, en 1944, edita su libro "De la desilusión a la esperanza", poemario de madurez en que ya se acendran, mezcla vital de sangre y llanto los poemas de su arte profundo y delicado, en concepción y forma no meramente novedosas, no simplemente actualistas, sino algo más: revolucionarias. De ese libro, la autora parece preferir seis cantos: Poema del paso desatado, Mis espejos rotos, Compréndeme, Canción de cuna para una hija, Se levanta el mar y Una obrera muerta.

¿Cómo ha llegado Clementina a la expresión revolucionaria en el verso, propósito tan perseguido por los poetas contemporáneos como escasamente alcanzado por la mayoría de ellos?

A mi ver, el secreto radica en la aplicación de este principio, arduo y sencillo a la vez, que la poetisa me expusiera en una charla, téte a téte, cuando pasó, como una golondrina loca, por esta vieja y apacible Xelajú:

—El error del artista consiste en buscar modelos: el artista no debe tener más modelo que él mismo.

Pero, ¿qué grado de dominio interno, qué fuerza de abstracción, qué voluntad de independencia son necesarios para lograr este clima de sensibilidad desnuda y de expresión sincera? Lo ignoro; mas sé que Clementina lo ha realizado en ciertos pasajes de su poema superbo, donde vibra algo cósmico, algo pánico, saturado de una esencia espiritual cándida y pura- a veces un poco a la manera de Walt Whitman.

Así ha llegado ella a la revelación de su personalidad, libre de los ajenos influjos tiranizantes, de las servidumbres disfrazadas, de los convencionalismos prejuiciosos, de los pudores artificiales, de las ataduras literarias, para acercarse a la poesía auténtica, la que mana, salta y revuela con el ritmo fácil de la sangre y de la savia...

Es lo decisivo para mí en el verso de Clementina Suárez: no hay en él marcas extrañas. Podrá haber, incidentalmente, ecos reminiscencias de otros grandes poetas de la hora; mas esto es por simple analogía de época y ambiente, por imperativo del momento universal en la lírica, inclinada hacia los problemas angustiosos del espíritu y del destino social contemporáneo.

De tal suerte queda dicho que su poesía pertenece a la reciente modalidad estética en que son maestros Rilke y Valéry, en tierras nórdicas y mediterráneas; Juan Ramón Jiménez y Garcfa Lorca en España; Pablo Neruda y otros en Hispanoamérica. Pero repito: no existe lorquismo ni nerudismo. ¡Dios la libre de ello en los poemas de Clementina! No confundir, pues, las características de aquella modalidad estética con la calidad del acento que anima la voz de esta poetisa centroamericana, tan ajena a trivialidades y arrumacos sensibleros.

De primera impresión, se advierte cómo ella encuentra el signo de su canto en la sangre, en el agua terrestre y en el agua marina, en el jugo salobre de los ojos abiertos a la contemplación: todo ello savias; todo ello zumos y licores de excelencia. Dijérase que padece la obsesión de la sangre transmutada en alma; y que ahí está, por natural derivación, su símbolo y su mito. ¿Por qué? Acaso porque su numen, en fresca madurez de carne y en limpia madurez de espíritu, es fruto de dolor y sabedora experiencia; y de aquí nace su anhelo de libertad y redención para todos los instintos y para todos los altos sueños de los hombres. Porque sólo la sangre libera desde la cruz, la libra y el ara del holocausto...

Yo la he escuchado recitar sus versos. Y sólo sé decir que esta mujer tremante, esta mujer que charla y se mueve con espontánea gracia; que tiene una voz blanda, como dejo de caricia; esta mujer que mira de frente, con ojos sabios de triste profundidad, y, al mismo tiempo, infantiles... cuando me recitó su Creciendo con la Hierba, tenía la voz grave, como envejecida y profética; las pupilas recogidas hacia adentro; móvil y duro el entrecejo, y su palabra parecía venir desde la entraña de la vida y la lejanía de la edad, tal hondura de espacio y tiempo había en ella...

Asombroso desinterés, raro despego los de estos poetas en un siglo en que la soberanía del dinero es absoluta e incontrastable. Ellos desdeñan al grotesco dios concupiscente, al fetiche monstruoso; pero él los castiga implacable, porque el oro lava todas las manchas, aunque envenene todas las conciencias, y quien rechaza su posesión brutal no puede esperar misericordia...

Sin embargo, estos poetas inermes y orgullosos con el divino orgullo de su estirpe, superiores e incomprendidos, míseros y errantes, están forjando el mundo nuevo y la futura ley, en que el sexo y el amor consuetudinario serán superados, y en donde la mujer trascendida ya la hembra antropomorfa será la máxima potencia liberadora, para que se realice el espíritu de la escritura que asentó el mandato: Compañera te doy, y no esclava.

CLEMENTINA SUÁREZ *por Raúl Leiva*

Un fuerte temperamento artístico; grito rojo que se levanta como una imprecación; alado o ardido de entusiasmo; ya iconoclasta como la hoguera que todo lo consume; o hecho una melodía de dolor. Tal: Clementina Suárez. Caso raro entre las mujeres de pensamiento de Centro América: se liberó del prejuicio, saltando por caminos de aventura al encuentro del dolor. Es allí, en las encrucijadas del mundo donde se fue formando la recia contextura intelectual de Clementina Suárez que nos ofrece el milagro de su sinceridad hecha flor.

Es en la llama divina o demoníaca o del dolor, donde se deben buscar los cimientos de todo arte auténtico, y como tal sincero. En medios acostumbrados a prodigar los términos "arte", "artista", "artístico", más por galantería que por justificación, el caso de Clementina —auténtica artista— viene a resultar insólito.

En esta quieta hora en que vivimos, caracterizada por sus tanteos y vacilaciones —sobre todo en arte— el caso de una mujer actual, precisa, que se da plenamente y sin pedanterías a la hermosa y mal remunerada tarea de producir cosas bellas, debe provocar insurrecciones admirativas en nuestro medio.

No es una versificadora más, de esas que se dan en nuestras latitudes —como acertadamente lo dijera Alfonso Orantes— es simplemente: poeta. Sus poemas tremantes y arremolinadores son el parto resultante entre su experimentación realista y su idealismo. Es en las fantásticas arterias de la realidad preñada de reacciones visibles que dan al viento su grito sangrante, alimentados con la carne de su propio corazón, para luego ser lanzados a la boca voraz del infinito en un alarde de osadía.

Cuando sus poemas —como pájaros ebrios— se le escapan del tinto de la boca, van desnudos de artificio a cantar su mensaje cósmico en nuestro propio corazón. El poeta halla eco en nosotros: somos un grande eco donde resonaron sus inquietudes. El poeta se sincera en nosotros; nosotros nos sinceramos con el poeta. El poeta sufre y goza: nosotros sufrimos y gozamos con él. Total: arte. Esto lo da Clementina Suárez.

Entre las poetisas de porte continental; tendremos que darle el puesto que merece a Clementina Suárez: auténtica poeta.

CLEMENTINA SUÁREZ *por Guillermo Bustillo Reyna*

Esta chiquilla de ojos adormilados, de lacónica melena, de boca volteriana; esta chiquilla que aún mima a sus muñecas, que es supersticiosa como un yanqui, que es manirrota, nefelíbata y bohemia, aprisiona dentro de su débil corpórea envoltura un formidable espíritu de mujer. Porque eso es Clementina por los cuatro costados: una grande, generosa y fuerte mujer de su generación y de su siglo.

¿Versos? Sí. Los escribe como un desahogo de su alma transparente, con desenfado y valentía, reñidos con los cánones, la ortodoxia y la métrica, sanos y soberbios como niños desnudos. Alguien, pretendiendo adularla, ha opinado que es dueña de una cerebración masculina, tal vez por el hecho de que entre nosotros sólo los hombres se consideran con derecho a pensar. Ella desdeña el elogio y se conforma con ser simple y llanamente lo que es: un recio ejemplar de nuestras vanguardias femeninas.

Ha publicado tres libros de versos y un volumen de prosas y va en ruta hacia la consagración definitiva. La notoriedad no la embriaga y ha sabido conservarse diáfana y genuina, como el agua y los diamantes. Ha sabido hacerse admirar hasta de los mojigatos que otrora la mordieron con sus molares maledicentes y es su laurel más legítimo haber triunfado en su propia tierra, descomunal hazaña que realizan muy pocos.

Su literatura es ajena a los alambicamientos y a las poses y en eso estriban cabalmente su originalidad y su fuerza. Sabe decir cosas trascendentes y lo hace con naturalidad y sencillez, su alma se ofrece sin ropajes ni pudibundeces, tersa, temblorosa y encendida. "Tengo una alma compleja, más que una alma de mujer", grita en uno de sus poemas más humanos e intensos. Es una gran recitadora. Vibra en sus propios versos y hace vibrar las estrofas de los demás poetas, con el mágico metal de su voz y con la intensidad de sus interpretaciones.

Flapper con mohínes de matrona, se trajea al tenor del figurín más reciente, son incontables sus sombreros, sus trajes, sus zapatillas, sus collares, sus carteras, conoce los recónditos secretos del manicure y del maquillaje, delira por el color verde y tiene aversión por los falderillos. Una excelsa mujer y una poetisa excepcional: tal el compendio de Clementina Suárez.

CLEMENTINA SUÁREZ Y EL ESPLENDOR DE SU VERSO *por Gloria Menéndez Mina*

El nombre de Clementina Suárez es familiar en Guatemala, así como su singularísima personalidad: hondureña de nacimiento, centroamericana de corazón, signada por los dioses con el divino don de la poesía. Clementina es y será Clementina Suárez en cualquier tiempo y lugar.

Como poeta, a la altura de los mejores en nuestra América del momento y, como mujer, emancipada de prejuicios, dueña de una libertad de criterio y de acción que la ha llevado por todos los caminos tras la búsqueda confiada y valerosa de sí misma, de su calidad lírica y humana. He aquí una anécdota que podría definirla, dentro de esas características suyas determinantes de su manera de ser:

Cierto día, caminando a lo largo de nuestra sexta avenida con Claudia Lars —su hermana en la inquietud y dimensión de la poesía— Clementina la detuvo de pronto expresando:

—Espera, voy a descansar un rato... Y, sin explicar más, se quitó los zapatos sentándose con naturalidad a la orilla de la acera para estirar los pies, no importándole el "qué dirán'" de los transeúntes que reparaban en su actitud.

Como acertara a pasar por ese rumbo José Rodríguez Cerna, nuestro ya desaparecido "principe de la prosa", e intrigado, aunque no sorprendido por cuanto conocía a Clementina quisiese indagar qué ocurría, ella no vaciló en confesarle:

—Sencillamente, me he quitado los zapatos porque me torturaban los pies y no debo martirizarme... tan luego como los soporte seguiré caminando...

Y es que Clementina Suárez se manifestará siempre, en todas sus expresiones, como una niña grande que rompiera con moldes o convencionalismos de cualquier índole, para afirmar su originalidad, su rebeldía innata en cuanto hace, dice o escribe.

Así la oímos declarar, de manera redonda, en "Creciendo con la Hierba".

Ya ves cómo
mi pecho ilumina
una verdad tremenda.
Los ángeles que pasean por mi sangre
son ángeles rebeldes.

Y me humilla tu rostro atado
y tu corazón cerrado
por un mandato de siervos.

Cuando oí me dijeron:
Pequeña, no le niegues el amor a tu cara.
Sólo así tu flor tendrá polen
y flotará libre,
goteando muchedumbres,
tu cara creciendo con la hierba.

El triunfo en la poesía de Clementina Suárez no deriva, por cierto, de la riqueza de sus imágenes, de su fluidez lírica, de la enmarcación de su obra dentro de la exuberante naturaleza del escenario americano. Su triunfo es el triunfo esplendoroso de la sinceridad de su verso, de su verdad humana.

Su voz tiene modulación y resonancias sustanciales de vida, de sentimiento claro, a menudo ingenuo, espontáneo, sin deformar la emoción con palabras abstractas o artificiosos lirismos. A la desnudez del yo anímico, no ciñe ella otra vestidura que las transparencias de su franqueza, franqueza de aguas rumorosas, de cielos sin fronteras, no desenvoltura que repulsa. Continuemos oyéndola:

De tu lecho tibio
me incorporo cantando,
con un sentido radiante
del universo
y del amor.

Nada golpea mi frente
¡Ni mis ojos!

Estoy segura del tamaño
de mis sueños
y los agito con alegría.

Se ha dicho ya que el poeta no es su vida sino sus versos; que la poesía es evasión de la realidad y que en ella se plasma o sueña lo que acaso no se podría vivir. Que los cultores del arte son a veces los peores autores de sus propias vidas. Mas, en Clementina Suárez se da el milagro de que su vida y su verso forman una sola estructura: son esencialmente ella misma, su condición más preciada.

De aquí que al cantar el amor refleja con elemental nitidez la conjugación total de cuerpo y alma en los espejos hondos, sin divergencias irreales o inhibiciones discordes. Y, al encontrar el dolor, vuelca el alma en sollozos porque su cuerpo ha sufrido el desgarrón de los cardos y de las ortigas. Ella lo expresa:

Pudo ser.
Pero estaba la espina
eterna enemiga de la rosa.
Y sola, sin orillas,
la perdida corola de mi sueño.

Y fue,
en aquel pliegue triste
de mi sangre
donde pálida quedó la sonrisa
que se hizo hielo
sobre tu pecho ausente.

Las mixtificaciones mentirosas no enturbian la diafanidad de su poesía. Hay en su sensualismo puro, tamizado por las vibraciones del espíritu a flor de piel, la exaltación alborozada del amor en la perfecta armonía del alma y los sentidos. Pero hay además, dentro de esa evidente actitud, una urgencia más alta, una sed más vehemente, hacia la realización quizá de lo inefable, de la gracia, a que aspira todo ser superior en la cristalización del sentimiento amoroso:

Sin contorno,
con tu inagotable azul
alcanzo una resurrección
grácil para la vida.

Y con esta honrada visión
y esta ganada excelsitud,
quedamos enlazados,
ya no en una interrogación,
ni en una aventura,
ni en ninguna elástica posición.

Sino dueños absolutos
de una verdad
que saltaba del pecho al cielo
y del cielo al pecho,
como auténtico mundo
libre y sin riberas.

Pero, Clementina no canta tan sólo al amor con ese desbordamiento temperamental e intenso de su clima efectivo. Su poesía reviste todas las gamas de la sensibilidad creadora y, junto a "Creciendo con la Hierba" en cuidada edición que acabamos de recorrer, de sus manos amigas recibimos hoy "Canto a la Encontrada Patria y su Héroe", poema épico-romántico, en varias estancias, dedicado a la viril y noble Honduras y al Caudillo de la Unidad Centroamericana, Francisco Morazán.

Y el corazón todo "rebelde y vegetal2, nutrido con la savia de "un pueblo de erguidos pinos", se le escapa pletórico, se diría que con la misma voluptuosidad y ternura que invoca al amado, para patentizar a la tierra que la vio nacer:

Patria de aurora! ¡Patria de piedra!
No sé ni decirte la forma
en que te quiero.
Es casi un amor a ciegas
pero con una memoria intacta.

Es como recordar tu barro
o mi vestido nuevo.
Es como jugar al sol
con las hebras de tu luz.
Como ser enero en tus venas
para aprender a quererte.

Y, desandando el tiempo, caminando dentro del sueño, prosigue:

Te quiero como cuando en la arena
besaba el amor primero.
¡Qué olor a tierra tenía
la boca que me besaba!
Eras tú misma, Patria,
en su pasión desbordada.
Mejilla de carne tuya,
misterio del amor intacto,
la que en tu piel caminaba'.

Luego, desde esa misma raíz telúrica y profunda, en relación al Héroe, su voz cobra fuerza de '"impetuosa corriente" para definir su estirpe y levantar su nombre:

¡Qué inexplorado mundo
en tu ilimitada pupila!
Eras como la tierra
con impulso vital indestructible...

Esto es Morazán desde el aire,
desde donde lo veo extendido.
Esto es Morazán desde su espada,
desde su sangre,
desde su sueño sin prisa,
desde sus caminos, sus edificios.
Esto es Morazán desde sus pájaros,
esto es Morazán desde su Patria.
Esto es Morazán desde la calle,

desde sus himnos y su victoria,
desde su cielo y desde su rosa.
Esto es mi Patria,
esto es mi limpio sueño,
esto es mi canto donde viven las palabras.
Esto es mi piedra, mi sol, mi llanto.

Clementina Suárez, esa pequeña gran mujer que responde con autenticidad al sentido y contenido de la palabra "poeta", se encuentra ahora en Guatemala. Vino integrando la Misión Cultural Hondureña que asistió a la Feria de Primavera y la retiene aún la desbordante cordialidad con que la ha recibido la intelectualidad guatemalteca, siendo huésped de Claudia Lars, Agregada Cultural a la Embajada de El Salvador, entre nosotros, y su esposo, el prestigiado escritor Carlos Samayoa Chinchilla.

Por nuestra parte, con la impresión de ese espirituoso regalo que nos supone su presencia y su poesía, queremos agregar algo más:

—Gracias, Clementina, por afirmarnos en una fe centroamericanista; nuestra fe en la mujer nueva, la mujer del presente y del mañana. Y, que Guatemala se guarde un poco en tu corazón y en tus pupilas, en tu virtualidad de canto y vuelo...

CLEMENTINA ENTRE LA HIERBA Y LA ESPERANZA *por Gilberto González Contreras*

Toda poesía legítima es crecimiento del alma, trance perpetuo de cambio. Poeta es quien vive en alba perpetua, brotando a cada hora, sin desenraizarse nunca. Y porque brota, porque está brotando siempre como el jugoso pasto de los llanos, es por lo que realiza obra fértil, de persona fértil y seria. Nunca la poesía fue frívola, aun en aquellos momentos en que lo parece.

Poesía significa intuir el origen de las cosas: el acto poético no es un contenido, sino una actividad perenne del espíritu. Es un deslumbramiento del modo y de los ritmos a través de los cuales se ha aprehendido la esencia de las cosas, es decir, lo que está más cerca de su destino. Para captar lo real ha de sentirse la necesidad de la emoción. No de la emoción en bruto sino de la emoción arquitecturada, sometida a rigor. Pero como ésta consiste en experiencias íntimas que se quiere transmitir, debe buscarse lo unívoco del alma, no ya en los hechos sino en el desenvolvimiento de las esencias.

De ahí los cambios operados en los aspectos modales de la poesía. La vida del poeta corresponde a la vida íntima y el oculto sentido de sus versos. Los varios tonos por los que atraviesa el creador desde la infancia con música hasta la edad madura de la reflexión, desde el goce de lo externo hasta el sentido sacrosanto, tienen que recorrerse y ser vertidos en una lengua de fantasma, en una cifra que no sugiere, sino que contiene y es las cosas. Por donde la historia de la poesía es, simbólicamente, toda la historia del hombre.

Este proceso, que podría llamarse dialéctica de la poesía, lo recorre Clementina Suárez en tono menor, en instintivo e impulso anteriores a lo razonable. Clementina es hondureña, de la tierra de llanuras y ganado de Juticalpa. Temprana fue su iniciación en las letras; el ala la tendió a los quince años y la axila le emplumó en México, en el alba veinteañera, con sus libros "Corazón Sangrante", "Iniciales" y "De mis Sábados el Ultimo". Era entonces una moza romántica, ansiosa, colmada de incertidumbre. El dolor de la vida la fue mordiendo en lo vivo y así, con voz en que la amargura áspera se le iba haciendo dulce, los claros rumores se le trastocaron en sombras desilusionadas y de la fogosidad le fue creciendo el desencanto en el hondón del alma.

Clementina Suárez anduvo por La Habana hará unos siete años. De allá se llevó un nuevo libro: "Veleros", en el que ya se anuncia la actitud de ponerse rostro a rostro a los grandes problemas de la vida. Ya la poesía, la música y flor del aire, se le estaba volviendo de tierra y lágrimas. Se dejó arrastrar por la tragedia colectiva, y la fórmula sonámbula fue convirtiéndola en un tocarle las entrañas a la realidad. Su desilusión de mujer, su miedo a la muerte, bajo la determinante de la época, devino esperanza multitudinaria, fe en un destino de justicia para todos los desposeídos de la tierra. Esta actitud, entre agonal y gozosa, entre reflexiva y tierna, es la que recoge en el cuaderno "De la Desilusión a la Esperanza", impreso pulcra y bellamente a fines de 1944, en los Talleres Tipográficos Nacionales de Tegucigalpa.

Su nuevo modo poético lo crea Clementina no en cuanto a inteligencia y reflexión, sino en cuanto a pasionalidad, instinto e impulsos que anteceden a lo razonable. Es precisamente la actividad irracionalista, el acto de pasión, la primera y última realidad de su tentativa por explicarse el mundo. Persiste en ella la voluntad de cambio y su disconformidad y rebeldía es más sentimiento que dialéctica. Atenta está como las aguas del río, que se aquietan para recoger el paisaje. Junto a las masas desposeídas, como compañera de ruta, subida en su atalaya de sueños y de angustias, de la poesía más que la palabra, con la "despavorida sangre".

Los labios y los ojos no se los ha encenegado la vida. Segura está del mensaje que desea comunicar, y a los pobres se acerca ella, pobre en dinero pero millonaria en esperanza desde cielos altos, trayéndoles en palabras puras, encendidas, estos veintidós poemas, estos símbolos de una desilusión vuelta esperanza, en los que levanta la "Elegía de la Sangre Heroica", "Poema del Amor Fuerte", "Una Obrera Muerta", "Soledad Multiplicada", "Canto de la Espada y del Combate" y las ternezas compartidas de "Canción de Cuna para una Hija" y "Canción para dos Niñas Pobres".

Aquí, en estos versos simples, germina el grano azul de la fábula salvacionista y desde un principio se ve a una mujer sin adornos, que ya es sólo naturaleza y a la naturaleza interna ata con un vínculo en que la fascinación del alba camina erguida en la sociedad de las metáforas. ¿Cómo se expresa ahora Clementina? Oigámosla: "Desde mi sangre dos niñas me miran con ojos que se clavan en mi cuerpo vacío. Entran y están de pie como mundos completos, colgados de su luna, de su sol y su sueño. Tapándote la cara quisiera defenderte, huella leve que andas y desandas mi camino. Miedo de madre tengo —sin embargo quiero que saltes— que saltes sobre mi sangre sin volver a verme".

Está dominada por la visión maternal. Madre se siente de sus hijas, y madre de las masas desheredadas, a las que se allega con un amor fuerte, con el mismo llanto y el mismo dolor de toda "carne que se desgarra por ir venciendo". Para Clementina Suárez, ya hasta la muerte es símbolo de combate y aproximándose va a pasos lentos, a la edad histórica de los tiempos humanos. "En un palmo de sombra se prepara al olvido", y con el orgullo de saberse con ella "los que nunca estuvieron". Escuchemos este ruego: "Tampoco quiero seña, ni que una cruz me pongan, no quiero para mí nada que los pobres no tengan".

Clementina Suárez, llegando por el camino del disconformismo, a una franciscana actitud social, cumple como buena, porque su corazón lo lleva al pueblo, y si bien no se lo entrega a todos, hecho pan y hecho vino, como en la parábola cristiana, lo da en sangre, alma y música, en la emoción que ya no se desarrolla sobre la fantasía, porque en su mensaje está segura de que es la creadora del mundo.

Clementina Suárez, mujer de poca suerte, es la poetisa que entre sus manos lleva el timón de su destino. No se sabe con certeza cuándo su alma tomó por las nuevas rutas, pues el fuego le ha estado comiendo la sangre y en la poesía renace, como de cuna de bosques. Su viaje que aún no termina, un viaje acaso sin retorno, en un descender hacia su soledad, desde el exaltado romanticismo de "Corazón Sangrante", pasando por todas las estaciones de modernismo refrenado, tendencia post modernista y ubicación en las escuelas de vanguardia, hasta "Creciendo con la Hierba", poema unitario, en el que se da el fervor tumultuoso, ya aquietado en apariencia tranquila, como disonancia que, si bien apagada en el símbolo de la espina y la rosa, no por eso es menos existencia; sólo que una existencia que no tiene empeño en hacerse oír de sus coterráneos, ya que se dirige a un interlocutor más completo: a los hombres de todo el mundo, de compañera a compañero, en el "pliegue triste de su sangre".

A veces cuando Clementina habla... ¿Y cómo habla y es Clementina? Habla como si estuviese en la niebla, como si no pudiese encontrar el camino con una voz sin ganas, una voz en descenso de atmósferas de pesadillas. Clementina es baja, un poquitín entrada en carnes, sin los requilorios con que se cargan las otras mujeres. Tiene el rostro ido, sin regreso; de humo adormilado los ojos, pegándosele el alma a la cabeza, un alma de sonámbula que se encarnó en barro, y no en barro de río sino en barro de ídolo, en barro de cultura chorotega. Friolenta y en perpetuo ovillarse, con mucho de gata y poco de gacela, sus actitudes son de quien no mira hacia lo externo, de quien se mantiene sumergida en sí, como sombra de Buda, movida por un soplo incomprensible.

A veces, cuando Clementina habla uno se asusta y cree escuchar su eco. Ella es tan solo eco de la poesía, un eco entre piedras de río, húmedo, y que en sus cantos me recuerda los sueños. Recordación de lo soñado son los ocho cantos de "Creciendo con la Hierba" en los que recoge su cabeza ¿su rosa? no de sobre la almohada, sino tronchándola de lo nocturno, en presentimiento de alba de su vida despierta.

Sometida a su destino de candor "niña del aire, paloma del amanecer" ella misma se oye cantar de otra manera, no de la antigua, de la romántica, ni de la que se amarra a una moda, sino de la manera de su rostro, escuchando al aire dual, extraña, con el canto sumergido en el amor y en la muerte, ahí donde se abre paso a la inagotable voluntad de ser y donde marca la luna "en la sangre despierta, el germen creador defendido".

Clementina Suárez siente que por la sangre le pasean "ángeles rebeldes", y de punta a punta del poema, de la raíz a la copa, se está viendo la gran influencia grande y soterrada que este inesperado y encendido gesto de rebeldía tiene en su obra, en su lirismo último, en su entrevisión de contrastes y de pugna agónica, de muerte y vida, poniendo punto final a esta aventura, más del alma que de la carne, porque en ella están "llorando los brotes y detenidos los arroyos".

Porque todo esto sucede en clima de rosa, de rosa abierta y oliente donde ella ha renacido, donde renace en cada verso, transcurriendo su vida en días difíciles, bajo el dominio de lo cósmico, en cuyas zonas se define como "la que quisiera detener el canto y dejar que la muerte decorara hasta mi desnudo vientre".

Ve Clementina, transmutada en rosa, en símbolo que viene marcando desde lo más antiguo de la religiosidad, lugares de nudo trágico nunca antes vistos por ella, identificándose por completo con la rosa y su drama, en clima onírico, dándose cuenta a la vez de que es otra y pertenece a otro tiempo, a situaciones de las cuales sólo se tiene idea entre la niebla, y es cuando dice: "Es tan fácil herirme, que un pequeño ruido de cristal lo logra". Este logro agónico, este sentir que todo lo externo le rompe el equilibrio, la lleva a reconquistar la sonrisa de su primera niñez, y no obstante se mueve por entre lo agónico, seguro el paso y ardiente la decisión.

Tal maravillosa situación en la que intenta el rescate de la unidad de su conciencia, va quedando marcada con secreta dactiloscopía en su poesía, con la que se avienen fatales simpatías y antipatías, y hasta ciertos rasgos que están en contradicción con su manera de ser, explicables como supervivencia de este tiempo de pugna, en que ella misma es la pugna, y en este correr del tiempo es cuando la mujer, la mujer lastimada y hecha rosa, abriendo con grandes ojos el misterio del amor dice:

> Yo sé que no es mía
> la pauta que te voy dando
> ni es mío el luto,
> ni la sal ni la ceniza.
> Que hay una conexa ternura
> en mi dócil tallo,
> que busca en ti su equilibrio
> para encontrarse.

Para encontrarse a sí misma, equilibrada, le es necesario el hombre y le es preciso el pueblo. De pronto, como si lo sintiera por primera vez, como súbita revelación, en el enlace que es búsqueda de unidad, va ganando lo excelso, y su oscuro y desmesurado mirar comprende al hombre y al pueblo, y es ella que se mira tan profundamente, la que está en el luto, en la sal y la ceniza, condiciones de la época, y del cielo al pecho, sabe que ella y todos sus camaradas son "dueños absolutos de una verdad". Su verdad es "un sentido radiante del universo y del amor", un estar segura del tamaño de sus sueños, un agitarlos con alegría, toda madurada en frutos, "asumiendo el deber de que sólo por un camino humano se puede ser feliz".

Clementina Suárez, logra y ama su vida y la vida de los hombres volteados por urgentes ansias de ser libres. Comprendiéndolo todo "con más suave cariño", se queda desnuda, voluntaria, distinta, renacida, sintiendo que le van trepando "pueblo, pájaros y semillas", y que al insinuarse el alba, trae "despiertos ríos de mujeres que gritan" como ella, en ruego "en vida o muerte jubilosa", sabiendo que todo está dentro del círculo de su sangre.

Con su seguridad poética, su fineza, su conquistado norte y sus seguras preferencias, rompe Clementina Suárez las vislumbres románticas, se abre el viento del mundo, se consuela en servicio y vocación de lo humano, y convaleciendo de agridulce poesía, indaga verticalmente, hacia abajo, zonas aún desconocidas de su alma, y con la máxima embriaguez del poeta, en el libre vuelo del espíritu por encima de las cosas, se emancipa de toda tiranía externa en un religarse al mundo que es su modo de vivir, su manera de vida y muerte, en una apasionada búsqueda de la esencia de las cosas, de lo que en ellas está encubierto y necesita descubrirse, en la eliminación de todo lo fugitivo y precario.

CLEMENTINA: COMO UN DIAMANTE DE CIEN FACETAS *por Rubén Villeda Bermúdez*

Las exposiciones de pintura suelen presentar la obra de un artista en cierto número de cuadros. En esta oportunidad, por el contrario, se reúnen casi noventa pintores sobre un mismo tema, sobre una misma modelo, mejor aún, sobre una misma inspiración.

Hay países que en ciertas épocas han producido fenómenos semejan tes. El de una mujer que ha llegado a estremecer los ambientes del arte por su fuerza y emoción, apareciendo en conversaciones, en publicaciones, en reuniones. En Francia —el país que engendra esta Alianza— ha podido llamarse Colette o Edith. En Honduras la conocemos como Clementina y tiene acentos de leyenda.

Nuestra Clementina en sus versos afirma: "...Yo soy tres. Mi sueño, la poesía y yo…".

Los artistas, sin embargo, como un caleidoscopio la han multiplicado y esta muestra revela el polifacetismo de su personalidad, la intensidad de su vida, lo apasionado de su existencia.

Entre carboncillos, óleos, caricaturas y dibujos centellean las ilustraciones en blanco y negro de Luis Ángel Salinas, su sonrisa en 1948 a José María Vides, los escenarios fantásticos de Ricardo Miglorisi, la cabellera al viento retenida por Gelasio. Y luego, entre brumas con sus manos que tanto ofrecen como invitan, idealizada por Adriana Bonisconti.

La Clementina primaveral de pies desnudos con mirada que exclama: "...Oí que me dijeron: Pequeña: No le niegues el amor a tu cara. Solo así tu flor tendrá polen y flotará libre, goteando muchedumbres, tu cara creciendo con la hierba...".

O la Clementina veraniega, color de trópico, cuyo verso declara: "...He absorbido, he olfateado, he gritado, vivir, vivir, vivir...".

Y luego, la Clementina otoñal mirando frontalmente tras cristales, donde podría escucharse su perdón a los tibios: ". .. Yo siempre tuve pena del que no supo amarme..".

El retrato de la Clementina invernal, el cuadro de las nieves que cubren todo lo que ha sido, no ha osado imaginarlo ningún artista, pero Clementina ha querido anticiparlo en su poesía al exigir: "...No quiero que me vistan ni que me ultrajen muerta, estando conmigo los que nunca estuvieron. Compañeros sinceros, los que siempre tuve, sólo esos que se encarguen de irme a enterrar...":

La Alianza Francesa de Tegucigalpa ha deseado inaugurar su nuevo plantel con grandes galas. Esta exposición ha contribuido a ello. Extranjeros y hondureños estarán rodeados por los rostros de esta mujer, amiga de artistas e intelectuales, parte de innumerables recuerdos, pertinaz combatiente de la mediocridad, poeta de estilo vehemente y cálido que quiso darse y fundirse con lo amado... que no pudimos olvidar quienes la encontramos.

Visitante: ¡Pasa y conoce a Clementina a través de sus pintores! ¡Conoce a sus pintores a través de Clementina!

"MUNDO HISPANICO DE MADRID" RINDE HOMENAJE A UNA POETISA CENTROAMERICANA *por Carlos De Ambrois-Martins*

En su edición de Octubre de 1971, "Mundo Hispánico", (lo dirige el poeta José García Nieto), órgano del Instituto de Cultura Hispánica, —nave que gallardamente capitanea Gregorio Marañón Moyaf—, consagra en su columna a dos páginas, "Voces de Hispanoamérica, un exaltante homenaje a la gran poetisa hondureña que tanto admiramos desde siempre". Transcribimos sin tardanza esta prosa cristalina que se destaca en la alta y prestigiosa tribuna española que auspicia la redacción de "Mundo Hispánico".

Carlos Deambrosis-Martins, Clementina Suárez: Un valor de las Letras Centroamericanas—. Clementina es un nombre y una historia. Un nombre de los buenos en la poesía centroamericana, y una historia de su patria, a la que dio con Corazón sangrante, el primer libro de poemas de una mujer hondureña. Desde ésta, su primera obra poética, escrita en 1935, hasta hoy, su producción literaria ha sido continuada: Templos de fuego, De mis sábados el último, Velero, Engranajes, Creciendo con la hierba...

En su poesía, académica al principio y ahora totalmente libre, quedó impresa desde los primeros momentos de desnudez de sus sentimientos y de sus primeras emociones fuertes en la vida, abanderó las aspiraciones de la mujer en la total libertad de expresión y fue la independencia de sus actos, norma de su vida, de su canto en sus versos.

Ha ido sintiendo siempre las inquietudes de su época y ha sido también una voz del inconformismo social: "Es crimen el hablar de estrellas, cuando hay que limar cadenas". Aunque Clementina no pinta, ni graba, ni esculpe, sus afanes por las artes plásticas y su vocación por todas estas manifestaciones artísticas, la han llevado siempre a reunir en su casa cuadros, esculturas, grabados y muestras artísticas, dándose en ella cita las más señaladas de las artes. Su Rancho del Artista ha sido siempre una Galería de Arte, un salón de Conferencias y charlas y un ateneo del verso.

Por eso, en su historia fecunda aparece creando en San Salvador (donde residió más tiempo) "El Rancho del Artista", como lugar de Exposición Permanente y sala cultural de los Valores Centroamericanos. Ella fundó también en Honduras la primera galería de arte, "Morazánica". Posee una de las colecciones más valiosas de la pintura en Centroamérica y está haciendo en la capital salvadoreña un Museo de Arte, donde se encontrará desde un antiguo ídolo maya, hasta el más antiguo retablo. Valores poéticos en la época actual. Escritora de periódicos y revistas, poetisa consagrada. Premio Nacional de Literatura en Honduras y autora de una decena de libros, su vida es asimismo un andar por países de América para gustar el sentir de los pueblos y la belleza de los países.

La poetisa doña Clementina Suárez nace en una Casa rica, en el fértil valle hondureño de Juticalpa, Departamento de Olancho, pero pronto aprendió a ir y venir por los caminos de América. Residió un tiempo en México, luego en Guatemala, una temporada después, la más duradera, en su Honduras natal, y más tarde marcha a Nicaragua. Desde hace mucho quería venir a Europa y ahora ha estado entre nosotros, invitada a visitar distintos países.

De Clementina Suárez son estas palabras: "La poesía es la única auténtica expresión de todo mi ser; además me ha servido para revelarme, para dar mi limpio testimonio de la época que estoy viviendo y para tener un mundo interior, que constituye mi mayor fortaleza".

"Cada día el poeta encuentra nuevas formas de expresión. El lenguaje poético de nada sirve si no tiene nada que decir. La poesía es magia que puede huir si no se utiliza. Creo que mi poesía se ha humanizado cada día más, y siendo como propio el drama de mi pueblo, de los pueblos".

"No creo en generaciones de ningún año; creo en valores esporádicos de cualquier tiempo. Su actuación y el tiempo mismo dirán si sobrevivirán después de los cincuenta años".

Clementina Suárez, la gran andariega lírica, sobrevivirá en su poesía sangrante de humanidad —como su corazón—, porque ELLA encarna las ricas y recónditas esencias del alma centroamericana de todos los tiempos.

EL MUNDO POETICO DE CLEMENTINA SUÁREZ

por Alberto Baeza Flores

"La poesía es la única auténtica expresión de todo mi ser; además me ha servido para revelarme, para dar mi limpio testimonio de la época que estoy viviendo. Para tener un mundo interior que constituye mi mayor fortaleza", confesó Clementina Suárez al poeta Roberto Sosa.

Agregó algo que convendría retener en este umbral, porque define y fija una vocación llena de autenticidad: "La poesía es una magia que puede huir si no se utiliza. Creo que mi poesía se ha humanizado cada día más y siento como propio el drama de mi pueblo, de los pueblos".

Debo a mi amigo el poeta Óscar Acosta —que un día será premio Nacional de Literatura en Honduras— el fervor inicial para penetrar en el mundo de Clementina Suárez. De Óscar Acosta recibí la muy completa y acompañadora antología de Clementina "El Poeta y sus señales", hermoso título definidor y decidor y hermosa edición de la Universidad Autónoma de Honduras, de su Departamento de Extensión, que con este libro y otros acredita y señala una ejemplar labor paralela de la Universidad de hoy hacia mañana; alimento, aliento y perseveración de la literatura creadora, útil a la vida y al arte útil a la sociedad y a nuestro tiempo.

Tanto el libro antológico sobre Clementina Suárez como el libro de homenaje y recuento —donde palabra y arte, ensayo y entrevista, semblanza y perspectiva se dan cita, se completan y complementan la imagen de Clementina Suárez— resultan dos libros simbólicos y, sin duda, ejemplares. Ahora me acompaña ambos, en Costa Rica, y me sirven para estas notas.

SIGNIFICADO, ÁMBITO Y DESTINO

¿Qué representa esta poesía de Clementina Suárez en el escenario de la lírica hondureña? ¿Que aporte ofrece a la poesía centroamericana?

Por razones generacionales, Clementina Suárez no aparece en la excelente "Antología de la nueva poesía hondureña" de Óscar Acosta y Roberto Sosa, Tegucigalpa, Honduras 1967, pues en la antología de

Acosta y Sosa los poetas "'de más edad'" son los nacidos en la inmediata post primera gran guerra, mundial (Jorge Federico Travieso, Jaime Fontana, Antonio José Rivas, Óscar Castañeda Batres, que van de 1920 a 1925; los que siguen Felipe Elvir Rojas, Héctor Bermúdez Milla, David Moya Posas, Justiniano Vásquez, Pompeyo del Valle, son poetas nacidos de 1927 a 1929.

Con todo, y con no aparecer en la antología de Acosta y Sosa, por las razones de pertenecer Clementina a una generación anterior, como ya pintaba, me parece que la poesía de Clementina Suárez es un antecedente de algunos tonos y temas de la nueva poesía hondureña, especialmente en sus aspectos sociales, epocales, terruñeros, amorosos, comprometidos.

Digamos que esta mujer es de errancias, que es un peregrino, pero de creadoras y acompañadoras ausencias, pues en todo el país al que llega —y todo país es país hermano— reúne, crea, un núcleo amigo y afín, y descubre siempre poesía y arte y paisaje, folklore y humanidad, correspondencia y destino.

En esta forma Clementina Suárez empieza por ampliar el ámbito, el lar hondureño y buscarle y encontrarle afinidades y correspondencias, ángulos y perspectivas. Sus residencias en las Antillas, su deambular centroamericano, sus relaciones con México y en México, hacen que Clementina Suárez lleve a Honduras consigo y encuentre para Honduras una nueva mirada que le es otorgada por la visión, entrañable siempre, desde más lejos que, paradójicamente, contribuye a acercarle a Honduras —y a acercarla—.

Al conjunto de la poesía centroamericana aporta una voz muy auténticamente lírica y largamente apasionada.

MÁS ALLÁ DEL ROSTRO

¿Qué es esta mujer melancólica, dulcemente lejana y melancólica, pintada por Francisco Zúñiga en Costa Rica, con unos tintes rosa-tenues y un delicado color de la tierra morena y poética que le da un cierto aire de criatura de murales del ensueño?

¿Qué representa esta otra Clementina Suárez —que también es ella— en esa visión apocalíptica o como de regreso de Sodoma y

Gomorra, pintada como con sal, cal y llamas, por Luis Ángel Salinas de El Salvador?

También hay otra Clementina Suárez que viene a ser esa entrevistada tras la lluvia que se hace dolor y se hace luz quebrada, fina, difuminada, ensoñada, remota y próxima a la vez en el retrato del hondureño, Juan Ramón Laínez. Mi amigo el pintor Mario Castillo, en Tegucigalpa, la vio con cierto aire ingenuo, candoroso, ávido, expectante —siempre en espera de una nueva ternura, de un nuevo deseo, de un nuevo destino—.

Gelasio Jiménez la pintó en La Habana con esos rostros a los que el dolor alarga e ilumina y que uno encuentra de pronto, en algunas pinturas de Bernard Buffet.

El Maestro costarricense Francisco Amighetti descubrió o redescubrió —en tonos rosas pálidos— a una Clementina Suárez triste, ingenua, tierna, con la melancolía de las niñas en un domingo de soledad provinciana. Juan Ramón Laínez, le dibujó, en La Habana, torturada; Aníbal Cruz, en Honduras, la pintó encendida, patética y un poco entre el fuego y la piedra; Miguel Ángel Ruiz la miró —y la pintó doliente— remota en su dolor, porque el dolor es siempre antiguo. En el óleo de Fernández Leal, en México, hay una Clementina Suárez, levemente risueña —y siempre niña—.

¿Le sonreía al dolor? ¿Le sonreía a las penas del mundo? ¿Le sonríe a lo inesperado y a lo presentido? La cabeza se inclina, con cierta dulzura, hacia un país poético.

Hay, naturalmente otras Clementinas Suárez: la que nos da Carlos Garay, en Honduras, y que me parece que es una Clementina que viene a ser hermana de la tierra más pura. Pudiera continuar con estos rostros. Si me he detenido, largamente, en estas Clementina Suárez, vistas, sentidas, vividas por diversos artistas, en distintos países, es porque detrás de esos rostros están los territorios poéticos de Clementina Suárez y, porque el conjunto de estas impresiones pictóricas nos dan el conjunto de las impresiones poéticas. Más allá, más atrás del rostro, está la poesía. Al rostro de Clementina Suárez se asoma también la poesía, del modo como León Bloy quería que el poeta, el creador literario, llevara sus libros; escritos también, en su cara.

NOTAS DEL LECTOR

Hay una primera impresión que me llega de la primera lectura de Clementina Suárez y que va quedando a flor de piel y, luego, se ahonda, se profundiza: el patetismo que está patente, por ejemplo, en poemas como: "Ahora es que he crecido madre".

Este patetismo no disimula, no encubre, cierta desesperación interior que se hace ternura y misterio a la vez —misterio de una ternura, acaso—.

Una segunda impresión se me aparece cada vez más nítida: la soledad. La soledad está unida al dolor en la poesía de Clementina Suárez. La soledad está ligada también, en esta poesía, a otros temas o subtemas: el tiempo, la existencia, la muerte.

Un tercer elemento aflora, casi paralelamente a los anteriores o como uno de los afluentes al río principal de esta poesía: es un don de una sinceridad que todo lo arrastra, que todo lo inunda y que no se inquieta si se excede, porque el canto, el ay, el gemido, son una onda hacia la eternidad, trascienden la poesía de Clementina Suárez. A veces se da la nana con llanto y esto abre un nuevo círculo lírico en esta poesía: la ternura hacia los niños.

El sentido maternal toca, en la poesía de Clementina Suárez, una gracia universal.

Advierto algunos otros temas y tonos, y, además aspectos subrayados o acentuados en esta poesía: su fe en futuro como liberación y por encima —más allá o a pesar— de los dolores, las tragedias individuales y colectivas; el empeño de luchar contra los prejuicios que, como lianas o brazos de pulpos intentan atar el destino de la criatura que se enfrenta al ambiente para mejorarlo —Clementina Suárez desafía a estos prejuicios disminuidores y pasa del otro lado, a la otra orilla—: hay una evidente y constante pasión vestida y desvestida, una y otra vez, en esta poesía, —esta pasión, es voz, sello y autenticidad—; está lo apasionado, superior, —en los poemas de amor— tanto la búsqueda como el encuentro.

Anotemos que lo que pudiera ser excesivo en esta poesía-, el arrastre de un lenguaje que obliga a Clementina a excelerse, a veces, en la cuota o el pago con que ella obtiene ciertas conquistas de temas y de imágenes en esa efusión amorosa apasionada que señala algunas zonas, muy ricas, de su poesía. Digamos, finalmente, que su exilio voluntario le da —como apuntábamos al inicio, y queremos ahora reiterarlo al final de estas notas— una perspectiva. La combatiente, la rebelde, la inconforme, la amorosa, la tierna, la desesperada, obtienen de esta "lejanía" geográfica, una "proximidad" entrañable. La distancia borra barreras y hace penetrar mejor en lo esencial. Hay una afirmación que está en uno de los poemas finales de la antología ("El poeta y sus señales"), y debiera traer aquí como llave que abre puertas hacia un destino inmediato de la actitud creadora: "Una palabra es suficiente para amar la esperanza".

Esta poesía, rica, en sus variedades y temas, es también una poesía de esperanza y futuro. Y con sus versos saluda también a una generación más tarde. ¿Qué mejor destino para una voz poética como la de Clementina Suárez?

DOS OLANCHANOS MUNDIALES *por Manuel José Arce*

¡Mirá quién viene allí! —me dijo Rafael Murillo, cuando íbamos por una de esas calles de Tegucigalpa. Frente a nosotros, con unos años más encima, bajo el ala de sobrio chambergo, el gesto adusto y la mirada relampagueante, caminaba con cierta lentitud, el hombre. Tuve que hacer retroceder mi memoria casi veinte años para reconocerlo. Sí. Era él, el poeta, el escritor y el hombre ejemplar.

"CINCO ANOS ME ESPERASTE, DULCE VICTORIA LOPEZ. CINCO AÑOS AMOROSOS, LA BARBILLA EN LA MANO...", recité a manera de saludo.

Medardo Mejía se detuvo y se me quedó viendo de arriba a abajo. Frunció los ojos y trató de recordarme a través de sus anteojos y de mis barbas. Pero no lo logró. Rafael entonces acudió a su ayuda y me presentó.

—¡Claro, hombre, Guatemala!

Gratos recuerdos hicimos entonces de aquellos años y de aquellos días. De cuando estábamos en '"tierras de Darío y en honras de Neruda". De golpe se vinieron a mi memoria la casa de Matilde Elena López en la zona 5. La voz de Medardo Mejía que encendía poemas en el aire. Su nostalgia de exiliado. ¡Su invariable verticalidad de Apóstol!

¡Veinte años!

Medardo está enfermo. Así nos lo cuenta. Así nos lo dice con su paso lento. Se ha tenido que aislar un tanto en Tegucigalpa. Sale poco. Recibe a poca gente. Pero en cambio trabaja sin conceder treguas a la fatiga. Numerosos libros suyos aguardan turno frente a las prensas editoriales: Estudio sobre la historia, sobre las leyes, sobre la vida de su país.

La juventud hondureña lo ve como un ejemplo. Su visión es siempre clara y objetiva. Su palabra es siempre directa. Su postura es siempre vertical, insobornable. El juicio certero es norte firme en esta hora de confusiones.

—Nuestros pueblos son uno, que ha sido dividido y azuzado en el odio por los intereses imperialistas —su voz tiene trémolos de indignación—. Pero csc mismo pueblo centroamericano ha abierto ya

363

los ojos y no se dejará engañar; y distingo un relámpago de profecía, detrás de sus anteojos.

Ha sido un encuentro casual, en una calle. Quisiéramos prolongar la coversación. Pero, no nos queda más remedio que dejarla para una fecha hipotética. Tras un abrazo de despedida y muy gratos recuerdos de Guatemala, nos alejamos con la hermosa sensación de haber estrechado en aquella mano, una recia verdad, palpitante y vital.

A la mañana siguiente de nuestro arribo a Tegus —como dicen los catrachos en querendón diminutivo de su ciudad— el teléfono nos hace pegar un salto en la cama.

Despertamos con una voz que reconocemos de inmediato. Y más que la voz el trato cariñoso: Clementina. La divina Clemen. La fabulosa Clementina Suárez.

Varias vueltas le ha dado al mundo Clementina con su poesía vital como la casa del caracol. Vida tremante, en llamas. "Bucanera árida de humanidad", como la llamó Pepe Hernández Cobos.

Alta voz de poeta, a Clementina le tocó empezar a florecer cuando Centroamérica federal, solo permitía caminos de aguja y cocina para la mujer. Ese dique fue acicate para su rebeldía. Cada gesto suyo de antaño tuvo sabor de terremoto. Y creció. Creció más allá de los límites de Honduras. Las pinadas que podrían reventar de oxígeno los pulmones de cualquiera, fueron cárcel estrecha para su espíritu. Viajó mucho. Vivió en muchas latitudes. Adquirió el vicio de peregrinar. A medida que sus pasos la llevaban, su dimensión de poeta crecía, su canto se alzaba más y más, desde el humus íntimo de su esencia humana, hasta el solidario eco de su fragmento de humanidad integrado a la Humanidad.

Y en donde Clementina se detenía se formaba una atmósfera especial. De inmediato se conglomeraba en tomo suyo los artistas. La poesía hervía a su derredor. Los pintores la buscaban.

Gran creadora de poesía. Clementina ha sido además la gran divulgadora de la plástica centroamericana de varias épocas. En donde ella esté habrá siempre una numerosa pinacoteca que estará a la vista de todo el mundo, diciendo el color y el trabajo de nuestras comarcas.

Su Rancho del Artista ha cambiado varias veces su ubicación pero jamás su carácter.

Mientras sorbemos el café por gotas, Clementina nos acompaña y conversamos a la ligera. Blanca y Miguel Ángel Asturias (en cuya casa de París he estado recientemente) son el motivo de la charla. Anécdotas alegres, recuerdos gratos. De pronto, Clementina se pone seria; está tomando una determinación:

—Me voy a Guatemala —decide.

Ya la impaciencia le venía hormigueando desde hace tiempo. Quería irse a El Salvador —tierra en donde dejó sembrados amor y vida— pero la frontera está cerrada para ella también.

¡La frontera de El Salvador cerrada para Clementina Suárez!

¡Y se desgrana una lluvia de recuerdos amables de Guatemala!

Y es que Clementina padece de una grave enfermedad: Nostalgia. Nostalgia de todas las regiones del planeta donde ha dejado sus días, con esa manera de vivir tan suya, en entrega absoluta, sin reserva alguna. Ha dejado hondos afectos en todas partes. Siente nostalgia. Padece de nostalgia.

Y lo más seguro, es que, en agosto, Clementina, su canto, sus cuadros, su incendio, estarán en Guatemala. Desde ahora le digo: BIENVENIDA.

LOS OCHENTA ROSTROS DE CLEMENTINA
SUÁREZ *por María Guadalupe Carías*

Más de 80 cuadros integran la colección de retratos de Clementina Suárez... y serán un centenar antes de que termine su jornada de vida, asegura la discutida poeta, Premio Nacional de Literatura Ramón Rosa 1970, quien además de haber enriquecido el mundo intelectual hondureño con el aporte de su vigorosa presencia, ha sido protectora, modelo e inspiración de artistas.

Pintores de todas las latitudes —centro y sudamericanos, mexicanos, antillanos y europeos —que ella fue conociendo en su peregrinaje lejos de la Patria, (ha residido en México, Guatemala, San Salvador, Panamá y Nueva York y ha viajado a Cuba repetidas veces, por Europa Occidental y por los países del bloque socialista, particularmente la Unión Soviética y la República Popular China)— desde que captaron en ella esa fe inquebrantable en los valores del arte sintieron el deseo de pintarla, transmitiendo al lienzo, cada cual según su inspiración, alguna faceta de su tan singular personalidad.

La colección de retratos de Clementina Suárez es valiosa, tanto por la calidad superior de los artistas que firman los cuadros, como por la trascendencia en el mundo literario y social centroamericano de esta mujer tan admirada como aborrecida, liberada en una época en que eso significaba ser valiente a toda prueba, capaz de brindar amistad verdadera —refugio en una sociedad mezquina— a tantos hombres de talento: Medardo Mejía, Marcos Carías Reyes, Alfonso Guillén Zelaya, Arturo Martínez Galindo, Julián López Pineda, entre otros, y Pablo Zelaya Sierra, el malogrado pintor que vino a Honduras a morir de tristeza ante el panorama desolador de las luchas fratricidas y la esterilidad artística. Muchas de las obras de Pablo Zelaya Sierra (algunas lamentablemente extraviadas) forman parte de la colección privada de Clementina, quien las conserva como un tesoro inapreciable.

—Todos los pintores de valía que han pasado por mi casa han coincidido en decir que este es un bello cuadro de Pablo.

Clementina ilustra sus palabras mostrando la pintura de una mujer con un niño en brazos y una casita al fondo, en la que llama la atención la simplicidad y la pureza de líneas y colores.

—Con Pablo aprendí a amar las artes plásticas. No sé por qué yo misma nunca tomé el pincel. No, no soy yo la modelo de ese cuadro pero como él pasaba metido en mi casa haciéndome dibujos, yo aprendí a posar. Más tarde en México fui modelo de muchos pintores. Llegué hasta los talleres de los grandes muralistas, Diego Rivera, Sequeiros...

Desde hace algunos años Clementina Suárez reside de nuevo en Honduras, por segunda vez en ese tan "Tegucigalpista" barrio de La Hoya, en una vieja casa que ella remodeló para vivir e instalar su galería de arte "CLEMENTINA SUÁREZ".

Prácticamente todas las paredes de su casa están cubiertas con los retratos de su colección. Retratos hechos por Fernando Leal, González Camarena, Dante Lazzaroni, Buchard, Guardiola, Paredes, Karpes...

Maternal, sensual, serena, abatida, Clementina con todas las frutas del trópico sobre su cabeza o sofisticada con su boca muy pintada, como la vio Portell Vilá; para Aníbal fue una guerrillera, mientras Gelasio la pensó santificada sobre un fondo de vitrales o coqueta frente a un espejo. Salinas la prefirió entre llamas, en el infierno.

Muy juvenil, casi una adolescente, la pintó el paraguayo Ricardo Miglorissi. El mexicano Alvarenga, la imaginó en una especie de suplicio, con las piernas cortadas y colgadas de un madero sobre su cabeza.

Su dormitorio lo preside, irreverente, un cuadro que bajo el título de "CLEMENTINA A LOS 90 ANOS REENCARNADA EN LA VIRGEN DE SUYAPA", pintara Julio Visquerra, residente en Barcelona, España y que contrasta con uno de Clementina niña, regordeta, leyendo con un sombrerito ridículo sobre su cabeza, obra del francés Ginés Parra y que es uno de los favoritos de la poeta.

Hay unos magníficos retratos de Clementina en plena juventud, en pose de gran dama, obra del pintor y escultor mexicano Francisco Zúñiga, unos dibujos coloreados del costarricense Francisco Amighetti y varios al carbón del salvadoreño José Mejía Vides, con quien Clementina estuvo casada cinco años.

Sobre un pequeño escritorio antiguo, que Clementina vino cargando desde Nicaragua, hay varias caricaturas y dibujos pequeños, hechos por Raviber, el cubano Carlos Enríquez y el ex-Embajador de Chile en Honduras, Rodolfo Moreno.

Mario Castillo pintó una Clementina de rostro afable y Juan Ramón Laínez hizo de ella un retrato formalista interpretativo en materiales mixtos. Alejo Lara la prefirió casi negroide, con peinado afro; Rendón, con faz indígena, Ruiz Matute captó su peculiar manera de sentarse, con los pies descalzos. Uno de los primeros hondureños en dibujarla fue Manuel López Callejas.

Fantasmagórica, con la faz amarillenta, la pintaron las argentina Ester Mazzarini, en tono rojo, y Dulce Alza, en azul oscuro. La sobrina del gran Siqueiros, Electa Arenal, que muriera muy joven en un accidente, pintó un bonito retrato de Clementina sentada en el suelo en pose autóctona. Uno de los últimos cuadros que ha venido a enriquecer la colección es el realizado recientemente por la pintora italiana Adriana Bonisconti, esposa del actual Embajador de Italia en Honduras, un buen retrato realista en tonos pasteles en el que destacan unas manos muy expresivas.

Y es que Clementina Suárez ha evidenciado a lo largo de toda su vida una preocupación constante por proteger y animar a los artistas y por fomentar las artes plásticas.

Tuvo el gran valor de abrir la primera galería de arte en Tegucigalpa, bajo el nombre de "Galería Morazánica", cuando en Honduras a nadie se le ocurría invertir un centavo en nada relacionado con el arte cuando pintores como Benigno Gómez trataban de sobrevivir vendiendo sus cuadros por quince lempiras; por un Velásquez se ofrecía, si acaso, 25, y empezaban a surgir talentos jóvenes —Ruiz Matute y Moisés Becerra, entre ellos— que tuvieron que emigrar permanentemente.

Después de dos años la galería cerró sus puertas y la promotora se perdió todo el dinero que había invertido. Se fue a San Salvador y allá abrió la galería "EL RANCHO DEL ARTISTA", con mucho mayor éxito.

Tuvo la "Galería Centroamericana" en México y con el mismo nombre en Guatemala. Ha organizado infinidad de exposiciones y aún se mantiene activa en ese sentido, siempre elaborando planes, buscando apoyo, sin dejarse vencer jamás. Conocida es la tragedia de sus cuadros algunos de incalculable valor, perdidos o robados a raíz de la confrontación bélica de 1969. Afortunadamente, la situación del arte en Honduras ha mejorado hasta cierto punto. La galería de arte se sostiene aunque, en gran medida, gracias al mayor porcentaje de ciudadanos extranjeros que aquí residen o visitan Tegucigalpa. El hondureño medio sigue siendo reacio a "gastar en obras de arte.

Álvaro Canales, el pintor muralista hondureño radicado en México y de paso por Tegucigalpa, hizo, por el momento, el último aporte a la colección de retratos de Clementina Suárez. La de Canales es una Clementina sin fantasías, tal y como ella es hoy, con su rostro maduro y de mirada grave, sobre un fondo en el que se ven sus creaciones literarias, como resumiendo la trayectoria de una persona que, además de haber desarrollado una obra poética de méritos indiscutibles, ha sabido encontrar el tiempo, la energía y la devoción necesarios para promover el arte allí por donde ha pasado, siempre con su Patria en mente , construida en su interior, como dice en uno de sus poemas. El excelente retrato de Álvaro Canales viene a significar la evocación, el resumen de toda esa rica, polémica y valiente vida.

CLEMENTINA Y SU MENSAJE *por Miguel Ángel Asturias*

Desde cuando apareciera como extraída del fuego, en nuestra Guatemala, del brazo de Alberto Velásquez, y Carlos Wyld Ospina, quién al presentarle en un auditorio de la intelectualidad más destacada dijera: "No se trata de una poetisa, Clementina es todo un poeta".

Luego unieron nuestros días en México donde la vimos revelarse con nuevas y audaces afirmaciones que cambiaron su panorama mental, ideológico y artístico. Su voz apasionada tremolaba en la esperanza y la lucha, sumergida en la reverberación de los símbolos. Porque Clementina es su poesía, tiene instantes de revelaciones y de hallazgos que corresponden un poco a nuestro pasado indígena.

Todo un gran temperamento, ubicado en el meridiano actual del mundo y del tiempo.

En Clementina su vida y su obra son la misma cosa, no pueden separarse, y mucho menos dividirse, auténtica, sincera, honesta: sabe exactamente de qué lado está la justicia y sin interpretaciones dispares nos entrega con vehemencia su mensaje.

ENTREVISTA A CLEMENTINA SUAREZ EN
MADRID *por Alberto García Marder*

MADRID, Agosto de 1971—. Ha llegado a España Clementina Suárez, la mejor representante femenina de la poesía hondureña. Viene de paso a París donde irá invitada por el gobierno Francés, y luego se trasladará a Israel, a aceptar otra invitación.

Las invitaciones las ha logrado a través de Miguel Ángel Asturias, el mismo que dijera de ella: "Clementina jamás será una poetisa, es todo un poeta". Pero, con o sin la recomendación del Premio Nóbel guatemalteco, la figura de Clementina Suárez se yergue bastante alta por sí sola, y su obra no es desconocida por buena parte de los críticos literarios españoles.

Chiquita, menuda, casi indefensa, esta mujer de 65 años, ha venido lidiando en aduanas, trenes y aviones con una enorme caja llena de libros que trae desde Tegucigalpa.

Son ejemplares de sus dos últimos libros editados por la Universidad de Honduras que ella quiere distribuir y dar a conocer entre los críticos franceses y españoles.

No conocíamos a Clementina Suárez, aunque habíamos oído hablar de ella, ¿y quién no? Por eso envidiamos a Ramón Oquelí, Filadelfo Suazo, Óscar Acosta y Francisco Salvador; y otros tantos que han gozado de la amistad de esta fantástica mujer y que la han descrito en magníficos artículos. Que han sabido desmitificar y comprender a Clementina Suárez, toda una leyenda en Honduras.

Nos la presenta Miguel Ángel Ruiz Matute, el pintor hondureño afincado en Madrid y conocido de ella desde los años cuarenta en México. Nos explica Clementina su amistad con Asturias y cuando ella lo invitó a dar unos recitales en Tegucigalpa siendo entonces embajador de Guatemala en El Salvador.

Le preguntamos su opinión sobre el reciente revuelo provocado por las supuestas acusaciones de Asturias contra Gabriel García Márquez de haber plagiado éste último su "Cien Años de Soledad'" de "La Búsqueda de lo Absoluto".

—Miguel Ángel es incapaz de haber acusado de plagio a García Márquez. Sus declaraciones habrán sido mal interpretadas. Lo que pasa es que en esos dos libros citados existe un basamento, una raíz, que es la misma. Esta misma similitud había sido ya mencionada en la revista "ARIEL" de Tegucigalpa.

Sobre su recién otorgado premio de Literatura de Honduras y al preguntársele si éste no se le ha concedido demasiado tarde, nos dice: "Es posible que sea un poco tarde, pero me lo merezco y lo he mantenido con la más alta dignidad".

Nos anuncia que al regresar de este viaje a Europa establecerá su residencia en Guatemala ("'Me voy, para regresar de nuevo'"). Saldrá una vez más de Honduras, como tantas otras en que esta Olanchana agarró sus maletas y cuadros y se fue a México, Cuba, o algún otro país centroamericano.

—Me encanta vivir en Honduras, pero el ambiente cultural es demasiado estrecho. Nunca me he sentido amplia para vivir sin apremios. Creo que en Guatemala hay un mejor ambiente y mercado para la galería de arte que pienso montar allí.

Clementina ha sido por varios años un "marchand" para los pintores centroamericanos. Tiene además una valiosa colección particular compuesta exclusivamente de retratos hechos a ella por los más importantes pintores centroamericanos, mexicanos y cubanos. La Universidad de Honduras tuvo el acierto de incluir estos cuadros en las ilustraciones de color que acompañan el libro "CLEMENTINA SUAREZ", que editó.

La colección refleja bien las etapas de la turbulenta vida de esta mujer poeta, mejor reconocida en otros países centroamericanos que en su propia patria. Retratos de Ruiz Matute y Diego Rivera en los tiempos de México, románticos del salvadoreño José Mejía Vides (su segundo esposo), modernos y atrevidos del cubano Gelasio Giménez, realistas y sobrios del costarricense Francisco Zúñiga, y de los hondureños Aníbal Cruz, Mario Castillo y Juan Ramón Laínez, entre otros.

—No sé qué voy a hacer con esta colección, creo que finalmente la donaré a algún museo.

—¿Por qué la han pintado tanto?

—Mis mejores amigos han sido siempre pintores. He estado metida en estudios, y de tanto verme allí, me han pedido que sea su modelo.

Nos cuenta que una vez tuvo que pelearse a puñetazo limpio con un admirador pintor cubano que no quería darle después el retrato a pesar de haberlo prometido. Era éste de medio cuerpo desnudo, pero aparentemente quedó tan bien que el pintor luego no quería deshacerse de él. La contienda terminó después amablemente y Clementina se salió con la suya, el cuadro.

Sabe que irremediablemente vamos a sacar a relucir el tema de su manera de vivir, y no se inmuta en lo más mínimo cuando habla de ello. ¿Y por qué se inmutaría esta mujer valiente con la piel ya dura por las alegrías y dolores de los años? No escribimos nada nuevo sobre Clementina Suárez, no necesita, como bien escribe Francisco Salvador, que la elogien ni la defiendan. Y las críticas nunca han hecho mella en este torofuego de mujer.

—Tuve la dicha de ser criada por un padre comprensivo que me enseñó a ser libre. En mi vida no he tenido cortapisas, he vivido con desenfado total. Siempre he producido escándalo por mi forma de ser completamente libre de prejuicios. Nunca me ha importado lo que opina la gente, cosa que me ha permitido sentirme libre. Ahora bien, nunca he confundido el libertinaje con la libertad.

—Clementina Suárez es un mito en Honduras, la gente siempre ha hablado, pero es usted la que siempre se ha reído de ellos… ¿O la han molestado las críticas?

—En lo más mínimo. La gente nunca me entendió, la llena de prejuicios. Pero yo he vivido a mi manera mi vida, y he sido feliz en ese aspecto. Para mí el sexo ha sido una cosa maravillosa y considero que el amor puede ser auténtico dentro o fuera del matrimonio. Todo depende de la actitud de las personas. Lo esencial es la comunicación espiritual. Al amor nunca le he pedido condiciones, he querido a un hombre entregándome totalmente y me he retirado dignamente sin ofender.

—¿La han llamado alguna vez la Isadora Duncan de Honduras?

—Muchas veces, y tantas otras cosas.

—Y las leyendas...

—Miles que me han inventado. Por cierta época se decía en Tegucigalpa que yo tomaba el sol desnuda en la terraza, cuando mi casa no tenía terraza. Otra vez era un diputado que insistí que le enseñara un cuadro que según él aparecía yo desnuda. Otra leyenda que se inventó fue que yo era la autora del poema "El sueño de una virgen'". Cosa falsa, ya que jamás he escrito una cosa que no se publicara y que no llevara mi nombre.

—¿Las mujeres, tiene muchas amigas entre ellas?

—No. Siempre han sido mis mayores enemigas, porque mantienen su posición dentro del sistema de prejuicios en que están enclavadas y del que no pueden salir. Les falta valor, pero muchas hubieran querido hacer algo de lo que yo he hecho en toda mi vida.

En la contraportada del libro "Clementina Suárez'" se ha publicado una pequeña biografía de esta poeta (¡Válgame Dios llamarla poetisa!) en la que se escribe en pocas palabras parte de su agitada vida.

"Es una madre soltera, tiene dos hijas, Alba y Silvia. Contrajo matrimonio con el poeta Guillermo Bustillo Reina, hondureño, y posteriormente con el pintor salvadoreño José Mejía Vides, divorciándose de los dos, únicamente porque le interrumpían su carrera, y en su forma de pensar y vivir".

Tiene publicado Clementina Suárez, ocho libros de poemas, entre "Corazón Sangrante" (el primer poemario de una mujer hondureña) hasta el último "Creciendo con la hierba'". Carlos Wyld Ospina escribió: "Cuando Clementina Suárez me leyó su poema le dije: ´Podrías echar al fuego tu obra anterior sin pesadumbre alguna, porque, desde hoy y para siempre te bastará con haber escrito esos versos´".

"Clementina Suárez es la muchacha más loca, más buena y más lírica de Honduras", según el guatemalteco José Rodríguez Cerna. Mientras que Alfonso Gravioto dijo de ella una frase célebre: "No conoce el pudor, porque ignora, qué es pecado".

Y para Hernán Robleto "el atrevimiento de Clementina jamás podrá calificarse como perversidad'".

CLEMENTINA SUÁREZ PRIMERA POETISA DE HONDURAS *por Magda Argentina Erazo*

Clementina Suárez, definitivamente ha sido y es la primera poetisa de Honduras.

Sin la modestia de quién no tiene por qué serlo, ella misma ratifica el criterio de tantísimos escritores hondureños y del mundo que se han ocupado de su profuso trabajo literario. Y, afirma: "No me considero poetisa, no soy ni cursi ni sentimental, ni hago versos de amor de esos que se hacen solo cuando una se enamora, trabajo con profesionalismo y por vocación auténtica. Amo la poesía, mi poesía, al grado que he dejado todo por ella".

Y en efecto, la duda no cabe en sus palabras.

Se podría expresar que Clementina Suárez es una mujer de siete décadas nunca se ha atado a nada ni a nadie… ni aún a sus dos hijas.

Madre soltera, ha vivido liberada "porque yo nací así".

No cree ni en familiares, ni en deberes, ni en obstáculos; en nada que la pueda ligar. Y vive sola.

Nos parece que solo para su poesía (que no es para ella una atadura), pues está en su elemento, dentro del cual se ha sentido y ha sido absolutamente libre. A través de sus poemas lo ha demostrado, expresándose en todos los sentidos y sobre todos los temas, aún sobre aquellos que la sociedad repudia públicamente y que la mujer de Honduras jamás se ha atrevido a enfocar con la valentía, el arrojo y con la seriedad de la poetisa Clementina Suárez.

Premio Nacional de Literatura tiene publicados ocho libros de prosa y verso. Su obra se ha difundido por el mundo con traducciones al alemán, ruso, francés. En España, sus poemas tienen amplia divulgación y aceptación.

Pablo Neruda y Miguel Ángel Asturias —entre muchos— se refirieron a su obra literaria. Su rostro (aunque nunca se la ha considerado una mujer bella físicamente), ha sido pintado por más de cien artistas en más de cien lienzos, artistas de renombre, tanto en Honduras como de diferentes países.

Actualmente mantiene una galería de arte en Tegucigalpa, capital del país, con obras de diferentes artistas de América. Está preparando una exposición de grabado para el Museo de Arte Moderno de Cali,

Colombia y una exposición de pintura en la sede de la Organización de Estados Americanos (OEA). Está empeñada en organizar el Museo de Arte Moderno de Honduras.

Clementina Suárez vive sola. Pero no se siente sola, "porque cuando hay riqueza interior, no puede haber soledad".

SE VA DEFINITIVAMENTE DE HONDURAS
CLEMENTINA SUAREZ *por Filadelfo Suazo*

Clementina toma el pulso espiritual de las gentes por la palma de sus manos. No es una poetisa, es un ejército de poetas. Exquisitez poética ante un sórdido enjambre de escasa cultura. Inútil regreso en 1959. Plaza digna de una maestrita de aldea para una mujer de estatura continental. Clementina Suárez es plagiadora. Es despiadada para decir las verdades. Treinta y cinco años de ejercicio poético sin un solo reconocimiento o exaltación de parte de nuestros gobiernos. ¿Qué beca o premio le han dado a Clementina en Honduras? Va ahora a la fundación de la Casa del Artista en San Salvador. El Coronel Julio Adalberto Rivera y el Presidente Schick le patrocinan actividades. Núñez Arrué, como siempre, se mantiene como permanente mecenas de la extraordinaria poetisa olanchana.

Otra vez Clementina Suárez ese excelso valor de la poesía centroamericana ha llegado a Tegucigalpa. Viene con su invariable sonrisa y sus blancos pies que han pisado diversos caminos de la tierra. Nos da sus diminutas manos, las aprieta como tomando el clima espiritual de los que trata. Esta mujer que tiene treinta y cinco años de vida poética creando belleza y que ha llegado ahora a una estupenda madurez mental cuando cada palabra suya es una sentencia admonitoria, cuando cada frase está saturada del inmortal halo poético.

—Yo no soy un poeta dice Clementina Suárez—. Yo soy un ejército de poetas.

Lo dice ella y lo ratifican las altas esferas intelectuales de Centro América. En Guatemala, en El Salvador, en Nicaragua, en Costa Rica, en Panamá, Clementina Suárez tiene una sólida posición. En este miserable país del subdesarrollo espiritual, Clementina Suárez no ha podido sentir la plenitud de su raigambre. En este país donde Clementina declama sus producciones de exquisita belleza y a lo mejor un ministro, o un jerarca político tiene por todo comentario: "Es jodida esta Clementina".

Vergüenza da saber que otros gobiernos han tenido para la poetisa olanchana las mejores palabras, la amistad permanente, las facilidades para desarrollar intensa labor como la que ella ha hecho en El Salvador. Cuando el Doctor Villeda Morales llegó al poder, Clementina que había olvidado la pestilencia, regresó a su tierra. Ni Estados Unidos, ni Cuba, ni México le eran extraños. Se ha impuesto siempre por su talento. Y en (1959) ella vino a Honduras porque creyó que este país entraba en una nueva etapa y que la farsantería tocaba a su fin.

¿Qué apoyo iba a darle aquel gobierno? Una placita digna de una maestra de aldea en el Ministerio de Educación Pública. Un cargo tan diminuto como una hormiga para una mujer de estatura continental.

¡Qué país éste, de torpeza permanente, de sordidez, ante la majestad del espíritu! Existen personas que se dicen escritores, poetas de los que riman *pata con rata* y *luto con bruto* que han asegurado por años que Clementina es plagiadora. Que sus versos se los hacen sus amigos. ¿Qué ejército de amigos tendrá entonces Clementina Suárez? ¿Y qué condena estarían pagando esos negros ángeles rebeldes en la fábrica universal de los versos de Clementina Suárez?

Es muy inteligente, pero... Es una buena poetisa, pero... Es aquí y es allá pero sin faltar el pero... Hasta ahí llegan las raquíticas mentalidades de nuestros falsos hondureños que necesitan lodo para lanzarlo al rostro de los puros.

Se le critica a Clementina Suárez que es despiadada para decir las verdades a las gentes. Se dice ahora con insistencia en esos mismos grupos que es una amargada. Clementina Suárez es como una gaviota ciega que a fuerza de golpearse en el infranqueable paredón se ha visto obligada a adoptar una norma de conducta: decapitar con la palabra a los mediocres que quieren vulnerar su espíritu.

¿Qué han hecho los gobiernos de Honduras por Clementina Suárez? ¿Qué honor le han tributado en 35 años de ejercicio de poesía? ¿Qué premio le han concedido? ¿Qué beca o invitación al extranjero le han gestionado sus compatriotas? Se le reconocen sus méritos en voz baja, aquí donde la mayor parte de los honores tienen que ser buscados por la misma persona interesada, tiene que convenir a los intereses de la política. Aquí donde pareciera que están esperando que la gente muera para hablar tardías estupideces.

Libros enteros se podrían escribir con las apreciaciones que en Centroamérica se han hecho de Clementina Suárez. En Guatemala figuran en la discoteca de "Melitón Salazar", para "Altavoces de la

Literatura Centroamericana" grabaciones de su propia voz y los intelectuales las han escuchado en diferentes ocasiones con reverencia. En El Salvador, don Francisco Núñez Arrué embajador permanente de El Salvador ante la ODECA jamás ha negado su apoyo a Clementina Suárez. Ahora mismo la poetisa se encuentra hospedada allá con automóvil y sirvientes personales cerca de su entrañable amiga Claudia Lars.

Están trazando planes para la "Casa del Artista" que Clementina está fundando con apoyo del Gobierno. La construirá el arquitecto Enrique Salavarría. El Ministerio de Educación le está editando sus últimas obras "Salomar" y "Poemas Infantiles". EI Presidente Rivera y el Presidente Schick acaban de dialogar en torno al apoyo a la poetisa. Irá en noviembre con su exposición de pintura centroamericana (más de 100 cuadros)para ponerla en Managua y luego en San José de Costa Rica.

Aquí en Honduras, país del aturdimiento cerebral, Clementina visitó, expuso, gestionó, eso sí, en la forma que lo hacen las personas dignas. Sin lastimar un ápice su condición de verticalidad. Quería llevar la exposición patrocinada por el Gobierno de Honduras. Unos la recibieron, otros le prometieron, otros la engañaron, otros hicieron recuento de los tiempos mozos de nuestra poetisa, pero los mejor dotados de sensibilidad se limitaron a expresar:

—"Es jodida esta Clementina".

Frase que habrá de asustar a algunos almidonados hombres de pluma, pero que se hace necesaria para golpear la gramática humanidad de los muertos sin sepultura.

CLEMENTINA, LA POETA QUE CAMBIÓ UNA ÉPOCA *por Samaí Torres*

Su primer poemario, "Corazón sangrante" (1930), lo hizo pensando en su madre; este sería el primer libro de poesía publicado por una mujer.

Y fue así que la joven Clementina Suárez, con 28 años, se abría espacio en una época difícil, en la que la mujer vivía, bajo la supremacía del hombre, y donde el espacio literario estaba reservado para las letras masculinas.

No obstante, Clementina no se dejó apabullar por ese dominio e inició así una prolífica producción poética que ha sido reconocida por propios y extraños, dentro y fuera de las fronteras hondureñas.

La poeta, "no solo irrumpe, sino que se instala con valor, con dignidad y, lo que es también admirable, con calidad. Y es con esa entereza y esa calidad que se gana el reconocimiento de hombres y mujeres", dijo el poeta hondureño, José Antonio Funes.

SU OBRA

"Estos versos son a manera de gritos del alma, lanzados de las ondas soledades de mis noches...", escribió Suárez sobre su primer libro "Corazón Sangrante".

Este poemario "es esencialmente de corte romántico", señaló Funes, y agregó que aunque el romanticismo haya imperado, ya manifestaba en su obra el erotismo y el compromiso social "que va a caracterizar el grueso de su obra", la cual está compuesta por los poemarios "Iniciales" (1931), "De mis sábados el último" (1931), "Los templos de fuego" (1931), "Engranajes" (1935), "Veleros" (1937), "De la desilusión a la esperanza" (1944), "Creciendo con la hierba" (1957), "Canto a la encontrada patria y su héroe" (1958) y "El poeta y sus señales".

Funes dijo que hasta Suárez ninguna mujer había escrito poesía que tocara temas como los que ella abordó "y mucho menos con el nivel estético de Clementina. ´El estilo es el hombre´, dicen".

Pero en Clementina el estilo era la mujer, esa mujer que ella fue construyendo desde que abandona el ámbito patriarcal y provinciano de Olancho; se abre paso a puño cerrado en el salón masculinista de la poesía de Tegucigalpa; sale a comerse el mundo a México donde entra en contacto con la poesía vanguardista y regresa a Honduras para ocupar un espacio de respeto en la poesía hondureña y con deseos de publicar más y mejores libros.

Clementina fue una mujer que tuvo desafíos tanto en el plano personal al llevar una vida que no se acomodaba al canon de su época, como en el cultural al incursionar en un espacio "reservado entonces al género masculino, con una poesía donde habla libremente del amor y del sexo, y donde el hombre y la mujer comparten el mismo plano, sin subordinaciones, ante todos los elementos que los reúnen en el universo".

Su personalidad sin poses ni tradicionalismos, le valió un sin fin de calificativos de gente que la llamaba desde loca, hasta atrevida, rebelde, perversa y cínica, tal y como cita la escritora María Eugenia Ramos, editora de "Clementina Suárez, poesía completa".

La riqueza de la obra de la poeta olanchana, va desde un poema tierno a su madre "Poema de ternura cancioncita de amor, gotita de agua pura, rosal perenne en flor".

Las tribulaciones del alma "Sé que llego tarde a implorar tu clemencia, pero el dolor es maestro, maestro de esa ciencia que nos muestra el camino de la dicha y la luz".

La mujer amante "Yo soy la pobre loca que en la cuna de mis amores fúlgidos me duermo, muñequita bajada de la luna a la que canta un ruiseñor enfermo", hasta la poesía a sus hijas "Muñequitas de cristal que suavizan mi dolencia con su risa de inocencia de frescor primaveral".

"La mayor parte de sus poemas son intimistas, pero un intimismo que busca también lo colectivo, en lo amoroso y en lo social", expresó Funes, quien además dijo que la visión de Clementina estaba dirigida a un cambio de la sociedad "que consideraba construida sobre las bases de la injusticia".

Sin embargo, "en el fondo, ella se sentía parte de una colectividad que iba más allá del territorio nacional, su pueblo eran todos los pueblos del mundo, su destinatario la humanidad".

Y aunque la poeta colocaba a la mujer sin subordinaciones al hombre "ella nunca se definió como feminista y no creo que lo fuera de acuerdo a la significación del término. Su poesía no es exclusiva del interés feminista pues siempre incluye al hombre como co-sujeto de la relación amorosa en el poema, sin ningún menosprecio a lo masculino sino en un plano de solidaridad y complicidad amorosa y social", apuntó Funes.

CLEMENTINA EN LA PINTURA

Clementina no fue un personaje que quedó solo en la literatura, la poeta inspiró el pincel de muchos reconocidos pintores, que hicieron de su rostro una obra perdurable y digna de admirar.

Entre los artistas que llenaron sus lienzos con el carisma de la hondureña, están: Diego Rivera, Jorge González Camarera y Fernando Leal, de México; Francisco Amighetti y Francisco Zúñiga, de Costa Rica; Camila Mineros y Luis Salinas, de El Salvador; y de Honduras Carlos Garay, Benigno Gómez, Miguel Ángel Ruiz Matute, Álvaro Canales, Luis Padilla, Aníbal Cruz, Mario Castillo y Gelasio Giménez, entre otros.

Algunas de las obras pueden ser apreciadas en el Centro Cultural Clementina Suárez, recinto homenaje a la literata, que fue una iniciativa del Club Rotario Tegucigalpa Sur.

Otro homenaje a la escritora lo hizo la Fundación Clementina Suárez, que instauró el Certamen de Poesía Clementina Suárez, en el cual participan escritores hondureños con obras cuya temática central es la poeta.

www.ingramcontent.com/pod-product-compliance
Lightning Source LLC
Chambersburg PA
CBHW030352130626
46549CB00004B/1464